LÍDERES
IMPROVÁVEIS

LÍDERES IMPROVÁVEIS

A batalha dos países em desenvolvimento
pelo acesso a medicamentos patenteados

Bruno Meyerhof Salama
Daniel Benoliel

Prefácios de
Sérgio Lazzarini e Ronaldo Lemos

Copyright © 2017 Bruno Meyerhof Salama; Daniel Benoliel

Direitos desta edição reservados à
EDITORA FGV
Rua Jornalista Orlando Dantas, 37
22231-010 | Rio de Janeiro, RJ | Brasil
Tels.: 0800-021-7777 | 21-3799-4427
Fax: 21-3799-4430
editora@fgv.br | pedidoseditora@fgv.br
www.fgv.br/editora

Impresso no Brasil | *Printed in Brazil*

Todos os direitos reservados. A reprodução não autorizada desta publicação, no todo ou em parte, constitui violação do copyright (Lei nº 9.610/98).

Os conceitos emitidos neste livro são de inteira responsabilidade dos autores.

1ª edição: 2017

Preparação de originais: Sandra Frank
Projeto gráfico de miolo, diagramação e capa: Ilustarte Design e Produção
   Editorial
Revisão: Aleidis Beltran | Fatima Caroni

Ficha catalográfica elaborada pela
Biblioteca Mario Henrique Simonsen

Salama, Bruno Meyerhof
   Líderes improváveis : a batalha dos países em desenvolvimento pelo acesso a medicamentos patenteados / Bruno Meyerhof Salama, Daniel Benoliel ; prefácios de Sérgio Lazzarini e Ronaldo Lemos. – Rio de Janeiro : FGV Editora, 2017.
   196 p.

   Inclui bibliografia.
   ISBN: 978-85-225-1923-1

   1. Comércio internacional. 2. Propriedade intelectual. 3. Agreement on Trade-Related Aspects of Intellectual Property Rights (1994). 4. Medicamentos – Patentes. I. Benoliel, Daniel. II Fundação Getulio Vargas. III. Título.

CDD – 382

Da minha aldeia vejo quanto da terra se pode ver do Universo…
Por isso a minha aldeia é tão grande como outra terra qualquer,
Porque eu sou do tamanho do que vejo
E não do tamanho da minha altura…

Alberto Caeiro (heterônimo de Fernando Pessoa)

Para nossos pais,
Luciano Salama e Ricardo Ben-Oliel

Sumário

Prefácio *Sérgio Lazzarini*	11
Prefácio *Ronaldo Lemos*	15
Apresentação	19
Proteção patentária: questões de eficiência e questões distributivas	21
A legalização parcial da disputa	23
A missão desta obra	25
Plano do livro	28
Agradecimentos	29
1 A negociação dos direitos de propriedade intelectual na era pós-OMC	31
A normatização pela OMC e seus efeitos	34
O princípio do desenvolvimento desigual	39
Poder de barganha e táticas negociais	52
A *"opção de fora": a instrumentalidade da licença compulsória*	54
"Opções de dentro": oportunismo nacional no TRIPS	64
Poder de mercado: competição e substitutos	69
Conclusão	70

2 O impacto da propensão a inovar sobre a estrutura de custos na negociação	73
O modelo APB: estrutura sancionatória única	76
Brasil	77
Tailândia	84
África do Sul	86
O modelo MPB: estrutura sancionatória dupla	89
China	90
Índia	97
O modelo BPB: negociação posicional	102
Conclusão	109
3 A experiência brasileira nas negociações por patentes farmacêuticas	111
Síntese histórica	113
A narrativa da negociação no licenciamento compulsório de patentes	120
Negociação internacional sobre legislação nacional	121
"Opções de dentro"	124
O déficit legal entre os âmbitos nacional e internacional	128
O benefício da "opção de fora"	132
O benefício nacional do licenciamento compulsório	137
Considerações quanto à governança no âmbito nacional	142
Um enfraquecimento institucional, dois paradigmas rivais	145
Da economia política neoclássica	147
Da economia política heterodoxa	149
O problema das estruturas políticas	150
Conclusão	155
Glossário	159
Bibliografia	163
Índice	193

Prefácio

Tive a oportunidade e o privilégio de me deparar com o argumento desse livro quando, em 2009, um dos autores (Bruno Salama) apresentou uma síntese do trabalho no Research Workshop on Institutions and Organizations, que nós, do Insper, organizamos em conjunto com outras escolas, incluindo a USP e a FGV.

À época, eu já tinha direcionado boa parte da minha linha de pesquisa em estratégia empresarial para problemas enfrentados por empresas inseridas em mercados emergentes. O que seria mais relevante, nesse sentido, do que a decisão de um país emergente de proteger ou não o direito de propriedade de empresas ali instaladas, especialmente em uma área tão sensível e relevante quanto a saúde pública? De imediato, fiquei fascinado não somente com o problema analisado pelos autores, mas também com sua instigante e inovadora análise.

Inspirado pela apresentação da pesquisa, passei até mesmo a incluir esse caso em sala de aula. Nos cursos que ministrava no Brasil e exterior sobre "Estratégia empresarial em mercados emergentes", frequentemente inseria o problema tratado por Bruno Salama e Daniel Benoliel como um estudo de caso para discussão. Para estimular o debate com os alunos, começava notando que problemas de saúde e pobreza são traços marcantes e fundamentais de mercados emergentes. Qualquer empresa que se direcione a tais países deve, necessariamente, levar em consideração esses problemas – eles não apenas irão influenciar sua demanda como também tenderão a criar complexas interações e conflitos com indústrias e governos locais.

Em seguida, eu mencionava na aula que o chamado acordo mundial TRIPS (Trade-Related Aspects of Intellectual Property Rights) passou a incluir cláusulas que permitiam a países em desenvolvimento decretar licença compulsória ou importações paralelas de drogas críticas ao tratamento de doenças de alto impacto, tais como Aids, malária e tuberculose. Mas isso contrariava o que diziam os livros-texto de economia e estratégia: em teoria, para estimular inovações vindas da iniciativa privada, seria preciso proteger os direitos de propriedade das empresas. Ao decretar uma licença compulsória, o país estaria essencialmente migrando na direção de direitos de propriedades mais fracos.

O governo brasileiro fez exatamente isso: pediu à Merck para reduzir o preço do Efavirenz, produto da multinacional Merck usado no tratamento da Aids. A Merck se recusou e ofereceu um pequeno desconto. Em maio de 2007, o governo então decretou a licença compulsória, baseado no argumento de que a Aids era uma "emergência nacional".

Para incendiar ainda mais o debate com os alunos, eu apresentava um *slide* com duas declarações feitas à época. Uma de Jeffrey Sturchio, vice-presidente da Merck: "Se o Brasil expropriar nossos direitos de propriedade, irá gerar um efeito de arrefecer o esforço das empresas de pesquisar doenças do mundo em desenvolvimento e no longo prazo terá um impacto nos países mais pobres". A outra, de Luiz Inácio Lula da Silva, então presidente do Brasil: "Entre o nosso comércio e a nossa saúde, vamos cuidar da nossa saúde".

Os alunos rapidamente se polarizavam entre aqueles que defendiam a Merck e aqueles que defendiam a posição de Lula. Há, por certo, um importante debate de interesse público por trás dessa decisão. Qual a melhor política para o país? Quais são as consequências futuras, em termos de bem-estar social, de adotar o procedimento de licença compulsória? Há também fortes implicações para as estratégias empresariais. Como as empresas farmacêuticas podem antecipar e como devem reagir ao risco do licenciamento compulsório? Sob quais condições o licenciamento compulsório será mais provável?

É exatamente nesse âmbito que o argumento de Salama e Benoliel mostra toda a sua força. De modo muito claro e inteligente, os autores chamam a atenção para a importância do poder de barganha dos países-alvo. Ao decretar uma licença compulsória, o país aumenta a incerteza sobre a proteção da propriedade intelectual dos investimentos no país. Esse efeito negativo será maior no caso de países que já têm instalada uma indústria inovadora. Nesse caso,

12 | Líderes improváveis

a ameaça de fazer a licença compulsória tende a ser pouco crível, pois a ação será um "tiro no próprio pé". Da mesma forma, países pequenos, de menor demanda, podem sofrer com sanções comerciais impostas como consequência da licença compulsória.

O mesmo não ocorre no caso de países de maior demanda local e sem uma indústria inovadora já instalada. O efeito negativo sobre propriedade intelectual não irá afetar tão fortemente a estrutura empresarial já presente no país. Pelo contrário, poderá até beneficiar empresas locais atuando com produtos "genéricos", como é o caso do próprio Brasil. E o fato de o país ser grande significa não apenas que há espaço para instalação de uma capacidade produtiva relevante de genéricos, mas também que seu mercado tenderá a continuar a ser muito atrativo para as empresas multinacionais, mesmo após a decretação da licença compulsória.

Com fundamentação teórica e construção lógica a partir de casos reais, o trabalho de Salama e Benoliel é uma grande contribuição para o ativo debate sobre políticas e estratégias empresariais em mercados emergentes. Tecnicamente sólido, o livro é também escrito de forma muito clara e fluida. A leitura é muito interessante e agradável. Será, no meu caso, uma forte recomendação de leitura para meus alunos que queiram se aprofundar no tema. E para todos aqueles em busca de um debate informado, inteligente e livre de ideologias sobre como funcionam interações entre empresas e governo em setores de grande relevância para a população.

Sérgio Lazzarini
Professor titular do Insper Instituto de Ensino e Pesquisa

Prefácio

ESTE LIVRO É UM VERDADEIRO MANUAL PRÁTICO SOBRE COMÉRCIO INTERNACIO-
nal e propriedade intelectual.

Os direitos intelectuais fazem parte do comércio internacional? Desde a criação da Organização Mundial do Comércio e da subsequente aprovação dos acordos TRIPS (Agreement on Trade-Related Aspects of Intellectual Property Rights – Acordo sobre Aspectos dos Direitos de Propriedade Intelectual Relacionados ao Comércio) não há mais dúvidas sobre essa questão, que é hoje respondida por um sonoro "sim!".

Com isso, a nova ordem para o comércio global definida pela OMC levou todos os seus 158 países-membros a um processo de internacionalização e harmonização das regras de propriedade intelectual. Essa rápida, e por que não dizer, dramática mudança teve impacto principalmente sobre os países em desenvolvimento, incluindo-se o Brasil. Isso porque, nesses países, o acesso à informação, à ciência e à tecnologia tem efeito direto sobre as condições de vida de milhões de pessoas.

É nesse cenário que a obra dos professores Bruno Meyerhof Salama e Daniel Benoliel se insere. Trata-se de um dos raros trabalhos acadêmicos em português que desenvolvem a perspectiva do Sul Global (e em especial do Brasil) com relação aos enormes desafios e às batalhas travadas após a aprovação dos acordos TRIPS com o objetivo de, literalmente, salvar-se a vida de milhões de pessoas, em todo o mundo, dependentes de medicamentos patenteados.

Nessa batalha, o Brasil exerceu um papel de protagonista. Valendo-se das próprias disposições legais dos acordos da OMC (e sempre dentro delas, na medida em que o acordo permite o licenciamento compulsório de tecnologias patenteadas, como medicamentos) o país desbravou um terreno pantanoso que outros países hesitaram em trilhar. Com essa estratégia – relatada de forma juridicamente erudita neste livro – o Brasil obteve êxitos significativos em colocar em primeiro plano a saúde pública e dar efetividade ao ideal de um sistema de saúde universal.

O símbolo dessa vitória é o sucesso na redução de preços de fármacos contra a Aids, permitindo assim ao poder público arcar com sua distribuição para pacientes do SUS, estratégia essa que se tornou um símbolo para diversos países do mundo e modelo para a negociação internacional dos direitos intelectuais por parte do poder público.

Os estudos de caso do livro, que consideram não só o Brasil mas outros países em desenvolvimento como África do Sul, China, Índia, Tailândia, são uma fonte rica para os diferentes modelos de tratamento à propriedade intelectual no mundo pós-TRIPS.

São raras obras que fazem uma análise tão detalhada, tanto dos aspectos jurídicos envolvidos (em especial com relação ao direito do comércio internacional) quanto das questões políticas e negociais que são inerentes e inseparáveis dos temas trabalhados na obra.

Por essa razão, o livro configura-se como um verdadeiro manual prático para ação no plano do comércio internacional. Não consigo imaginar outro texto tão bem-sucedido ao conseguir passar tanto a dimensão prática quanto a teórica das questões envolvidas.

É assim leitura obrigatória para qualquer pessoa interessada no comércio internacional e nos temas da propriedade intelectual, tanto do ponto de vista jurídico quanto das relações internacionais, da política ou da economia, tamanha a riqueza e as múltiplas dimensões abrangidas pela obra.

Por essa razão, vejo este trabalho de Bruno Meyerhof Salama e Daniel Benoliel como uma espécie de bússola para guiar negociações internacionais futuras. Neste momento em que o Brasil está ensaiando seu retorno às mesas de negociação globais com respeito a uma nova geração de tratados comerciais, as experiências e as análises relatadas no livro são de imenso valor.

Na medida em que grande parte dos novos tratados comerciais negociados hoje no plano internacional possui obrigações no plano da propriedade intelectual que vão além daquelas estabelecidas nos acordos TRIPS (por isso chamadas de obrigações "TRIPS Plus"), esta análise traz subsídios importantes para se avaliar o impacto desses instrumentos, em especial com relação ao tema do desenvolvimento. São hoje diversos os acordos internacionais em discussão que trazem obrigações exacerbadas com relação à propriedade intelectual, entre eles o Trans-Pacific Partnership (TPP) ou o Transatlantic Trade and Investment Partnership (TTIP).

Além deles, há também outras iniciativas visando elevar as obrigações internacionais dos países – e em especial dos países em desenvolvimento – com relação à proteção à propriedade intelectual. Por exemplo, diversos acordos em elaboração na WIPO (World Intellectual Property Organization) seguem nessa linha.

Felizmente, nos últimos anos, o Brasil vem se mantendo, na maioria dos casos, coerente em priorizar o desenvolvimento e assegurar as necessárias flexibilidades com relação ao avanço do tema da propriedade intelectual no plano internacional. Nesse sentido, outra importante vitória alcançada pelo país foi a aprovação da chamada "Agenda do Desenvolvimento" em face da WIPO, em 2007.

Através dela, foram aprovadas 45 recomendações para a WIPO, que servem de documento para também orientar as negociações de futuros tratados internacionais que toquem no tema. Entre essas recomendações encontram-se temas de crucial importância para o acesso ao conhecimento e à tecnologia (incluindo-se os fármacos) no mundo contemporâneo, como a preservação de um domínio público rico e acessível ao público; a construção de flexibilidades para proteção dos interesses dos países em desenvolvimento em tratados futuros; a promoção de práticas para melhorar a competitividade do licenciamento dos direitos de propriedade intelectual e a transferência de tecnologia; a promoção de estudos de impacto prévio para mensurar os efeitos da adoção de novas cláusulas de proteção à propriedade intelectual; a promoção da colaboração aberta com relação ao Projeto Genoma Humano, por exemplo.

Por tudo isso, vejo esta obra como parte desses esforços globais para se entender a propriedade intelectual à luz do imperativo do desenvolvimento. Vale ressaltar que, desde o final dos anos 1990, vem surgindo no Brasil uma nova geração de autores, professores e pesquisadores que se debruçam sobre o tema da propriedade intelectual com novas perspectivas. Essa nova geração substitui o excessivo dogmatismo no estudo da propriedade intelectual por um diálogo erudito, informado internacionalmente, plural em suas perspectivas e aberto teoricamente para outros campos do conhecimento, que vão além do direito.

Prefácio | 17

Uma das características dessa nova geração de professores e pesquisadores é sua visão pragmática com relação ao contexto dinâmico em que essas discussões se inserem. Vejo os autores deste livro como parte dessa nova geração. Parabenizo-os pelo belo trabalho que, tenho certeza, será de grande inspiração para seus leitores.

Ronaldo Lemos
Diretor do Instituto de Tecnologia e Sociedade do Rio de Janeiro
Professor da Faculdade de Direito da Universidade
do Estado do Rio de Janeiro

Apresentação

HOJE SÃO FREQUENTES AS NOTÍCIAS SOBRE AVANÇOS CIENTÍFICOS E TERAPIAS QUE melhoraram a vida dos portadores de diversas doenças, especialmente dos portadores do vírus HIV. Mas essas notícias, de todo auspiciosas, jamais puderam encobrir o drama das disputas entre governos dos países em desenvolvimento e grandes laboratórios farmacêuticos acerca do acesso, pelos primeiros, a medicamentos patenteados pelos segundos. Foi o interesse por tais disputas, e pelo seu entrelaçamento com a regulação internacional da proteção da propriedade intelectual, que há quase 10 anos pôs em marcha a concepção desta obra.

Naquele momento havia um enigma a ser resolvido. Desde a criação da Organização Mundial do Comércio (OMC), em 1994, os sistemas rígidos de patentes foram, ano após ano, abrangendo um número cada vez maior de países em desenvolvimento. Embora isso representasse maiores custos de acesso desses países a medicamentos de ponta originários do mundo desenvolvido, tal aumento se dava de forma bastante desigual: alguns países conseguiam negociar reduções importantes no preço de compra dos medicamentos patenteados; outros, não.

Além disso, era particularmente curioso que alguns países em desenvolvimento negociassem com os grandes laboratórios valendo-se de uma tática bastante agressiva, a saber, a reiterada ameaça de decretação (e pontualmente, a efetiva decretação) de licenciamentos compulsórios sobre as fórmulas patenteadas dos medicamentos. O licenciamento compulsório força o titular da patente a licenciá-la a pessoa legitimada para produção local ou importação de cópias genéricas em troca de um pagamento abaixo do preço de mercado. Licenciar compulsoriamente é, portanto, uma ação unilateral de um governo nacional que permite o arbitramento para baixo do valor dos *royalties* a serem pagos ao titular da patente. Ora, se a legislação internacional sobre o licenciamento compulsório era igual para todos os países em desenvolvimento, *por que apenas alguns deles ameaçavam realizá-lo?*

Três hipóteses poderiam ser descartadas desde logo. Uma era a de que os países com maiores necessidades humanitárias seriam aqueles a recorrer ao licenciamento compulsório com maior frequência. A legislação internacional aplicável ao tema sugere que assim deva ser, mas assim jamais foi. É bem verdade que há casos em que países pobres com graves problemas de saúde pública recorreram ao expediente do licenciamento compulsório. E há mais: especialmente após a chamada Declaração de Doha sobre o Acordo TRIPS e Saúde Pública – um pronunciamento oficial da OMC, em 2001, sobre o uso de flexibilidades para promover acesso a medicamentos essenciais no mundo em desenvolvimento – o direito aplicável reforçou a legitimidade dessas medidas unilaterais. Contudo, as evidências não sugerem a existência de paralelo claro entre necessidade de medicamentos patenteados e uso de licenciamentos compulsórios.

Outra hipótese era a de que a estratégia negocial dependeria basicamente do tamanho dos mercados de cada país em desenvolvimento, de sorte que as grandes nações emergentes seriam aquelas mais propensas a ameaçar a concessão do licenciamento compulsório por conta da sua força e do seu peso econômico. Embora fosse verdade que os pequenos e médios países em desenvolvimento de modo geral evitassem o uso de licenciamentos compulsórios – e isso especialmente por conta das ameaças de retaliação dos governos dos protetivos países-sede dos grandes laboratórios –, entre as grandes nações emergentes tudo indicava que a disposição para realizar licenciamentos compulsórios era mais comum entre aqueles países menos propensos a inovar em fármacos. Ou seja, o tamanho e peso econômico do país parecia ser um ingrediente, mas não toda a história.

Finalmente, a terceira hipótese a ser descartada era a de que o emprego dos licenciamentos compulsórios seria função apenas da vontade política dos governos de cada país. É óbvio que as circunstâncias locais importam, que a política é predominantemente local (e não global) e que sem iniciativa e liderança políticas nada se faz. Mas se tudo se explicasse apenas pela política interna, por que mudanças de regime muitas vezes não traziam significativas alterações de estratégia negocial dos países? Algo estava faltando.

Para os brasileiros, a questão sempre foi especialmente instigante. A partir do fim da década de 1990, o Brasil passou a figurar na literatura internacional como protótipo do negociador agressivo na área de fármacos – esse, aliás, um perfil nada condizente com o conhecido estereótipo de "homem cordial".[1] Em diversas ocasiões, o governo brasileiro ameaçou licenciar compulsoriamente as fórmulas dos medicamentos patenteados para permitir a posterior produção de genéricos por laboratórios nacionais, tanto públicos quanto privados. Foi o que ocorreu, notoriamente, nas negociações pelo preço dos medicamentos integrantes do "coquetel" de medicamentos contra a Aids, como o Nelfinavir, o Gleevec e o Efavirenz nas compras pelo sistema público de saúde brasileiro, o Sistema Único de Saúde (SUS). No caso do Efavirenz, uma licença compulsória foi de fato decretada pelo Brasil em 2007 e renovada em 2012. O caso brasileiro forneceu, então, o ponto de partida para pensarmos de forma organizada sobre a dinâmica negocial entre governos de países em desenvolvimento e grandes laboratórios farmacêuticos. Inicialmente éramos ainda colegas fazendo doutoramento na Universidade da Califórnia, em Berkeley, vizinhos de quarto no mesmo alojamento de estudantes. O projeto só decolou alguns anos depois, quando já éramos jovens professores de direito, um na FGV Direito SP e o outro na Universidade de Haifa, em Israel. Este livro resulta dessa empreitada.

Proteção patentária: questões de eficiência e questões distributivas

A justificativa clássica para a proteção patentária de uma invenção ou aperfeiçoamento é o incentivo à inovação. A intuição é simples: se os inventores não puderem cobrar pelo aproveitamento econômico daquilo que desenvolveram, não terão incentivos para empregar seu tempo, esforços e capital em atividades inovadoras. Será mais rentável simplesmente esperar que alguém desenvolva a tecnologia para, então, copiá-la. O problema é que se todos pensarem assim, não haverá esforço tecnológico.

Mais tecnicamente, o que se tem aqui é o que a teoria econômica chama de "problema da apropriabilidade". Trata-se do risco de que os retornos dos investimentos em pesquisa e desenvolvimento (P&D) sejam majoritariamente apropriados não pelo inovador, mas por outros participantes do mercado.

---

[1] A referência clássica está em *Raízes do Brasil*, de Sérgio Buarque de Holanda (1994).

O problema da apropriabilidade é tanto maior quanto maiores forem os custos de desenvolvimento e quanto menores forem os custos de cópia e reaproveitamento da invenção. Nessas circunstâncias, o nível de investimento em P&D tende a ser muito baixo. Todos saem perdendo.

A oferta de proteção patentária pode resolver o problema da apropriabilidade justamente por conceder um direito de propriedade sobre aquilo que foi desenvolvido. Um direito de propriedade, qualquer que seja ele, confere ao seu titular poder para reduzir o acesso por terceiros. Da mesma forma, um direito de propriedade intelectual – que não é senão a propriedade sobre uma informação – dá a seu titular o poder de controlar o acesso a tal informação por terceiros. A patente, portanto, permite a seu titular cobrar pelo uso daquilo que foi desenvolvido. Se assim ocorrer, todos se beneficiam.

A oferta de proteção patentária, no entanto, é uma solução apenas parcial para o problema da apropriabilidade, porque a proteção patentária é, ela mesma, origem de novos problemas. O principal deles é encarecer a disseminação da inovação já existente, pois, se a invenção não tiver substitutos, a concessão da patente dará ao seu titular poder de monopólio. Isso lhe permitirá aumentar os preços ou reduzir a quantidade dos bens produzidos com base na tecnologia patenteada.

Por isso, é comum dizer-se que a oferta de proteção patentária cria um *tradeoff* – uma troca – entre custos de curto prazo e ganhos de longo prazo. No curto prazo, a proteção patentária da inovação traz uma perda (ou uma "ineficiência estática"), porque a proteção patentária encarece a difusão da tecnologia já existente. Mas, no longo prazo, a proteção patentária pode gerar ganhos (ou "eficiência dinâmica"), porque incentiva a produção de novas tecnologias.

Uma questão adicional é que o dilema entre curto e longo prazos não se aplica igualmente a todas as indústrias. A razão é que em muitas delas a proteção patentária é pouco importante, ou mesmo irrelevante, para a produção de uma nova tecnologia. Uma extensa literatura defende que na maioria dos casos o impulso para inovar decorre da competição e da busca pelas chamadas "vantagens do pioneiro", e não propriamente da proteção patentária. Nesses casos, ao assegurar o monopólio, a proteção patentária não tem efeito sobre a inovação e apenas transfere rendas adicionais para os "pioneiros".

Ocorre que a indústria farmacêutica é constantemente descrita como aquela que valoriza em maior grau a existência de um sistema patentário eficaz. Embora a questão ainda não esteja totalmente resolvida do ponto de vista empírico, é comum encontrar-se na literatura especializada a observação de que, na seara dos fármacos, o patenteamento é particularmente importante para resolver o problema da apropriabilidade. Isso sugere que a oferta de proteção patentária seja realmente importante para fomentar a inovação em fármacos. Essa não é uma consideração trivial, porque sugere que os ganhos de longo prazo – as eficiências dinâmicas – gerados pelas patentes possam ser elevados na indústria farmacêutica.

Por outro lado, na seara farmacêutica os custos de curto prazo – as ineficiências estáticas – podem também ser particularmente elevados. Medicamentos são um bem um pouco diferente dos demais, porque a dificuldade de acesso pode trazer um elevado custo em vidas. Segue que, como querem alguns, o *tradeoff* entre custos de curto e ganhos de longo prazos seja uma conta impossível de ser feita na indústria farmacêutica: na maioria das indústrias o *tradeoff* pode ser mensurado em cifrões; na indústria farmacêutica, os custos são também em vidas humanas que, a rigor, não têm preço.

É bem verdade que pode haver algo de ingênuo nesse argumento. Opor o custo "em vidas" ao custo "em cifrões" pode mais confundir do que esclarecer. Por exemplo, imagine que um país tenha dificuldade de acesso à tecnologia de informática. Nesse caso, sua indústria será presumivelmente menos produtiva; sua população e governo, mais pobres; seus hospitais, piores... e seu custo em vidas, maior! Ou seja, essa distinção entre custo em vidas e custo em cifrões não é rigorosa.

De qualquer forma, fato é que as dificuldades de acesso a medicamentos têm repercussão imediata (e não apenas provável) sobre questões de saúde pública. Logo, na indústria farmacêutica, o impasse entre incentivar a difusão ou a inovação ganha cores muito vivas e pode ter contornos dramáticos. Como se vê, os efeitos da legislação internacional aplicável às patentes farmacêuticas realçam profundos dilemas sociais e morais, e também por isso seu estudo é particularmente urgente.

A legalização parcial da disputa

Em tempos de globalização, o particular interesse de algumas indústrias produtoras de tecnologia impulsionou uma reviravolta na disciplina jurídica da propriedade intelectual. O evento marcante foi a edição, em 1994, do Acordo TRIPS, do inglês Trade-Related Aspects of Intellectual Property Rights, ou Acordo sobre Aspectos dos Direitos de Propriedade Intelectual Relacionados ao Comércio. A edição do TRIPS tornou obrigatório para praticamente todos

Apresentação | 23

os países do globo estender a proteção patentária à quase totalidade dos campos tecnológicos, inclusive o farmacêutico. Assim, diversos países que não o faziam passaram a incluir a patenteabilidade de fármacos e farmoquímicos em seus ordenamentos jurídicos.

Não é exagero dizer que a edição do Acordo TRIPS tenha sido um divisor de águas na disciplina jurídica da proteção à propriedade intelectual em nível internacional. O TRIPS não é qualquer combinação entre países; é um tratado internacional relativo à propriedade intelectual que integra o Acordo de Marrakesh e compõe o conjunto de acordos que estabeleceram a criação da OMC. Logo, qualquer país que integre a OMC é, por tabela, signatário do TRIPS.

Como se sabe, a OMC é o órgão internacional responsável pela supervisão e liberalização do comércio internacional, estabelecido a partir de 1995 como sucessor do Acordo Geral de Tarifas e Comércio (GATT). As competências da OMC são bastante abrangentes, incluindo a administração de acordos, solução de disputas e assistência aos países em desenvolvimento, além do monitoramento da legislação nacional relativa a comércio de seus membros. Além do comércio de produtos, a OMC estabeleceu regras sobre serviços e, através do Acordo TRIPS, sobre bens intelectuais. O conteúdo do Acordo TRIPS é, portanto, amplíssimo, pois abarca não apenas as patentes, mas também direitos autorais e conexos, marcas, indicações geográficas, desenhos industriais, topografias e circuitos integrados, informações confidenciais, além de formas de licenciamento e transferência de tecnologia.

Com a edição do TRIPS, a proteção das patentes em fármacos foi, pouco a pouco, se tornando obrigatória mundo afora. Porém, não obstante, o TRIPS permitiu aos países-membros da OMC incluir em suas legislações nacionais mecanismos que buscassem equilibrar os interesses de curto e de longo prazos. De particular interesse foram certas "flexibilidades" que poderiam ser utilizadas em prol da proteção da saúde pública.

Por exemplo, o art. 8º do TRIPS autorizou os países-membros a formular leis ou adotar medidas necessárias para proteger a saúde e nutrição públicas e para promover o interesse público em setores estratégicos. O mesmo art. 8º, no entanto, determinou que tais leis e medidas deveriam ser compatíveis com o restante do Acordo TRIPS, e, como é fácil perceber, compatibilizar esses dois objetivos tem sido bastante desafiador.

No mesmo sentido, o art. 31 do TRIPS permitiu que, em certos casos, os países-membros compulsoriamente licenciassem tecnologias patenteadas, inclusive em fármacos. Isso quer dizer que, embora o Acordo TRIPS estabeleça um regime largamente voltado a assegurar ampla proteção patentária entre os países-membros da OMC, há também mecanismos de flexibilização que permitem a esses mesmos países reduzir os níveis de observância diante de necessidades internas.

O Acordo TRIPS legalizou (no sentido de ter regulamentado juridicamente) as negociações internacionais do comércio. Uma das supostas conquistas associadas à criação da OMC seria sujeitar os acordos internacionais assinados sob seu patrocínio a um controle jurídico, em vez de político. Por essa ótica, a disputa acerca das tecnologias e produtos patenteados teria como pano de fundo a lei; não a força. Assim se daria, também, no que toca à proteção patentária, porque os países que descumprem os acordos da OMC estão sujeitos a sanções comerciais. A política internacional de comércio estaria, então, plenamente legalizada. Seria o império do direito também em nível internacional.

No caso específico dos licenciamentos compulsórios, a evidência da substituição dos critérios de força por critérios jurídicos seria identificável também na minúcia com que o tema fora regrado no TRIPS. Afinal, o já referido art. 31 do TRIPS previu nada menos do que 12 condicionantes específicas para determinar a legalidade de um licenciamento compulsório. Na visão de alguns, portanto, a clareza das regras teria neutralizado a força do interesse dos países desenvolvidos e de sua indústria nas suas negociações com nações predominantemente consumidoras de tecnologia patenteável.

Na prática, nunca foi bem assim. A efetiva utilização de uma flexibilidade contida no Acordo TRIPS depende não apenas de autorização jurídica a partir da interpretação razoável do texto, mas também de uma posição de força do país interessado. Isso é particularmente verdadeiro no caso das licenças compulsórias. A despeito do amplo espaço estabelecido pela legislação internacional aplicável, a concessão de uma licença compulsória é percebida pela indústria que se beneficia da proteção patentária – e também por seus protetivos governos – como um desafio e um ato de força a ser enfrentado, resistido e, em certos casos, retaliado. Segue que a disputa em torno da interpretação do Acordo TRIPS é apenas parcialmente legalizada, estando a meio ponto entre o direito e a política.

A missão desta obra

É comum encontrar estudos sobre os efeitos distributivos do TRIPS, porém a maioria deles se limita a mostrar que o acordo encareceu o acesso dos países em desenvolvimento aos medicamentos de ponta provindos de laboratórios sediados em alguns poucos países desenvolvidos. Raras, no entanto, são as tentativas de esmiuçar os efeitos do Acordo TRIPS entre os diferentes países em desenvolvimento. Essa é uma falha grave porque, como é evidente, a "classe" de países em desenvolvimento contém uma enorme diversidade interna.

O objetivo desta obra foi o de suprir essa falta, e o meio para tanto foi o exame das diferentes estratégias de negociação dos países em desenvolvimento com os grandes laboratórios. Sua principal contribuição é a formulação de uma categorização tripartite entre os países em desenvolvimento, classificando-os a partir do poder de barganha dos seus governos nas negociações com os grandes laboratórios. Da forma aqui posta, (i) há os países de baixo poder de barganha, que são a maioria, (ii) alguns poucos países em desenvolvimento são tidos como tendo médio poder de barganha e (iii) outros poucos são apresentados com alto poder de barganha.

Na classificação aqui adotada, os governos detentores de grande poder de barganha são basicamente os grandes países não inovadores – por exemplo, Brasil e Tailândia, Malásia e África do Sul. Médio poder de barganha teriam os governos dos grandes países em desenvolvimento incubadores de uma nascente indústria farmacêutica inovadora, sendo que Índia e, principalmente, China se enquadrariam nessa categoria. Baixo poder de barganha teriam, de modo geral, os demais países do mundo em desenvolvimento.

Como se vê, o aspecto contraintuitivo da classificação proposta – e nisso reside também seu lado provocador – é o de que, nas negociações com os grandes laboratórios, os governos de grandes países não inovadores teriam maior poder de barganha do que os governos dos gigantes incubadores de uma nascente indústria farmacêutica inovadora entre os países emergentes. *Como isso é possível?*

A resposta é que somente os grandes países não inovadores podem, na prática, consistentemente empregar uma estratégia para "driblar" a proteção patentária de fármacos prevista no Acordo TRIPS, e essa estratégia é a constante ameaça de decretação de licenciamentos compulsórios. Ao decretar um licenciamento compulsório, o governo do país quebra o ciclo negocial e, unilateralmente, força o arbitramento para baixo do valor dos *royalties* a serem pagos ao laboratório titular da patente. Mas se a legislação patentária prevista no Acordo TRIPS é a mesma para todos os países – e mais, se o Acordo TRIPS hoje regula com razoável minúcia a decretação de licenciamentos compulsórios –, *por que a estratégia do uso do licenciamento compulsório só estaria, na prática, consistentemente disponível para grandes economias não inovadoras?*

Aqui a questão tem a ver mais com política – com posições de força, incentivos, custos e benefícios – do que com o sentido específico do texto do TRIPS. Embora haja nuances em cada país, e embora seja conveniente realizar estudos de caso (como o que trazemos na terceira parte desta obra ao tratarmos especificamente da experiência brasileira), há dois aspectos gerais fundamentais. Por um lado, para as poucas grandes economias emergentes agora percorrendo o que parece ser uma transição (lenta, com solavancos) para se tornar inovadoras em fármacos, a decretação de licenciamentos compulsórios sinalizaria a existência de um ambiente pouco propício para o investimento em inovação. Seria uma *ducha de água fria* na indústria inovadora nascente, algo que seus governos desejam evitar.

Por outro lado, os países menores são, de modo geral, suscetíveis às ameaças de sanções comerciais retaliatórias dos governos dos países que sediam os grandes laboratórios, especialmente do temido Departamento de Comércio dos Estados Unidos. Daí segue que o alto poder de barganha de um país em desenvolvimento resulta principalmente da combinação de dois componentes: baixa propensão à inovação e grande tamanho dos mercados domésticos.

A noção de que grandes economias pouco inovadoras tenham poder de barganha superior ao de países ainda maiores em vias de se tornarem inovadores em fármacos deve ser tomada com muito cuidado e está sujeita a três ressalvas. Primeiro, não estamos aqui fazendo uma postulação sobre o poder econômico desses países de modo geral. A China, em particular, já é hoje (pelo critério de paridade de poder de compra – PPC) a maior economia do mundo e, portanto, seria absurdo defender que o poder de fogo de um país como o Brasil, por exemplo, pudesse, de modo geral, superá-la. O que trazemos, ao contrário, é um argumento bem mais sutil: por circunstâncias que delinearemos adiante, *grandes economias emergentes não inovadoras* acabam tendo pontualmente – em alguns campos, como no de fármacos – maior poder de barganha para negociar condições de acesso.

Segundo, muitas vezes, as negociações internacionais sobre fármacos se embaralham com as negociações em outros setores – agrícola, financeiro, militar, ambiental etc. – e nesses casos a classificação dos países aqui apresentada tende a se desfazer, porque as posições de força passam a envolver outros elementos que aqui não são analisados. Contudo, o exame de uma vasta literatura que documentou as disputas entre países em desenvolvimento e laboratórios farmacêuticos ao longo das últimas décadas sugeriu que haveria, com grande frequência, suficiente segmentação entre os setores negociados; e, nessas circunstâncias, a classificação aqui proposta faz sentido. De qualquer forma, o alerta sobre a particular posição de força adquirida pela China sugere que a análise aqui apresentada deva ser encarada como exploratória e provocadora, antes de definitiva.

A terceira ressalva é a de que vitórias táticas no âmbito da OMC não se traduziram necessariamente em ganhos de longo prazo. Essa observação é particularmente relevante para os países aqui apresentados como dotados de alto poder de barganha. Há uma diferença entre ampliar o acesso a medicamento e adquirir capacidade de desenvolvimento tecnológico. Isso é óbvio, mas não é tudo. É que o impasse na Rodada de Doha levou a OMC a uma quase paralisação. A saída encontrada acabou sendo a realização de acordos paralelos, fora do âmbito da OMC, em que as posições de força podem ser muito diferentes daquelas que prevalecem para a disputa na OMC. Isso quer dizer, então, que os vencedores na OMC podem não o ser na disputa do comércio internacional de modo geral.

Plano do livro

Para tornar a exposição mais clara, este livro foi dividido em três partes. A primeira parte examina a transição entre os períodos anterior e posterior à criação da OMC e à edição do Acordo TRIPS. Mostramos que o novo cenário consolidou a negociação sobre tecnologias patenteadas em dois níveis: um em que os países em desenvolvimento negociam diretamente com os laboratórios; outro em que negociam com os governos nacionais que defendem esses laboratórios através da ameaça de sanções dentro e fora da OMC. Para dar ordem ao raciocínio, buscamos aplicar conceitos simples da chamada *teoria da barganha* – um ramo da matemática aplicada bastante difundido na literatura de análise econômica do direito – para compreender determinantes da posição de força (ou fraqueza) dos países em desenvolvimento nas suas negociações com detentores de tecnologia patenteada. Enfocamos, em particular, a propensão de cada país em desenvolvimento a conceder licenciamentos compulsórios em fármacos.

A segunda parte esboça um agrupamento tripartite dos países em desenvolvimento, que serão classificados como APBs, MPBs, ou BPBs, conforme possuam *alto*, *médio* ou *baixo* poder de barganha, respectivamente. Essa tipologia reflete basicamente a habilidade de um país em contornar o sistema patentário do TRIPS por meio do uso do mecanismo de licenciamentos compulsórios.

Além disso, essa tipologia também destaca a posição privilegiada dos grandes países emergentes em comparação aos demais; a existência de diferentes níveis de inovação dentro desse bloco de países emergentes; e a noção de que as políticas de justiça distributiva contidas no TRIPS, que estão hoje voltadas principalmente aos chamados "países menos desenvolvidos" (PMDs, do inglês *least developed countries* ou LDCs),[2] deveriam abarcar um grupo maior de países em desenvolvimento, mas não necessariamente todos eles.

A terceira parte trata da experiência brasileira como um estudo de caso. Começamos localizando o caso do Brasil no contexto internacional, com destaque para as escolhas políticas do país tomadas no contexto da vigência do Acordo TRIPS. A existência de mercados internos grandes e em rápido crescimento posicionou o Brasil como destino estratégico para a recepção de investimentos externos e ampliação de relações comerciais. Tal circunstância, aliada à baixa inovação em produtos farmacêuticos no âmbito doméstico, reduziu a pressão política e os custos que prospectivamente surgiriam com licenciamentos compulsórios de fármacos. Esses aspectos criam uma situação em que, mesmo pelo ponto de vista da saúde pública, torna-se verdadeiramente menos importante dinamizar o setor inovador em fármacos no Brasil.

No caso brasileiro, essa situação em que o país "estaciona" na posição de grande economia não inovadora se amolda bem e é reforçada pela estrutura política nacional, que enfraquece institucionalmente o país e o faz prisioneiro de uma variedade de coalizões distributivas de dentro e de fora da burocracia. Esse quadro favorece a adoção de políticas de curto prazo em detrimento das ações de longo prazo, de que seria exemplo a verdadeira busca da transformação econômica do país de maneira a torná-lo crescentemente inovador, seja em fármacos ou em outros setores. Como se trata aqui de problemas estruturais, essa dinâmica tende a se reproduzir independentemente da rigidez do sistema de patentes vigente.

Agradecimentos

Este livro resulta principalmente de dois artigos coautorados publicados em revistas especializadas nos Estados Unidos no ano de 2010, a saber, "Towards

---

[2] Os PMDs são aqueles países que, de acordo com as Nações Unidas, exibem os menores índices de desenvolvimento socioeconômico. Em 2014, a lista compreendia 48 membros. Ver World Trade Organization (1994).

an intellectual property bargaining theory: the post-WTO era" (Salama e Benoliel, 2010a) e "Pharmaceutical patent bargains: the Brazilian experience" (Salama e Benoliel, 2010b). Após serem vertidos ao português, os trabalhos foram atualizados, adaptados, simplificados e revisados. Uma das virtudes – esperamos, não a única – desses trabalhos foi colacionar e examinar boa parte da enorme literatura hoje existente sobre o tema das patentes em fármacos. É um acervo que poderá ser útil ao estudioso brasileiro. Além disso, todas as citações de obras estrangeiras foram traduzidas livremente para o português, tudo para facilitar a inteligibilidade.

Entre 2009 e 2011, versões preliminares ou concluídas de um ou de ambos os trabalhos foram apresentadas em conferências acadêmicas realizadas em Harvard, Yale, Universidade Hebraica de Jerusalém, LUISS Guido Carli em Roma e Pompeu Fabra em Barcelona. Os textos foram também discutidos em *workshops* de pesquisa realizados na Faculdade de Direito da Universidade de Haifa em Israel, na FGV Direito SP, no Insper-SP e na Faculdade de Economia e Administração da Universidade de São Paulo (FEA-USP).

Por sugestões e críticas recebidas nesses fóruns (ou fora deles) agradecemos em particular a Eran Bareket, Arthur Barrionuevo, Yochai Benkler, Michael Birnhak, Robert Cooter, Daniel Ho, Amy Kapczynski, Neil Netanel, Ravi Ramamurti, Caio Mario da Silva Pereira Neto, Luciana Yeung e Peter Yu. Pelo auxílio na coleta de dados e revisão de texto, agradecimentos a Priscilla César, Rotem Medzini, Gabriel Pinto e Leor Sapir. Todos os eventuais erros e omissões aqui contidos são de inteira e exclusiva responsabilidade dos autores.

Maria Carolina Foss e Nicole Fobe deram-nos auxílio decisivo nos trabalhos de atualização, tradução e revisão desta obra. Maria Carolina, inclusive, escreveu o miniglossário que consta no final. Se não tivéssemos podido contar com o talento e entusiasmo dessas duas jovens pós-graduandas, talvez o projeto deste livro em português não tivesse sequer começado. A elas vai, portanto, um agradecimento especial.

Sérgio Lazzarini e Ronaldo Lemos escreveram generosos prefácios, e a esses dois brilhantes professores também estendemos um agradecimento especial.

1

A negociação dos direitos de propriedade intelectual na era pós-OMC

A ESTRUTURA REGULATÓRIA DA PROPRIEDADE INTELECTUAL ESTABELECIDA APÓS a criação da OMC encareceu o acesso, pelos países em desenvolvimento, a tecnologias patenteadas. Permanece sendo verdade que países em desenvolvimento são antes consumidores do que produtores de tecnologia, e a ampliação do escopo da proteção patentária e o estabelecimento de *standards* mínimos de proteção mundo afora tiveram, portanto, o efeito de dificultar o acesso por parte desses países à tecnologia, inclusive farmacêutica, gestada no mundo desenvolvido.

Ainda assim, os defensores do TRIPS geralmente sustentam que o acordo seja, de modo geral, desejável para todos os países-membros da OMC, porque dele todos se beneficiam. O raciocínio é o de que, mesmo que o TRIPS aumente os custos dos países em desenvolvimento com pagamentos de *royalties*, o acordo serviria, por outro lado, para fortalecer e aumentar o comércio internacional, os níveis de investimento estrangeiro direto (IED) e os investimentos em inovação tanto nos países desenvolvidos[3] quanto nos países em desenvol-

---

[3] Para os presentes fins, a expressão "países desenvolvidos" compreende Estados Unidos, Canadá, países da União Europeia, Islândia, Noruega, San Marino, Suíça, Israel, Japão, Coreia do Sul, Hong Kong, Cingapura, Taiwan, Austrália e Nova Zelândia. Ver International Monetary Fund (2012), listando as "economias avançadas".

vimento. Ocorre que o impacto desses fatores aparentemente varia de acordo com as características de cada país em um grau mais elevado do que aquele presumido pelos entusiastas do TRIPS.[4] Superadas as grandes generalizações, é preciso investigar os diversos impactos do Acordo TRIPS nos diferentes países.

Para estudar as diferentes repercussões do Acordo TRIPS no mundo em desenvolvimento, analisamos as negociações na indústria de fármacos envolvendo países em desenvolvimento e grandes laboratórios. Buscamos entender, em particular, as posições de força dos diferentes países nas negociações por preços de medicamentos com os grandes laboratórios, especialmente no tocante à sua capacidade de fazer uso de flexibilidades previstas no Acordo TRIPS.[5]

Tomamos como ponto de partida a observação de que o critério para estimação da força de cada país em desenvolvimento vem frequentemente sendo compreendido por uma perspectiva excessivamente limitada. A análise convencional identifica – acertadamente – que os governos em geral tratam a abertura do mercado interno como um custo, e a abertura ao comércio internacional e as oportunidades de aumento da exportação a ela associadas como um avanço político com repercussões econômicas positivas. Contudo, essas análises frequentemente estimam a força (ou o poder de barganha) de um país com base apenas no tamanho e diversificação de sua economia.[6] Embora seja verdade que países com economias maiores e mais diversificadas tenham mais força, o foco exclusivo nesse aspecto deixa de lado três fatores importantes que podem ser mais bem visualizados com o emprego de alguns conceitos simples da *teoria da barganha*.

O primeiro fator é o que a *teoria da barganha* denomina "opção de fora".[7] Essa é a melhor alternativa que se apresenta a uma parte que venha a abortar as negociações. No caso das negociações entre países em desenvolvimento e

---

[4] Ver Basheer e Primi (2009); Beer (2009); Boyle (2004). Ver também Coyle (2001), explicando por que o "novo capitalismo" do século XXI tem potencial para ser mais benéfico e equitativo que seu antecessor.

[5] Sobre negociações no âmbito da OMC, ver Pereira (2003), Amaral Jr. (2008); Badin, Shaffer e Rosenberg (2012); Shaffer (2004b), analisando como os Estados Unidos, a União Europeia e seus representantes defendem seus interesses na OMC; Steinberg (2002), explicando como a decisão por consenso funciona na prática no contexto legislativo do GATT/OMC e por que a regra do consenso foi mantida; Broude e Badin (2013).

[6] Ver Steinberg (2002:347).

[7] Ver Muthoo (2000), explorando os fundamentos da teoria da barganha, inclusive as fontes do poder de barganha, as estratégias de barganha, as variáveis que afetam os resultados da negociação e fatores que afetam a velocidade das negociações; Cooter (2000), referindo-se à opção

indústria farmacêutica, a opção de fora é basicamente a alternativa à qual o país recorre quando não consegue chegar a um acordo com a empresa titular da patente sobre o princípio ativo de um fármaco.

Posta nesses termos, a decretação de um licenciamento compulsório pode ser pensada como uma *opção de fora* porque se trata de uma ação unilateral que rompe o ciclo negocial. A identificação dessa *opção de fora* é relevante porque, quanto maior o retorno do país com a concessão de um licenciamento compulsório, tanto maior seu poder de barganha – sua força, portanto – na negociação com a indústria farmacêutica. Para ilustrar, quando um país pode produzir internamente medicamentos genéricos a baixo custo, pagar pelo produto comercializado pelo laboratório titular da patente só será desejável se o referido laboratório oferecer preços bastante baixos. Assim, no limite, chegar a um acordo com o titular da patente pode deixar de ser atraente.

O segundo fator relaciona-se às *opções de dentro*. Essas são ações que um país pode realizar para obter benefícios enquanto estrategicamente discorda de algum ponto sendo negociado.[8] Países em desenvolvimento fazem uso de uma opção de dentro, por exemplo, quando deliberadamente evitam proteger direitos de propriedade intelectual enquanto se mantêm formalmente vinculados ao Acordo TRIPS e participam até mesmo ativamente dos debates acerca do seu conteúdo e aprimoramento. Essa é uma forma de descumprimento do Acordo TRIPS, porém, como veremos, a imposição de sanções comerciais nesses casos também depende de relações de força.[9]

Por fim, outra falha importante nas explicações tradicionais é dar pouca importância à articulação entre posicionamento negocial internacional e as dinâmicas internas de inovação industrial nos países em desenvolvimento. Em particular, quanto mais o país reúne condições para se tornar produtor de tec-

---

de fora como um "valor de ameaça" da parte. Ver, ainda, Thompson (2001), referindo-se à opção de fora como o "valor de reserva" ou "valor de desacordo".

[8] Ver Muthoo (2000:149, 157-160).

[9] Ver Sherwood (1997a:27, 30), salientando que "os sistemas judiciais em talvez oitenta por cento dos países do mundo simplesmente não estão à altura de suportar os direitos de propriedade intelectual, e muito menos lidar eficazmente com outros assuntos"; Sherwood (2002:37,42), explicando que "os sistemas de propriedade intelectual envolvem um alto grau de discrição administrativa e judicial. Se aqueles que operam esses sistemas não acreditarem que servem a interesses locais, as regras internacionais, embora impostas, não alcançarão os resultados esperados; WTO (1994, anexo 1C, doravante Acordo TRIPS), definindo os quatro pontos-chave para as previsões de execução judicial em nível nacional, que foram fortemente inspiradas na lei americana de propriedade intelectual.

nologia (antes de mero consumidor), tanto menos atrativa é sua opção de fora, isto é, a concessão de um licenciamento compulsório. Por quê?

Porque a concessão de um licenciamento compulsório emite um sinal negativo para a indústria nacional interessada em expandir suas atividades de inovação ao amparo dos mecanismos de proteção patentária. Isso quer dizer que um efeito no mínimo curioso da propensão a inovar sobre a posição de força dos países em desenvolvimento nas negociações internacionais é que o país com propensão a tornar-se cada vez mais inovador tem menos força para decretar um licenciamento compulsório; logo, pode ter maior dificuldade para lidar com dilemas atuais da proteção à saúde pública.

A análise aqui empreendida, portanto, combina uma avaliação convencional (que leva em conta principalmente o tamanho da economia nacional) com uma análise qualitativa (que destaca os efeitos da propensão de cada país à inovação). O caminho trilhado foi o de estudar as negociações aplicando-se a teoria da barganha, que nada mais é do que o estudo das estratégias negociais envolvendo agentes autointeressados. Ao fazê-lo, não ignoramos o fato de que existem diversos esforços filantrópicos e governamentais voltados a promover acesso aos medicamentos patenteados, de que detentores de medicamentos patenteados tenham esporadicamente concedido licenças voluntárias para fabricantes de genéricos localizados em países em desenvolvimento e nem de que, pontualmente, os grandes laboratórios consigam segmentar preços nos diferentes mercados consumidores, dependendo do poder de compra de cada população.

Tampouco ignoramos o fato de que a solução dos problemas de saúde, no mundo em desenvolvimento, depende muito mais da melhor organização de seus sistemas internos, aumento de investimentos em prevenção e redução da corrupção e do desgoverno do que dos desenlaces pontuais de negociações envolvendo medicamentos de ponta com grandes laboratórios. Ainda assim, pareceu-nos que o autointeresse comercial e político é o fator primordial a determinar as situações de equilíbrio e, principalmente, a conveniência da decretação de licenciamentos compulsórios. Daí, então, a opção de interpretar os problemas de acesso a medicamentos patenteados sob a lente da teoria da barganha.

A normatização pela OMC e seus efeitos

Sob o guarda-chuva da OMC, legitimou-se internacionalmente a imposição de sanções comerciais contra o uso indevido de tecnologia patenteada, inclusive no âmbito farmacêutico.[10] Com isso, o TRIPS consolidou uma dinâmica de negociação segmentada em dois níveis paralelos.[11] No primeiro nível de negociação, as tratativas envolvem apenas governos.[12] Geralmente, essa negociação (que aqui chamaremos de negociação "nível 1") tende a opor países exportadores e importadores de produtos protegidos pelo sistema da propriedade intelectual.[13] Adicionalmente, os países em desenvolvimento estão sujeitos a um segundo nível de negociações, "nível 2", em que os governos desses países negociam com a própria indústria farmacêutica.[14; 15] A dinâmica das negociações dos níveis 1 e 2 pode ser representada graficamente como na figura 1.

Figura 1 | A dinâmica das negociações

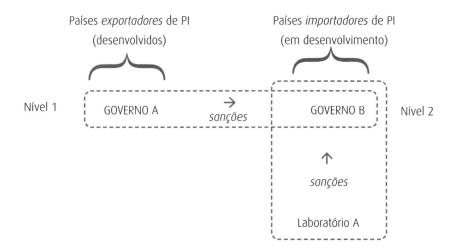

[10] Ver Gerhart e Kella (2005:515-575); Jackson (1997:109-111), comparando o novo sistema baseado em regras da OMC após a Rodada do Uruguai com o sistema anterior do GATT; Goldstein e colaboradores (2000), explorando a "variação no uso e consequências da lei em política internacional"; Gerhart (2003); Straus (2006).
[11] Ver Putnam (1988).
[12] Ver Ramamurti, nota *infra* 477.
[13] Ver, por exemplo, Sherman e F. Oakley (2004:353, 363-382) discutindo o art. 27 do Acordo TRIPS e seu impacto na proteção patentária internacional. Ver, em sentido contrário, Shell (1995:843-844), ressaltando o antagonismo histórico entre Europa e Estados Unidos quanto à necessidade de um sistema de resolução de disputas forte e vinculante para o GATT. Ver Gervais (2003) analisando o Acordo TRIPS a partir de um sumário dos casos de negociação, comentários e resolução de disputas.
[14] Ver Ramamurti, nota *infra* 477, e também Putnam (1988:477).
[15] Ver Drahos e Braithwaite (2002:10-13), explicando por que países optam por relativizar sua soberania quanto a leis fundamentais de propriedade e assinar o Acordo TRIPS; Benvenisti (1999:184-196) descrevendo, entre outras coisas, o comércio transnacional e suas implicações para as economias em desenvolvimento.

Em termos práticos, um dos aspectos mais importantes dessa dinâmica de negociação dual é que dela decorrem sanções negociais que podem ser impostas em duplicidade contra os países em desenvolvimento. Ou seja, países em desenvolvimento que concedem licenças compulsórias correm o risco de sofrer retaliações de dois tipos diferentes. Em relação ao nível 1, as sanções podem ser aplicadas pelos governos dos países desenvolvidos – imbuídos de proteger sua indústria nacional e sua política comercial –, e têm a forma de, por exemplo, tarifas de importação mais elevadas. Já no nível 2, podem ser impostas sanções econômicas pela própria indústria farmacêutica, e aqui estamos falando, por exemplo, da redução das vendas de produtos em um determinado país por uma empresa ou indústria que se veja prejudicada por um licenciamento compulsório concedido pelo governo de tal país.

Aqui cabe um esclarecimento semântico. As sanções comerciais aplicadas por governos, especialmente no âmbito da OMC, são "sanções" em sentido jurídico, eis que se fundamentam, pelo menos ostensivamente, como um efeito legal que decorre da violação de uma norma de direito internacional plenamente vigente – o Acordo TRIPS. Mas as reações da indústria a um licenciamento compulsório – redução do fluxo comercial ou dos investimentos, por exemplo – podem ser pensadas como "sanções" no sentido econômico, e é esse o sentido que ora nos interessa, porque nesse ponto estamos a discutir impactos econômicos concretos e não implicações jurídicas.

Também é preciso notar que, embora o TRIPS seja um acordo de grande repercussão e de difícil alteração, o arcabouço de direito internacional aplicável à propriedade intelectual não deve ser concebido como algo estático e definitivo.[16] Por um lado, há inúmeras iniciativas, capitaneadas principalmente pelos Estados Unidos, visando à assinatura de tratados bilaterais ou regionais conhecidos como "TRIPS-Plus".[17] Como sugere a expressão, esses acordos contêm um regramento mais estrito da propriedade intelectual e, em

---

[16] Ver Abbott e colaboradores (2000:401-409), explorando os três componentes de legalização, obrigação, necessidade e delegação, sua variabilidade e combinação.

[17] Ver, por exemplo, United States-Australia Free Trade Agreement, U.S.-Austl., 18 de maio de 2004, disponível em: <www.ustr.gov/trade-agreements/free-trade-agreements/australian-f-ta/final-text>, cap. 17, acesso em: mar. 2016; Free Trade Agreement Between the Republic of Korea and the United States of America (S. Korea-U.S.), cap. 18, 30 de junho de 2007, disponível em: <www.ustr.gov/sites/default/files/uploads/agreements/fta/korus/asset_upload_file273_12717.pdf>, acesso em: mar. 2016. Para uma discussão geral do assunto, ver, por exemplo, Yu (2012b:1045-1046). Para uma discussão sobre dispositivos de propriedade intelectual inseridos em acordos de investimento internacionais, ver Mercurio (2012).

particular, contêm restrições adicionais ao emprego das flexibilidades previstas no TRIPS, inclusive no tocante à realização de licenciamentos compulsórios.

De fato, existem hoje diversas negociações visando ao estabelecimento de regras TRIPS-Plus. Bons exemplos incluem a adoção do Acordo Comercial Anticontrafação (ACTA)[18] e a negociação norte-americana com países da região da Ásia-Pacífico para a instauração da chamada parceria transpacífica (TPP).[19] Esses países incluem a Austrália, Brunei, Canadá, Chile, Japão, Malásia, México, Nova Zelândia, Peru, Cingapura e Vietnã.[20] A negociação do TPP é especialmente relevante porque os Estados Unidos o apresentam como um "potencial modelo" para a região da Ásia-Pacífico como um todo – fundindo assim interesses comerciais e interesses de política externa norte-americanos para pressionar, principalmente, a China.[21]

Por outro lado, a negociação suplementar do regime previsto no Acordo TRIPS pode se dar no âmbito da própria OMC. Em alguns casos, como na controvérsia recente entre os Estados Unidos e a China, a negociação ou disputa envolve poucos países.[22] Em outros, pode envolver a quase totalidade dos membros da OMC. Aqui o exemplo mais eloquente pode ser encontrado na própria Rodada de Doha, o atual estágio das negociações na OMC em curso há mais de 10 anos.[23]

Embora a Rodada de Doha permaneça não concluída, os países em desenvolvimento conseguiram – sob a liderança do Brasil – aprovar a Declaração sobre o Acordo TRIPS e Saúde Pública, um documento elaborado em 2001

---

[18] Ver Acordo Comercial Anticontrafação, aberto para assinaturas desde 1º de maio de 2011 e disponível em: <www.mofa.go.jp/policy/economy/i_ property/pdfs/acta1105_en.pdf>, acesso em: mar. 2016. Ver também Yu (2011a), em "ACTA and its complex politics", discutindo as principais preocupações a respeito do ACTA); Yu (2011b).

[19] Ver Kelsey (2011); Lim e colaboradores (2012); Lewis (2011).

[20] Ver Trans-Pacific Partnership. Ministério do Comércio dos Estados Unidos, disponível em: <www.ustr.gov/tpp>, acesso em: 27 out. 2014, fornecendo informações atualizadas sobre a TPP.

[21] Ver fala do presidente norte-americano Barack Obama (8 out. 2013). Disponível em: <www. whitehouse.gov/the-press-office/2013/10/08/press-conference-president>. Acesso em: 27 out. 2014. Ver também Yu (2014a:1132) acrescentando que *"As far as 'TPP outsiders' are concerned, the first country that comes to mind is China"*. Para uma discussão mais detalhada sobre a China, ver Yu (2014a:1132-1151). Ver, também, Capling e Ravenhill (2012:292-293).

[22] Ver Yu (2011c, 2011d, 2012a).

[23] O atual ciclo de negociações, também conhecido como Rodada do Desenvolvimento, iniciou-se em 2001 em Doha, no Qatar, e negociações subsequentes tiveram lugar em Cancún, Genebra, Paris e Hong Kong. A Rodada de Doha estava originalmente programada para ser concluída em três anos, porém a dificuldade de se chegar a acordos sobre temas sensíveis, como tarifas de importação, subsídios agrícolas, liberalização de serviços e regime da propriedade intelectual, entre outros, conduziu o diálogo a um impasse.

com o propósito de responder às preocupações sobre as possíveis implicações que o Acordo TRIPS poderia ter no acesso a medicamentos.[24] A Declaração de Doha estabeleceu que a incorporação e a interpretação do TRIPS deveria ser feita "de modo a apoiar a saúde pública por meio da promoção tanto do acesso a remédios existentes quanto pela pesquisa e desenvolvimento de novos medicamentos e, dessa forma, adotar-se-ia uma declaração separada". Além disso, a Declaração de Doha explicitou que "cada país-membro tem o direito de conceder licenças compulsórias, bem como liberdade para determinar as bases em que tais licenças são concedidas". Ademais, aos países-membros da OMC sem capacidade de produção interna dos medicamentos licenciados compulsoriamente foi autorizado importar os medicamentos mediante o pagamento de *royalties* mínimos.[25]

Apesar da abrangência da Declaração de Doha, os licenciamentos compulsórios não estão livres de problemas. A Declaração de Doha estabeleceu que o país-membro interessado em realizar um licenciamento compulsório deve notificar o Conselho TRIPS para registrar os detalhes de cada licença compulsória, inclusive a quantidade do produto licenciado e a duração da licença.[26] O país exportador deve igualmente registrar detalhes de cada pedido, e, a fim de evitar fraudes, o conteúdo de cada pedido deve ser especificamente rotulado. Diversos autores consideram esses procedimentos excessivamente burocráticos e causadores de uma relevante barreira prática para que o licenciamento compulsório seja, para a maioria dos países, uma política eficaz.[27]

---

[24] Ver Organização Mundial do Comércio. Declaração Ministerial de 14 de novembro de 2001. WT/MIN(01)/DEC/1 (2002). Disponível em: <https://search.wto.org/search?q=Doha&-site=English_website&client=english_frontend&proxystylesheet=english_frontend&output=xml_no_dtd&numgm=5&proxyreload=1&ie=ISO-8859-1&oe=ISO-8859-1>. Acesso em: mar. 2016.

[25] Ver OMC. Decisão de incorporação do parágrafo 6 da Declaração de Doha sobre o Acordo TRIPS e Saúde Pública. WT/L/540 e Corr. 1, set. 2003.

[26] Ibid.

[27] Ver, *e.g.*, Fleck (2003), de acordo com quem os representantes das organizações não governamentais internacionais responderam à decisão com duras críticas no sentido de que (i) a implantação dos procedimentos para o licenciamento compulsório é lenta, burocrática e aumenta os custos administrativos, o que, consequentemente, encarece o preço dos medicamentos; (ii) países pobres da África, Ásia e América Latina precisam atravessar dificuldades desnecessárias para provar que não possuem capacidade industrial suficiente; (iii) os procedimentos burocráticos terminam por dissuadir os produtores de medicamentos genéricos, já que eles geram riscos para o investimento; e (iv) o requisito de utilização de embalagens diferentes pode aumentar os custos de produção dos remédios.

De qualquer forma, fato é que a regulação internacional da propriedade intelectual, especialmente como atualmente conformada pela OMC, consolidou uma estrutura de sanção dupla aos países em desenvolvimento. Essa é a principal razão pela qual se pode afirmar que o quadro regulatório pós-OMC reduziu o poder de barganha dos países em desenvolvimento em geral, e a esse ponto voltaremos diversas vezes adiante.

No entanto, é preciso notar que o enfraquecimento do poder de barganha dos países em desenvolvimento não foi uniforme. Em particular, devido principalmente ao tamanho de seu mercado consumidor (existente ou potencial), os grandes países em desenvolvimento são destino estratégico para investimentos externos e relações comerciais. Assim, até certo ponto, esses grandes países usufruem dessas vantagens de escala, qualquer que seja o funcionamento de seus sistemas da propriedade intelectual, porque seu tamanho lhes permite receber investimentos externos e alargar relações comerciais independentemente do funcionamento e talvez até da existência de efetiva legislação patentária ou de propriedade intelectual.[28] Essa vantagem estratégica desfrutada por alguns grandes países em desenvolvimento, tais como África do Sul, Brasil, China, Índia, Tailândia, Turquia etc. estabelece aquilo que chamaremos de *princípio do desenvolvimento desigual*.

O princípio do desenvolvimento desigual

As análises políticas e acadêmicas do TRIPS nem sempre se atêm à importância de diferenciar as formas através das quais o acordo atinge os diferentes países em desenvolvimento.[29] É comum partir apenas da dicotomia "Norte/Sul"

---

[28] Ver Chang (2003:499, 503-506), explorando, por meio de uma abordagem histórica, como países emergentes podem estabelecer instituições que contribuem para o desenvolvimento.

[29] Para estatísticas oficiais, ver World Intellectual Property Organization (2007a) e United Nations Department of Economic and Social Affairs. Para estudos teóricos e empíricos, ver Grundmann (1976), de acordo com o qual a proteção patentária nos países em desenvolvimento nos moldes tradicionais poderia retardar o desenvolvimento em vez de promovê-lo; Greer (1973) defendendo que uma forte proteção a patentes impede o avanço tecnológico e econômico nos países mais pobres; Vaitsos (1972), comparando países com "exames prévios" de patentes a países sem "exames prévios" de patentes. Ver Chow (2007) em *Intellectual property and information wealth*, editado por Peter K. Yu, ressaltando a capacidade da China em atrair investimento estrangeiro direto apesar dos direitos de propriedade intelectual fracos; Scherer (1971), analisando problemas de crescimento industrial por meio de um estudo dos impedimentos estruturais da organização industrial.

ou de algo relacionado a ela, como desenvolvidos/subdesenvolvidos, e assim por diante.[30] Essa abordagem ressalta as assimetrias entre os países do "Norte", que são de modo geral mais propensos a gerar produtos inovadores e novas tecnologias, e países do Sul, que estão aparentemente fadados a consumi-los.[31]

Um estudo mais cuidadoso dos países em desenvolvimento, no entanto, revela que os efeitos do Acordo TRIPS são muito mais variados e não podem ser adequadamente compreendidos apenas por meio dessa bipolaridade "Norte/Sul". Em particular, os países do "Sul" são diferentes não apenas na sua propensão para atrair investimento externo, comércio e tecnologia, mas também no tocante às suas habilidades de inovar e de fazer uso da proteção da propriedade intelectual como uma ferramenta para proteger e aumentar a inovação interna.[32] Esse conjunto de circunstâncias,[33] que afeta de maneira desigual o poder de barganha dos países emergentes, é aqui designado como *princípio do desenvolvimento desigual*.

A relação entre inovação, proteção patentária e crescimento econômico é bastante incerta. Em primeiro lugar, não há evidência empírica de que a adoção de uma legislação patentária protetiva induza o investimento em pesquisa e desenvolvimento, o incremento do investimento estrangeiro direto (IED) ou a promoção de quaisquer outras formas de absorção e difusão de tecnologia em diferentes países.[34] Tampouco há uma correlação clara entre a extensão da

---

[30] Ver, por exemplo, Krugman (1979:253-255), analisando o TRIPS por meio da separação Norte inovador e Sul não inovador.

[31] Ver Correa (2000b:5-6), descrevendo a distribuição assimétrica de inovação tecnológica e consumo entre países meridionais e setentrionais.

[32] Ver Govindarajan e Trimble (2012) para uma lista de estudos de casos empresariais acerca do uso de inovação reversa. Ver, também, Vijay Govindarajan (2009) para o processo histórico que levou à criação da inovação reversa.

[33] Ver Basheer e Primi (2009), diferenciando países de acordo com seu desempenho tecnológico.

[34] Ver Groizard (2009), fazendo uso de dados relativos a 80 países no período de 1970 a 1995 e chegando à conclusão de que o IED é mais alto em países com direitos fortes de propriedade intelectual. Por outro lado, o autor mostra uma relação negativa entre direitos de propriedade intelectual e indicadores de capital humano. Resultados anteriores são igualmente desconcertantes. Embora alguns trabalhos, como Park e Lippoldt (2005) e Kanwar e Evenson (2003), encontrem um efeito positivo na existência de direitos de propriedade intelectual nos países em desenvolvimento, Chen e Puttitanun (2005) explicam que direitos mais fracos de propriedade intelectual podem facilitar a imitação e, por outro lado, o nível de inovação em países em desenvolvimento está relacionado ao grau de proteção dos direitos de propriedade intelectual. Ver também Falvey e colaboradores (2006). Fazendo uso de dados de 79 países ao longo de quatro períodos distintos (1975-79, 1980-84, 1985-89 e 1990-94), os autores encontram evidência de um efeito positivo entre direitos de propriedade intelectual e crescimento econômico tanto para países de baixa renda quanto para aqueles de renda alta, mas não para os de renda média.

proteção à propriedade intelectual e as taxas anuais de crescimento econômico.[35] Assim, mais razoável é compreender que a oferta de proteção patentária desempenhe um papel diferente em cada país, e seu efeito só será positivo naqueles poucos já com maior propensão a inovar em setores sensíveis a essa proteção. É nesses, e somente nesses, que a existência de proteção patentária poderá desencadear inovação e o crescimento econômico correspondente.[36]

Evidentemente, a posição negocial de um país não depende apenas da propensão de sua indústria a inovar. Alguns países podem gozar de posição de força por conta de localização geopolítica, laços culturais, recursos naturais e até posse de armas atômicas. Além disso, como é óbvio, não é razoável atribuir as diferenças entre os países em desenvolvimento exclusivamente aos efeitos do Acordo TRIPS. De fato, alguns poucos países, principalmente o Japão e os Tigres Asiáticos (Hong Kong, Coreia do Sul, Cingapura e Taiwan), conseguiram adotar com sucesso uma estratégia de industrialização voltada para a exportação e assim puderam, em poucas décadas, cruzar o *Rubicão* do atraso,[37; 38] de tal sorte que, já na virada do século XXI, esses Tigres Asiáticos deixaram de ser considerados países "em desenvolvimento" e passaram a ser considerados "desenvolvidos".[39] E, aliás, à medida que realizavam a transição de modo a se tornar também exportadores de bens tecnológicos, os Tigres Asiáticos puderam rapidamente perceber os benefícios da adesão ao pacote anunciado pelo TRIPS.

Segundo o estudo, a relação positiva entre direitos de propriedade intelectual e crescimento econômico em países de baixa renda não pode ser explicada pelo fomento potencial de P&D e inovação, e sim pela ideia de que uma proteção maior dos direitos de propriedade intelectual promove a importação e IED proveniente de países de renda alta – sem afetar negativamente a indústria nacional baseada na imitação. Ver, também, Falvey e colaboradores (2009). Fazendo uso de dados de 69 países desenvolvidos e em desenvolvimento ao longo do período 1970-1999, os autores mostram que a relação entre direitos de PI e de P&D depende do nível de desenvolvimento, habilidade de imitação e tamanho do mercado do país importador.

[35] Ver Banco Mundial (2001:142): "Em diferentes momentos históricos, em diferentes regiões do mundo, países têm atingido altas taxas de crescimento sob níveis diferentes de proteção patentária". Ver, também, Park e Ginarte (1997).

[36] Ver, em sentido contrário, Hassan, Yaqub e Diepeveen (2010:19), discutindo diversas pesquisas que tomaram por base os países desenvolvidos e que mostram que outros motivos são mais relevantes que patentes na promoção de lucros de empresas inovadoras: segredo industrial, vantagem de ser o primeiro e lealdade à marca, complexidade da curva de aprendizado e estabelecimento de funções efetivas de produção, venda e marketing.

[37] Ver Handelman (2009:297-300).

[38] Ver Bhagwati (2000:37-46).

[39] Ver IMF (2008:2-3), classificando Hong Kong, Coreia do Sul, Cingapura e Taiwan como *newly industrialized Asian economies* em vez de *emerging and developing economies*.

A história dos Tigres Asiáticos é, contudo, exceção, e não regra. A maioria dos retardatários da industrialização pós-II Guerra Mundial – notadamente africanos e latino-americanos – optou pela industrialização por substituição de importações e jamais conseguiu se tornar competitivo internacionalmente na produção de bens com elevado grau tecnológico.[40; 41] Por motivos que aqui não cabe discutir, a substituição de importações terminou por ser um caminho não tão bem-sucedido quanto o da plataforma de exportação.[42; 43; 44] Uma leitura comum é a de que isso ocorreu em parte por conta da desconfiança desses países quanto ao investimento estrangeiro e à liberalização do comércio, preconceitos enraizados pelos quais esses países pagam um preço alto até hoje. Outras leituras remetem a problemas históricos mais arraigados, como a existência de instituições políticas extrativas e perversas ou o déficit crônico de capital humano.

Seja como for, é certo que, a partir da década de 1990, o receio da integração econômica dentro do mundo em desenvolvimento deu lugar a um crescente otimismo.[45; 46] Um aspecto do aprofundamento da integração econômica a partir de então foi o alargamento da proteção da propriedade intelectual em nível internacional. Embora a maioria dos países tivesse desde sempre reservas quanto ao fortalecimento dos direitos de propriedade intelectual, assinar o Acordo TRIPS foi uma condição para fazer parte da OMC. E ser um membro da OMC, por sua vez, foi visto – e ainda o é, e por bons motivos – como um componente essencial à participação na grande onda internacional de comércio e prosperidade do mundo globalizado.[47]

---

[40] Ver Shikida (2005), fornecendo uma descrição detalhada das estratégias de substituição de importações.

[41] Ver, por exemplo, Chang (2003:499-522), descrevendo limitações econômicas e de política externa que podem impedir o desenvolvimento institucional.

[42] Ver Bhagwati (2000:143).

[43] Com base em teorias econômicas da dependência, os teóricos da substituição de importações concluíram que um livre-comércio empobreceria os países da "periferia".

[44] Ver Prebisch (1959:251-252), fornecendo exemplos de argumentação utilizada por países "periféricos" que promovem uma aversão ao comércio livre; Cardoso e Faletto (1979:149-171), descrevendo a tensão entre as agendas políticas nacionalista e populista na América Latina e as influências dessa tensão nas políticas de comércio internacional.

[45] Ver Bhagwati (2000:144).

[46] Ver Jagdish Bhagwati, em *Defense of globalization* (2004:8-100), mostrando que, em uma reviravolta bastante irônica, os sentimentos antiglobalização parecem hoje ter mais força nos países mais ricos do que nos mais pobres.

[47] Ver Harrelson (2001:187-188) em *TRIPS, pharmaceutical patents, and the HIV/Aids crisis: finding the proper balance between intellectual property rights and compassion.*

O Acordo TRIPS consiste em uma agenda de reformas tão ampla quanto controversa, voltada à criação de um sistema de propriedade intelectual aplicável a todos os membros da OMC.[48] A adoção compulsória dos padrões do TRIPS impõe um ônus econômico para os países em desenvolvimento, especialmente por conta da necessidade de pagamento de *royalties* com valores mais elevados.[49]

Os defensores do TRIPS sempre tentaram invocar a proteção à propriedade intelectual como um pilar central da política econômica moderna e um catalisador para o desenvolvimento,[50] argumentando, em primeiro lugar, que com a proteção à propriedade intelectual a inovação em países em desenvolvimento poderia ser fomentada de modo similar àquela vivenciada no início da história dos Estados Unidos.[51] Em segundo lugar, considera-se que a proteção à propriedade intelectual induziria a uma transferência tecnológica maior, particularmente através do maior fluxo de investimentos externos e maior volume comercial, tudo liderado pelas empresas multinacionais.[52] E, em terceiro lugar, a existência de proteção à propriedade intelectual representaria uma política industrial "passiva" e horizontal que estimularia a inovação sem, em contrapartida, exigir grandes investimentos públicos.[53]

---

[48] Ver, por exemplo, Blakeney (2004:13-22), em "The international protection of industrial property: from the paris convention to the TRIPS Agreement", detalhando o grande número de previsões geralmente aplicáveis e princípios do Acordo TRIPS.

[49] Ver Gibson (2007:1404-1406).

[50] Ver Alikhan (2000:1-9): a propriedade intelectual é uma parte integral do desenvolvimento tecnológico e econômico em nível nacional e internacional; Idris (2003): a propriedade intelectual é uma força poderosa para beneficiar indivíduos e nações; Imam (2005), detalhando benefícios sociais e econômicos de uma proteção patentária mais forte em países em desenvolvimento.

[51] Ver Sherwood (2000); Scherer (2009:167), apontando que tal linha de argumentação "também revela o fato de que durante os seus primeiros 47 anos de existência, os Estados Unidos forneceram uma proteção patentária bastante forte para seus cidadãos, mas negaram o mesmo para estrangeiros, enquanto os PMDs estavam sendo demandados para aumentar a sua proteção a patentes tanto para seus nacionais quanto para estrangeiros".

[52] Ver Maskus (2002), defendendo que uma proteção patentária forte beneficia o comércio internacional; Maskus (1998a), descrevendo os diversos fatores envolvidos no aumento do IED de uma nação; Gervais (2005) analisando os efeitos da proteção à propriedade intelectual (PI) dentro e fora do IED; Braga e Fink (1998) descrevendo a influência de uma proteção à PI forte nos níveis de IED; Maskus e Penubarti (1995:229-230) determinando que os direitos de propriedade intelectual influenciam diretamente os fluxos comerciais; Kitch (1994) defendendo que a adoção de um sistema internacional de propriedade intelectual beneficia os países em desenvolvimento sem levar em conta quaisquer vantagens comerciais que possam estar dentro do pacote de aceitação das regras internacionais de propriedade intelectual.

[53] Ver Dam (1994), discutindo as repercussões econômicas da proteção à propriedade intelectual e das políticas econômicas que influenciam as leis de patentes; Cooter e Schaefer, discutindo o papel da inovação no crescimento econômico das nações emergentes.

Entretanto, quando amplamente aplicada a todos os países em desenvolvimento, essa análise ignora o fato de que as considerações pró-TRIPS e anti-TRIPS têm respostas diferentes entre os diferentes países em desenvolvimento. Primeiro, a existência de um vínculo entre a proteção da propriedade intelectual e a inovação é, em muitos casos, altamente questionável. Historicamente, um sistema forte de propriedade intelectual não parece ter sido necessário nem tampouco suficiente para o florescimento da inovação tecnológica.[54] Com efeito, é largamente reconhecido que um sistema extremamente complexo de proteção à propriedade intelectual em processos cumulativos de inovação pode vir a impedir inovações subsequentes.[55] Estudos empíricos recentes também fracassaram em demonstrar como um sistema rígido de propriedade intelectual pode promover a inovação no mundo em desenvolvimento de modo geral.[56; 57]

Além disso, atualmente há indícios de que a importância da pesquisa e desenvolvimento (P&D) no ambiente produtivo é extremamente dependente do tamanho do mercado de uma economia.[58] Desde que os modelos endógenos de crescimento foram propostos,[59] a economia do desenvolvimento tem focado cada vez mais sua atenção na mudança tecnológica endógena para explicar

---

[54] Ver Granstrand (2005:284); Lerner (2002), descrevendo diferentes modelos de sistemas de propriedade intelectual; Kaufer (1989); Moser (2005), analisando a influência da legislação patentária no progresso da inovação; Machlup e Penrose (1950), argumentando que uma proteção forte a patentes tem um efeito positivo sobre inovação.

[55] Ver Mazzoleni e Nelson (1998), alegando que os custos econômicos substanciais impostos pela forte proteção patentária não ultrapassam os benefícios desse sistema; Merges e Nelson (1990), analisando os efeitos negativos que patentes podem ter sobre a inovação tecnológica; Gallini e Scotchmer (2001:67), descrevendo os obstáculos à inovação que podem ser criados pela implantação de direitos rígidos de propriedade intelectual; Scotchmer (1991:37), enfatizando a importância de se proteger os trabalhos coletivos e de cooperação quando se determina o escopo das leis de proteção a patentes. Ver, em outro sentido, Kitch (1977), sustentando que o aumento do número de patentes estimula o posterior desenvolvimento. Ver, também, Green e Scotchmer (1995:31), argumentando que mesmo acordos *ex ante* podem não impedir que a proteção patentária obstrua, por sua vez, a inovação; Bar-Gill e Parchomovsky (2003), mostrando que, em algumas circunstâncias, o inventor prefere uma patente mais estreita.

[56] Ver Granstrand (2005).

[57] Ver Landes (1998), descrevendo as inúmeras circunstâncias climáticas, históricas e culturais que influenciaram significativamente o desenvolvimento econômico de diversas nações ao redor do mundo.

[58] Ver Acemoglu e Linn (2003:1050), explorando o efeito potencial no tamanho do mercado com a entrada de medicamentos; Ulku (2004), discutindo a afirmação de que a inovação está associada aos setores de P&D e de que ela gera crescimento econômico sustentável.

[59] Ver Romer (1986:10020), apresentando um modelo de crescimento a longo prazo, no qual o conhecimento é uma entrada na produção que aumenta a produtividade marginal; Romer (1990:71), determinando que a quantidade de capital humano determina a taxa de crescimento;

os padrões de crescimento das economias do mundo. Nos modelos de crescimento endógeno, a inovação tecnológica se inicia nos setores de P&D que são incubadores de conhecimento. Posteriormente, a inovação é utilizada na produção de bens finais e leva a aumentos permanentes na taxa de crescimento econômico. Esses modelos partem essencialmente da premissa de que a inovação interna permite o crescimento econômico sustentável.[60]

Salvo exceções – Israel é um dos exemplos mais eloquentes porque a pequena nação é altamente inovadora e exportadora de tecnologia de ponta ao mesmo tempo que seu mercado doméstico é praticamente insignificante –,[61] um determinante-chave da inovação tecnológica parece ser o tamanho do potencial mercado interno de consumidores.[62; 63] Assim, é comum argumentar-se que a existência de um grande mercado interno pode catalisar processos de inovação e de aumento de investimentos em P&D.[64]

Por outro lado, como já apontado, há controvérsias quanto ao fato de a proteção à propriedade intelectual ser um determinante importante na competição por investimento externo em pesquisa e desenvolvimento.[65] Diversas características próprias do "país anfitrião" são importantes, e a proteção à propriedade intelectual pode ter menor impacto na atração de IED, por exemplo, em países cujas vantagens comparativas residem na abundância de recursos naturais.[66] Há também alguma evidência empírica de que o IED esteja atrelado à proteção de propriedade intelectual somente em países que atingiram um patamar mínimo de desenvolvimento e que têm a capacidade de replicar invenções.[67]

Naturalmente, o impacto dessa proteção é maior em setores com capital humano e tecnologia intensivos, como a indústria de produtos farmacêuticos, de cosméticos e produtos de saúde, de químicos, de bens de capital e de equi-

---

Romer (1994), recontando os dois paradigmas primários para a compreensão do desenvolvimento da teoria do crescimento endógeno.

[60] Ver Ulku (2004:4).

[61] Ver Senor e Singer (2011) em *Nação empreendedora: o milagre econômico de Israel e o que ele nos ensina*.

[62] Ver Acemoglu e Linn (2003:1050).

[63] Ver Acemoglu e Linn (2003:1050), explorando o efeito potencial no tamanho do mercado com a entrada de medicamentos no mercado; Ulku (2004).

[64] Ver Ulku (2004).

[65] Ver, também, Nunnenkamp e Spatz (2003). Ver Comm'n on Intellectual Property Rights, doravante "Comm'n on IPR" (2002:22-23), examinando a dinâmica do relacionamento entre a proteção dos direitos de propriedade intelectual e a facilitação do desenvolvimento.

[66] Ver Nunnenkamp e Spatz (2003:12-13).

[67] Ibid.

pamentos elétricos.[68; 69] Ressalte-se também que a proteção à propriedade intelectual não é a única forma para a proteção de conhecimento e informação.[70; 71] Na indústria de químicos, por exemplo, há indícios de que as empresas multinacionais optem por isolar suas operações no exterior e empregar um reduzido número de trabalhadores com o intuito de proteger o conhecimento de forma sigilosa por meio de segredo industrial.[72]

Outro setor industrial sensível a patentes que segue uma trajetória bastante similar à indústria farmacêutica é o de agricultura e genética vegetal. A biotecnologia aplicada à agricultura transformou a produção das fazendas em uma indústria interdisciplinar baseada em propriedade intelectual, que mistura as indústrias terapêutica, farmacêutica e química, e, portanto, assume um papel central no modelo de negociação pós-OMC e na encarnação concreta do *princípio do desenvolvimento desigual* nos países em desenvolvimento.[73]

Isso sugere que o *princípio do desenvolvimento desigual* seja demonstrável também em outras indústrias, por exemplo, na biotecnologia da agricultura. A União Internacional para a Proteção de Obtenções Vegetais (UPOV)[74] es-

---

[68] Ver Braga e Fink (2000:38-42), explicando que a proteção dos direitos de propriedade intelectual tem um forte efeito no comércio de bens ligados ao conhecimento; Javorick (2005:134), apontando que os direitos de propriedade intelectual desempenham um papel importante nos setores de alta tecnologia; Mansfield (1994), concluindo que se os países em desenvolvimento aumentarem seu nível de proteção à propriedade intelectual, especialmente patentária, esses países atrairão mais investimento externo direto e transferência de tecnologia. Em sentido contrário, ver, por exemplo, Heald (2003a).

[69] Ver Comm'n on IPR (2002:23): os direitos de propriedade intelectual têm importância secundária para o investimento externo direto.

[70] Ver, por exemplo, Lessig (2004:261), defendendo que uma política sensível a patentes é compatível com algum fluxo de informação gratuito; Benkler (2002) descrevendo o crescimento de conhecimento baseado na produção paritária; Benkler (2003:222), descrevendo a importância de constrangimentos do Congresso quanto a direitos exclusivos para reduzir os custos da democracia e autonomia.

[71] Ver Barros (2008): empresas centradas em desenvolvimento nem sempre buscam o patenteamento de suas invenções.

[72] Ver Nunnenkamp e Spatz (2003:34).

[73] Ver Krimsky e Wrubel (1996), apontando a confusão da distinção tradicional entre agricultura e indústria química; Organization for Economic Co-Operation & Development (1988), defendendo que a biotecnologia tem um impacto nas práticas agrícolas. A título de reforço, o Acordo TRIPS traz animais, plantas e variedades vegetais dentro do escopo de proteção patenteável, sujeita, no entanto, à escolha regulatória de cada membro. Ver TRIPS Agreement, art. 27, 3, b, 15 abr. 1994 (artigo que lida especificamente com os "patenteáveis"). Em relação às variedades vegetais, particularmente, ele oferece aos membros a opção de escolher entre modelos de proteção "patentes ou [...] sistemas eficazes *sui generis* [...] ou qualquer combinação daí resultante".

[74] International Union for the Protection of New Varieties of Plants (UPOV).

tabelece, para os países-membros, a proteção à variedade vegetal, também conhecida como "direitos do obtentor de cultivares".[75] Tais direitos ensejam a discussão sobre o papel da propriedade intelectual na interseção do regime de agricultura internacional, das práticas de agricultura tradicionais desenvolvidas por indígenas e comunidades locais e da segurança alimentar. Desde os anos 1980, a Food and Agriculture Organization (FAO) tem exercido papel importante na interpretação jurídica do conceito dos "direitos dos produtores rurais", como uma contrapartida aos direitos dos criadores de novas variedades vegetais.[76] Os direitos dos produtores rurais estão diretamente ligados a um regime de amplo acesso aos recursos genéticos, ou seja, a bancos de sementes públicos. Essa disciplina jurídica está consubstanciada no Tratado Internacional sobre Recursos Fitogenéticos para Alimentação e a Agricultura.[77; 78]

Infelizmente, com o passar dos anos, o uso desses recursos, principalmente no que diz respeito ao acesso aos recursos genéticos de uso comum, criou uma crise de confiança entre o mundo desenvolvido e o subdesenvolvido.[79] Além disso, os direitos dos produtores rurais estão sujeitos às políticas nacionais de dotações orçamentárias para o setor e às obrigações bilaterais impostas por tratados. Em sua maior parte, esses tratados incluem os direitos do obtentor da cultivar e a existência de patentes tanto dos padrões UPOV quanto do TRIPS.[80] A possibilidade de os direitos dos produtores rurais servirem como um sistema alternativo aos direitos do obtentor de cultivar e aos direitos de

---

[75] Ver *website* da International Union for the Protection of New Varieties of Plants, estabelecendo que o propósito da UPOV é proteger as novas variedades vegetais por meio de um direito de propriedade intelectual. Disponível em: <www.upov.int/>. Acesso em: 10 ago. 2015.

[76] Ver, por exemplo, Helfer (2002).

[77] Ver International Treaty on Plant Genetic Resources for Food and Agriculture (doravante "ITPGRFA").

[78] Ver ITPGRFA, art. 1.1, aberto para assinatura em 3 de novembro de 2001, salientando que o propósito do tratado é conservar e manter o uso de recursos genéticos vegetais para alimentação. Um exemplo-chave são os conhecidos International Agricultural Research Centers (IARCs), desenhados para preservar os recursos genéticos escassos do mundo para a alimentação e a agricultura. Para outros bancos de sementes, ver International Undertaking on Plant Genetic Resources for Food and Agriculture, Report of the Conference of FAO, FAO Conference, 22d sess., art. 1, UN doc. C/83/REP (1983); FAO Res. 5/89, UN doc. C/89/24 (1989) citado em Cullet (2003).

[79] Ver Oguamanam (2007).

[80] Ver ITPGRFA, art. 9.3, apontando que fazendeiros ainda têm direito de guardar e vender sementes e material propagativo, mas esses direitos estão sujeitos a leis nacionais específicas.

propriedade intelectual, em geral, continua a não satisfazer os anseios do mundo subdesenvolvido.[81]

Um grande estudo conduzido em diversos países em desenvolvimento encontrou pouca correlação entre a quantidade de material vegetal disponível para produtores rurais, o aumento na inovação e a proteção a cultivares.[82; 83] Estimou-se que, do total mundialmente despendido privadamente em pesquisa e desenvolvimento até 2001, os gastos com genética vegetal e bioagricultura totalizam US$ 11,5 bilhões, sendo que apenas US$ 0,7 bilhão pôde ser localizado em países em desenvolvimento.[84] Não bastasse isso, os gastos com P&D nos países desenvolvidos cresceram a uma taxa anual entre 5% e 7% entre 1976 e 1996, ao passo que na África subsaariana esses dispêndios ficaram estagnados.[85]

Embora a cooperação pública e privada – Food and Agriculture Ogranization of the United Nations (FAO), Programa das Nações Unidas para o Desenvolvimento (PNUD) – para a pesquisa relacionada à agricultura – parceria conhecida como Grupo Consultivo sobre Pesquisa Internacional em Agricultura (Consultative Group on International Agricultural Research – CGIAR)[86] – despenda aproximadamente US$ 340 milhões por ano,[87] o financiamento pela

---

[81] Ver Oguamanam (2006:273, 275-276), explorando como fazendeiros protegem seu conhecimento sobre recursos genéticos vegetais para agricultura e alimentação.

[82] Ver Van Wijk (1998:12-16), discutindo as diversas maneiras através das quais a implantação dos direitos do criador da planta afetou o acesso a material vegetal por parte dos fazendeiros e empresas.

[83] Ver Barbosa e Grau-Kuntz (2010), anexo III, discutindo os efeitos para o desenvolvimento das exclusões, exceções e limitações do sistema internacional de patentes sobre a biotecnologia e ressaltando a importância do acesso livre ao conhecimento em biotecnologia.

[84] Ver Pardey e Beintema (2001).

[85] Ver Pardey e Beintema (2001:4). Quanto ao setor público, o investimento em P&D está mais presente. Se comparado à pesquisa em medicina, há uma quantidade muito maior de P&D desenvolvida por – e relevante para – países em desenvolvimento. Em 1995, o gasto total do setor público em pesquisa agrícola nos países emergentes, embora não uniformemente distribuído, alcançou os US$ 11,5 bilhões, comparados aos US$ 10,2 bilhões gastos pelos países desenvolvidos. Ver Berdegué (2005:1-11) para a definição de inovação, inclusive na agricultura, em países em desenvolvimento.

[86] Criado em 1971, o CGIAR é uma parceria estratégica cujos 64 membros financiam 15 centros internacionais ao redor do mundo. Ver Consultative Group on International Agricultural Research (CGIAR), *Who we are*.

[87] Dados retirados de relatório de agosto de 2000: CGIAR Financial Report. No início, o CGIAR liderou a "revolução verde" e hoje em dia atua como o guardião da maior coleção de recursos genéticos do mundo. Ver CGIAR 2000, afirmando que 11 dos centros do grupo mantêm bancos genéticos internacionais que preservam uma grande quantidade de recursos genéticos vegetais.

comunidade internacional tem sofrido uma redução substancial desde 1990.[88] Além disso, o financiamento por meio de doações estagnou e os recursos destinados pelo setor privado para atividades de P&D em bioagricultura nos países em desenvolvimento pobres são insignificantes.

De modo similar, na indústria de softwares dos países em desenvolvimento não há correlação demonstrada entre aumento em P&D e políticas de proteção à propriedade intelectual. Nos Estados Unidos, dados relativos aos anos entre 1974 e 2000 do Conselho de Ciência Nacional (no inglês, National Science Board) mostram uma "reconcentração" de investimentos em alta tecnologia: "forte crescimento no financiamento em P&D das companhias americanas (até 10%), combinado com uma diminuição de 7% no gasto com P&D das indústrias no exterior, o que reduziu a participação estrangeira das indústrias norte-americanas em 8,9%".[89] Dentro do universo de recursos já escassos, os países em desenvolvimento captam uma porcentagem marginal de apenas 6%.[90]

Ainda no que toca à indústria de softwares, a Organização para a Cooperação e Desenvolvimento Econômico (OCDE), por meio de sua publicação *Information technology outlook*, descreve a situação de tal maneira que, com poucas exceções, a produção por multinacionais em países em desenvolvimento não envolve "o desenvolvimento de aplicativos considerados de missão crítica,[91] tampouco os projetos envolvem tecnologia muito sofisticada".[92] Pelo contrário, o relatório da OCDE indica que "sob a perspectiva de tempo útil, requisitos de sistema, design de alto nível, instalação e testes, o desenvolvimento de softwares atualmente é, em sua grande maioria, não terceirizado".[93]

Em suma, as várias maneiras pelas quais os direitos de propriedade intelectual influenciam o investimento externo são sutis, e a proteção à propriedade intelectual, por si só, não gera incentivos suficientes para que as empresas multinacionais decidam investir em um país em desenvolvimento.[94]

---

[88] Ver Pardey e Beintema (2001:9), apontando que doadores internacionais e instituições de ajuda internacional não contribuem com recursos para a agricultura como antes.

[89] Ver Nationall Science Board (2000:59-60), discutindo os níveis de financiamento de P&D nos EUA e nos demais países.

[90] Ibid.

[91] No setor de tecnologia da informação (TI), os aplicativos, serviços e processos qualificados com o termo "missão crítica" são essenciais para funcionamento dos sistemas de TI. Nas ocorrências de paralisação ou falhas, a perda de dados importantes desses aplicativos de "missão crítica" pode causar graves prejuízos financeiros e sociais.

[92] Ver Organisation for Economic Co-operation and Development (OECD) (2000:137-138).

[93] Ibid.

[94] Ver Maskus (1998a:128).

Não surpreende, portanto, que os efeitos do Acordo TRIPS tenham sido tão inconsistentes em diferentes países.

Em particular, parece-nos que o "princípio do desenvolvimento desigual" sugere duas linhas divisórias entre os países em desenvolvimento. A primeira linha é desenhada entre países com mercados internos de maior e de menor escala. A segunda linha divide os países em desenvolvimento entre aqueles com e sem propensão à inovação.

Uma forma de tratar dos países em desenvolvimento com grandes mercados domésticos é referir-se a eles como NICs, ou países de industrialização recente (do inglês, *newly industrialized countries*).[95] A categoria dos NICs é uma classificação socioeconômica aplicada a diversos países por geógrafos, economistas e cientistas políticos. Nos NICs, a produção industrial ocupa uma parcela significativa do produto interno bruto, porém, não há um critério oficial e amplamente aceito que permita que um país seja considerado um "NIC".[96]

É comum atribuir-se a ascensão dos NICs a um movimento histórico generalizado, iniciado no pós-II Guerra Mundial, em que países industrializados desocupam setores intermediários da produção industrial em que se tornam menos competitivos pela relativa escassez de mão de obra barata. Os NICs são os países que passam, então, a ocupar os estágios intermediários na divisão internacional do trabalho.[97] No entanto, como tal divisão está em constante mudança, a classificação de um país como um NIC também pode ser alterada.[98]

---

[95] A categoria NIC é uma classificação socioeconômica aplicada a diversos países por geógrafos, economistas e cientistas políticos. Ver Chowdhury e Islam (1993:4), listando quatro critérios sugestivos para a classificação de um NIC, incluindo o requisito de porcentagem de industrialização de pelo menos 20% do produto doméstico bruto do NIC. Ver, também, Bradford Jr. (1982:7): a emergência dos NICs é um "movimento histórico generalizado no qual os países industrializados desocupam setores intermediários da produção industrial em que países em desenvolvimento mais avançados são, atualmente, mais competitivos, ao passo que esses países em desenvolvimento mais avançados, por sua vez, desocupam setores mais básicos da indústria, nos quais a próxima camada de países em desenvolvimento tem uma relativa vantagem".

[96] Ver Chowdhury e Islam (1993:4), alegando que os critérios necessários para que um país seja classificado como um NIC são arbitrários, mas, ao mesmo tempo, listando quatro critérios possíveis para tal classificação, inclusive a exigência de que a indústria represente pelo menos 20% do produto interno bruto do país. Ver, também, Grimwade (1989:312), apontando que não existe uma lista definitiva dos NICs, mas muitos dos países que recentemente entraram nessa classificação são pequenos países em desenvolvimento que são grandes exportadores de bens industrializados.

[97] Ver Bradford Jr. (1982). Segundo o autor, NICs tendem a ser mais avançados que outros países em desenvolvimento e menos que países desenvolvidos. Não há um conjunto de critérios oficial e pacífico para definir um NIC, então cada autor utiliza um padrão de acordo com seus critérios e método. Ver Guillén (2003); Mankiw (2006); Waugh (2002).

[98] Ver Guillén (2003).

Por esse motivo, um país como o Japão, que nos anos 1950-60 era exemplo de NIC, já é hoje mais propriamente tratado como um país desenvolvido.

Uma classificação recentemente formulada inclui na categoria de NICs África do Sul, Brasil, China, Filipinas, Índia, Malásia, México, Tailândia e Turquia[99] (de modo que os Tigres Asiáticos – Hong Kong, Cingapura, Coreia do Sul e Taiwan – já são então categorizados como países "desenvolvidos").[100] Na essência, os NICs diferem dos demais países em desenvolvimento porque possuem grandes economias relativamente diversificadas. Essas particularidades promovem os NICs ao *status* de mercados estratégicos e em constante expansão, nos quais as empresas multinacionais não podem deixar de investir.[101] Consequentemente, os NICs têm captado um volume desproporcionalmente grande do investimento externo que flui para os países em desenvolvimento.[102]

A estimação da força de um país exclusivamente a partir da escala de sua economia, no entanto, não consegue explicar uma segunda divisão que existe dentro do grupo dos países em desenvolvimento, a saber, a divisão entre países inovadores e não inovadores. Ao distinguir países em desenvolvimento entre inovadores e não inovadores há, desde logo, um problema semântico. Todo país que tem crescimento econômico é inovador em certo sentido. Em particular, o crescimento econômico pressupõe no mínimo a adoção de inovações incrementais, em que processos e produtos já inventados são apenas incorporados à produção.

Mas muito embora todos os países cujas economias crescem sejam inovadores em algum sentido, apenas um pequeno grupo deles é inovador na geração de tecnologias passíveis de proteção pela propriedade intelectual. Como veremos adiante, há hoje evidência de que, entre os NICs, a China e a Índia sejam os únicos países que, além de estar se tornando cientificamente capacitados, também estão se tornando capazes de produzir bens tecnológicos em grandes indústrias sensíveis à proteção patentária.[103] E, embora seja verdade que esses países não sejam ainda muito obedientes aos padrões desse acordo, há indícios de que a observância do TRIPS pouco a pouco se torne do interesse de sua indústria nacional.

---

[99] Ibid. Ver, também, Waugh (2002) e Mankiw (2006).

[100] Ver Bozyk (2006:164).

[101] Ver *The Economist* (2008).

[102] Ver, por exemplo, Grabel (2003:327-328), explicando que a liberalização financeira permite que os NICs capturem uma grande porção do IED que flui para os países em desenvolvimento porque esses países apresentam atrativos de curto prazo para investimento especulativo e oportunidades para privatização, fusões e aquisições.

[103] Ver Rand Corporation (2006): China e Índia são os dois países com a maior probabilidade de alcançar os demais países cientificamente avançados.

Como se vê, a existência de grandes mercados internos está longe de ser uma condição suficiente para que um país em desenvolvimento se torne inovador. Na verdade, há uma divisão significativa que parece estar se construindo entre os NICs "inovadores" e os "não inovadores". Como será discutido posteriormente, tal divisão resulta em efeitos diversos quanto ao poder de barganha de cada NIC, especialmente em relação a condições de acesso a fármacos protegidos por patentes.

Poder de barganha e táticas negociais

O poder de barganha – ou poder de negociação – é a capacidade relativa que cada parte tem de influenciar as demais. Em trocas voluntárias, um problema de barganha surge porque as partes precisam negociar antecipadamente (*ex ante*) a alocação do excedente cooperativo que está projetado para ser gerado por um acordo. Trata-se, portanto, principalmente de chegar a um consenso sobre o preço e outras condições de um acordo.

A indústria farmacêutica fornece um bom exemplo de aplicação do princípio do desenvolvimento desigual. Para entender como, convém examinar as negociações dos países em desenvolvimento consumidores de medicamentos patenteados com os grandes laboratórios produtores. Uma forma organizada de fazê-lo é abordar separadamente os componentes que determinam o poder de barganha desses países, a saber, sua "opção de fora", suas "opções de dentro" e seu poder de mercado concebido estritamente como capacidade de demanda.

Em primeiro lugar, a "opção de fora" (também chamada de "reserva de valor", "valor de desacordo" ou "valor de ameaça") corresponde ao resultado econômico esperado (ou *payoff*) do país caso não haja um acordo com o laboratório titular da patente. A identificação de uma "opção de fora" é significativa particularmente no caso em que a concessão de uma licença compulsória seja suficientemente atraente,[104] e isso porque o licenciamento compulsório é a opção de fora por excelência.

Em segundo lugar, o poder de barganha de um país em desenvolvimento também depende da disponibilidade de "opções de dentro". Na teoria da barganha, "opções de dentro" são ações que uma parte pode tomar para obter *payoffs* positivos enquanto discorda de algum ponto ao longo da negociação.[105]

---

[104] Ver Muthoo (2000:159).
[105] Ibid., p. 149, 157-160.

Uma "opção de dentro" difere da "opção de fora" no que diz respeito ao resultado das negociações: fala-se em "opção de dentro" quando as partes continuam o processo de negociação, enquanto se fala em "opção de fora" quando esse processo de negociação é interrompido.[106] Os países em desenvolvimento fazem uso de uma "opção de dentro", em particular, quando evitam proteger de fato os direitos de propriedade intelectual no âmbito de suas jurisdições nacionais, enquanto se mantêm, formalmente, signatários do TRIPS e mesmo engajados no seu refinamento, aprimoramento e mudança.[107]

De forma sistemática, podem-se ilustrar as táticas negociais "opção de dentro" e "opção de fora" como na figura 2.

Figura 2 | Táticas de negociação

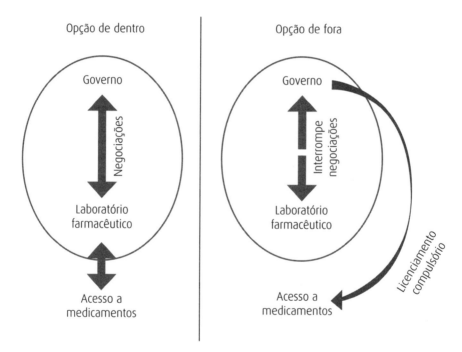

Um terceiro e último ponto a ser notado é que o poder de barganha de um país em desenvolvimento também depende do seu poder de mercado, ou poder de compra (ou de monopsônio), concebido estritamente como capacidade

---

[106] Ibid., p. 137.
[107] Ver Sherwood (1997b:491, 495): a completa implementação do TRIPS dará a muitos países em desenvolvimento condições para estimular atividades benéficas para o desenvolvimento nacional.

de demandar e impor condições comerciais pela relação de dependência do ofertante. Um grande cliente tem sempre maior margem para negociar preço – esta é a intuição básica; da mesma forma, um país emergente que compra em grandes quantidades um produto ou tecnologia patenteado terá mais força negocial para demandar um preço reduzido.[108]

A "opção de fora": a instrumentalidade da licença compulsória

Em interações voluntárias, um problema negocial inevitavelmente surge porque as partes têm que negociar *ex ante* (ou seja, no momento da contratação) o excedente cooperativo que é projetado para o futuro.[109] Quando esse problema distributivo não é resolvido na fase negocial, a cooperação mútua e um possível acordo terminam por não acontecer. A teoria da barganha geralmente faz referência ao resultado obtido fora da negociação do acordo como a "opção de fora", porque é a melhor alternativa disponível para uma parte sem a realização de um acordo.[110]

O mesmo se dá na negociação de um país com um laboratório farmacêutico titular de uma patente, porque só haverá acordo se cada parte na negociação esperar um *payoff* (isto é, um resultado econômico) superior àquele da sua "opção de fora". Por isso, na negociação envolvendo a compra de fármacos, a concessão de uma licença compulsória pode ser vista como uma "opção de fora". Nesse caso, o *payoff* representado pela concessão de uma licença compulsória é função de três variáveis: (i) da economia diretamente esperada com o acesso ao produto ou tecnologia após a emissão da licença; (ii) dos custos sancionatórios esperados (que são custos de retaliação que o titular da patente e seu governo poderão impor ao país que concedeu a licença); e (iii) dos custos administrativos esperados, somados à defesa da legalidade da licença compulsória emitida em meio aos inevitáveis imbróglios jurídicos, diplomáticos e comerciais que daí surgem.

---

[108] Ver Federal Trade Commission (2008), referindo-se a "poder de mercado" como a capacidade de um vendedor conseguir lucrar mais do que o esperado nas vendas pelo preço de mercado ou como a capacidade de um comprador lucrar pagando menos que o preço competitivo de mercado.

[109] Ver, por exemplo, Cooter e Ulen (2004:78-80); Cooter (1982), discutindo o conceito de excedente cooperativo; Thompson (2001), descrevendo estratégias e comportamentos de negociação.

[110] Ver Muthoo (2000:149, 154-160).

Vejamos cada uma dessas três variáveis. A economia direta, a primeira variável que determina o *payoff* representado por uma "opção de fora", é, na verdade, o resultado direto da soma de custos e benefícios que o país espera obter com a concessão da licença. Um país que concede a licença compulsória se esquiva do pagamento de *royalties* ao titular da patente, mas a concessão de uma licença compulsória só será conveniente se esse país for capaz de comprar ou de produzir os medicamentos a um custo inferior que o anteriormente proposto.[111] Por isso, essa primeira variável a determinar o valor da "opção de fora" tende a ser mais favorável em países maiores e mais industrializados, como os NICs. Esses países conseguem, de modo geral, obter economias devido a características próprias que os posicionam como lugares favoráveis ao desenvolvimento e à produção de materiais genéricos e similares.

O termo "genérico" refere-se a medicamentos que podem ser obtidos de fontes múltiplas, ao contrário de fármacos, que são vendidos apenas pela companhia original ou seus licenciados exclusivos.[112] De modo geral, entende-se que a implantação de uma indústria de genéricos, viável e competitiva, requer um grande mercado consumidor, capacidade técnica local e outras condições para produtividade da indústria.[113] Além disso, mesmo no que diz respeito a medicamentos genéricos, algumas atividades de P&D são necessárias para a produção com alta qualidade, e as despesas e tempo a serem despendidos são, com frequência, subestimados.[114] Tomadas em seu conjunto, essas considerações explicam por que a capacidade de produção de genéricos não pode ser reproduzida facilmente na maioria das regiões do mundo.

A disponibilidade de uma indústria de genéricos pode aumentar consideravelmente a economia de um país que pretenda conceder uma licença compulsória. É que, ao contrário dos países sem grande capacidade industrial, a disponibilidade de uma indústria nacional de genéricos dá credibilidade a

---

[111] Ver Kaplan e Laing (2005).

[112] Ver Seiter (2005): "genéricos" são os remédios produzidos por mais de um fornecedor, em oposição àqueles que são exclusivamente vendidos pelas companhias que detêm sua patente.

[113] Ver Organização Mundial da Saúde (2004:1): "As indústrias farmacêuticas precisam de um enorme fluxo de capital inicial e demoram vários anos para serem construídas. Elas tendem a se localizar em países com boa infraestrutura, instituições confiáveis e acesso a conhecimento técnico". Ver, também, Kaplan e Laing (2005:34-35): a não ser que os países em desenvolvimento possam obter fábricas adequadas, estabelecer parcerias com outras economias pequenas para criar uma economia de escala e fabricar com eficiência de custos, não faz sentido para eles produzir medicamentos.

[114] Ver Organização Mundial de Saúde (2004:1).

uma ameaça governamental de concessão de licenciamento compulsório.[115] Isso quer dizer que a mera possibilidade de produzir genéricos dá poder a um país para fazer uso de licenças compulsórias se e quando necessário, porque a ameaça de concessão de uma licença compulsória passa a ser crível.[116]

Não é por outro motivo que as ameaças de concessão de licenças compulsórias são frequentemente usadas como uma ferramenta de negociação.[117] Com uma ameaça concreta de licenciamento compulsório de medicamentos e a presença de uma indústria local, alguns governos de países em desenvolvimento conseguiram pressionar os titulares de patentes com sua "opção de fora" e garantiram maiores descontos nas compras de fármacos.[118]

Normalmente, medicamentos genéricos são consideravelmente mais baratos que seus substitutos de marca.[119] Assim, a disponibilidade de genéricos diminui a dependência de um país em relação aos medicamentos comercializados por grandes indústrias farmacêuticas. Por exemplo, no Brasil, 56% dos remédios contra Aids distribuídos em 2001, comumente denominados "antirretrovirais" (ARVs), foram produzidos localmente.[120] A ausência de proteção patentária[121] possibilitou a produção em forma de genéricos com redução de preço em 82% no período entre 1996 e 2001.[122] Outros países seguiram um caminho semelhante ao do Brasil. O mais notável é o caso da Organização Farmacêutica Governamental da Tailândia, que vem produzindo há alguns anos o antirretroviral AZT genérico por um quarto do preço da versão original.[123]

O caso do Brasil ilustra como a capacidade da indústria nacional de produção de genéricos pode servir como uma poderosa ferramenta estratégica para aumentar a economia (isto é, o desconto) na negociação com a grande

---

[115] Ver Nalikar (2003).

[116] Ver, por exemplo, Yu (2008), detalhando a ameaça do Brasil de emitir licenças compulsórias para patentes farmacêuticas.

[117] Ver Savoie (2007), descrevendo a história do licenciamento compulsório como uma ferramenta de negociação.

[118] Ver Maskus (2002), apontando que, quando há uma ameaça concreta de licenciamento compulsório, as empresas farmacêuticas ficam mais propensas a negociar cortes no preço em um acordo de compra com o governo.

[119] Ver, em sentido contrário, Seiter (2005:2), alegando que os preços de genéricos de marcas locais são iguais ou superiores ao do produto original.

[120] Ver Grangeiro e colaboradores (2006:60, 64).

[121] Ver Comm'n on IPR (2002:43).

[122] Ver Grangeiro e colaboradores (2006:64).

[123] Ver Rein (2001:379-402).

indústria farmacêutica.[124] Por exemplo, até 2014, o laboratório estatal brasileiro Far-Manguinhos produzia sete dos 16 remédios utilizados no coquetel de terapia contra o vírus da Aids que é distribuído gratuitamente no país.[125] O governo brasileiro utilizou a ameaça de produzir genéricos nacionalmente como uma arma nas negociações com as grandes indústrias farmacêuticas internacionais,[126] sendo que, por diversas vezes, ameaçou conceder licenças compulsórias para medicamentos contra a Aids, recuando apenas no último momento, quando obteve notável êxito na negociação.[127] Um estudo concluiu que no período de 2001 a 2005, o Brasil economizou aproximadamente US$ 1,2 bilhão somente nos antirretrovirais utilizados no tratamento da infecção por retrovírus, principalmente o HIV.[128] E o que é mais interessante: apesar das inúmeras ameaças de concessão de licenciamento compulsório, até o momento o Brasil só foi adiante em um caso, em 2007, com o Efavirenz.

O Efavirenz é um medicamento que compõe o coquetel antirretroviral utilizado no tratamento da Aids. Logo após a publicação do Decreto nº 6.108, de 4 de maio de 2007, que concedeu o licenciamento compulsório das patentes referentes ao Efavirenz, o Ministério da Saúde brasileiro passou a importar genéricos desse medicamento produzidos na Índia.[129] A importação brasileira dos fármacos genéricos repercutiu positivamente, com a economia de US$ 31,5 milhões aos cofres públicos. Com o término do fornecimento indiano em 2010, a produção do Efavirenz, na forma de genérico, passou a ser inteiramente doméstica.[130]

O governo brasileiro, por meio do Departamento de DST, Aids e Hepatites Virais vinculado ao Ministério da Saúde, levantou que cerca de 104 mil pessoas, em 2012, utilizavam o medicamento genérico Efavirenz em seus

---

[124] Ver Bermudez, Oliveira e Oliveira (2004), detalhando o benefício da licença compulsória em negociações entre os EUA e o Brasil. Ver, também, Comm'n on IPR (2002:42-43), apontando como o Brasil conseguiu reduzir custos.

[125] Ver Comm'n on IPR (2002:43). Far-Manguinhos é uma parte da Fundação Oswaldo Cruz (Fiocruz), uma fundação não comercial de pesquisa ligada ao Ministério da Saúde.

[126] Ver Coriat e Orsi (2003), demonstrando a importância da capacidade brasileira de produzir medicamentos genéricos como forma de melhorar sua posição negocial.

[127] Ver Bird e Cahoy (2006:400, 421).

[128] Ver Nunn e colaboradores (2007:183-1804). Ver, também, Galvão (2002:1862-1864), ilustrando como o Brasil fez uso do licenciamento compulsório como uma ferramenta de barganha.

[129] BRASIL. Decreto nº 6.108, de 4 de maio de 2007. Disponível em: <www.Aids.gov.br/sites/default/files/decreto_6108.pdf>. Acesso em: 6 set. 2014.

[130] BRASIL. Brasil renova licenciamento compulsório de antirretroviral usado no tratamento da Aids, 8 de maio de 2012. Disponível em: <www.Aids.gov. br/noticia/2012/brasil_renova_licenciamento_compulsorio_do_efavirenz>. Acesso em: 6 set. 2014.

tratamentos, o que representava quase 50% das pessoas em tratamento no Brasil. Em 4 de maio de 2012, por intermédio do Decreto nº 7.723, o governo brasileiro renovou por período de cinco anos o licenciamento compulsório das patentes referentes ao Efavirenz.[131]

A segunda variável que compõe a "opção de fora" de um país são as possíveis sanções comerciais impostas ao país que unilateralmente concede o licenciamento compulsório relativamente a uma patente farmacêutica. Grandes laboratórios farmacêuticos promovem esforços em conjunto com os governos de seus países-sede para construir uma dupla estrutura sancionatória. Assim, uma suposta infração ao TRIPS pode dar ensejo a uma denúncia à OMC.

Os critérios do TRIPS para a concessão de uma licença compulsória são, de certa forma, ambíguos, o que dá margem a uma disputa interpretativa na maioria dos casos.[132] O resultado dessas disputas pode ser a autorização para imposição de sanções comerciais ao país cujas ações sejam consideradas ilegais.[133] Embora a Rodada de Doha tenha ampliado o rol de justificativas legalmente aceitáveis para o licenciamento compulsório, a possibilidade de autorização de sanções comerciais pela OMC continua sendo um risco concreto. O fato de haver pouquíssimos casos julgados sobre o assunto adiciona outro elemento de incerteza quanto ao resultado de qualquer disputa.

As sanções de nível 1 também podem ter origem em ações unilaterais dos próprios governos. Em particular, nas últimas décadas, os Estados Unidos vêm liderando o movimento pelo fortalecimento da proteção internacional de patentes.[134] Mesmo na era pós-OMC, portanto após a edição do TRIPS, o Departamento de Comércio Americano (o United States Trade Representative ou USTR) continua tendo autorização do Congresso americano para agir unilateralmente.[135]

---

[131] BRASIL. Decreto nº 7.723, de 4 de maio de 2012. Disponível em: <www.Aids.gov.br/sites/default/files/anexos/page/2010/226/decreto_7723_2012_pdf_14670.pdf>. Acesso em: 6 set. 2014.

[132] Ver Cotter (2004).

[133] Ibid. Ver, também, Helfer (2004), detalhando os problemas que o TRIPS pode colocar aos países em desenvolvimento; Shell (1995:829, 843-844), explicando que a OMC tem um sistema para executar as sanções comerciais.

[134] Ver Cheek (2001), explicando as proteções reforçadas para os direitos de propriedade intelectual.

[135] Ver Omnibus Trade and Competitiveness Act of 1988, 19 USC, § 2.242 (2006). Ver, em sentido contrário, World Trade Organization Agreement on Safeguards, 15 abr. 1994, art. 11: Prohibition and elimination of certain measures, proibindo ações unilaterais no que diz respeito às relações comerciais. Ver, também, WTO Agreement: Understanding on Rules and Procedures Governing the Settlement of Disputes, 15 abr. 1994; WTO Agreement, anexo 2, 33 ILM 112 (1994), doravante OMC Understanding.

Quando age unilateralmente, o Departamento de Comércio americano o faz com o objetivo de pressionar outros países, principalmente países em desenvolvimento, a ampliar seus sistemas nacionais de proteção à propriedade intelectual. Sanções unilaterais determinadas pelo Departamento de Comércio americano vêm sendo aplicadas desde a metade dos anos 1970, período em que as indústrias sensíveis à propriedade intelectual pressionaram o governo norte-americano a criar uma agenda agressiva de proteção e combate à pirataria e para reaver parte do que era então tratado na política doméstica como perdas econômicas "injustas".[136] Tais sanções unilaterais, no entanto, ainda demonstram um aspecto não regulamentado das negociações internacionais sobre patentes e que, portanto, acontece à margem do sistema internacional normatizado pela OMC.

Anualmente, o USTR publica relatório sobre o enquadramento e a efetividade das medidas de proteção à propriedade intelectual adotadas por parceiros comerciais dos Estados Unidos, bem como avalia as condições de acesso ao mercado por empresas ou pessoas dependentes do sistema de propriedade intelectual. Designa-se esse relatório de Annual Special 301 Report on Intellectual Property Rights (doravante Special 301). A cada ano, o USTR analisa a conduta na proteção da propriedade intelectual por dezenas de países tidos como parceiros comerciais dos Estados Unidos. Os países parceiros, que a critério do Departamento de Comércio americano não estejam ajustados às regras de proteção da propriedade intelectual, são listados nesse relatório e classificados como país estrangeiro prioritário (*priority foreign country*) ou incluídos em uma das listas contidas no relatório, que são a lista de atenção prioritária (*priority watch list*) ou a lista de atenção (*watch list*).[137]

Basicamente, os países classificados como *priority foreign country* são aqueles cujos atos ou políticas acarretaram impactos negativos aos produtos

---

[136] Ver Cheek (2001:92), alegando que a USTR poderia impor sanções se um país não melhorasse seu regime de propriedade intelectual; Krupka, Swain e Levine (1993), alegando que alguns países querem eliminar as previsões da seção 377; Liu (1994), examinando como as indústrias americanas afetam o resultado das negociações internacionais envolvendo propriedade intelectual; Bello e Holmer (1989), revisando a implantação do relatório especial 301.

[137] Ver Office of the United States Trade Representative (USTR). USTR Releases Annual Special 301 Report on Intellectual Property Rights (notícia do Departamento de Comércio americano da publicação do Special 301 em 5 jan. 2013). Disponível em: <www.ustr.gov/about-us/press-office/press-releases/2013/may/ustr-releases-annual-special-301-report>. Acesso em: 6 set. 2014.

comercializados pelos Estados Unidos. Os países indicados na *priority watch list* apresentam, segundo a avaliação do Departamento de Comércio americano, graves problemas relativos à proteção insuficiente da propriedade intelectual ou do cumprimento dessas regras. O Brasil constou no rol de países da lista de atenção nos relatórios publicados em 2012, 2013, 2014 e 2015. Na publicação mais recente, a permanência brasileira na listagem foi atribuída a problemas no combate à pirataria, falsificação, violação da propriedade intelectual no ambiente digital, entre outras irregularidades.

Em relação à proteção das patentes farmacêuticas pelo Brasil, embora reconheça determinados avanços, especialmente relacionados à rapidez na análise de processos pelo Inpi, o Departamento de Comércio americano ressalta a preocupação dos Estados Unidos com a atribuição da Agência Nacional de Vigilância Sanitária (Anvisa) de revisar o enquadramento dos pedidos de patente farmacêutica aos requisitos de patenteabilidade da legislação brasileira. Adicionalmente, os Estados Unidos, por meio do USTR, incentivam o Brasil a esclarecer e fortalecer suas regras contra a concorrência desleal e contra o uso não autorizado de testes sigilosos ou outros dados gerados para obter aprovação de marketing de produtos farmacêuticos.[138]

Fato é que o risco de imposição de sanções comerciais, tanto aquelas impostas no âmbito da OMC quanto aquelas impostas unilateralmente pelo Departamento de Comércio americano, ou eventualmente por outro país, também afeta os países em desenvolvimento de maneiras diversas.[139] Primeiro, países com economias mais diversificadas tendem a ser logicamente menos vulneráveis a sanções comerciais contra produtos específicos.[140] Além disso, algumas economias emergentes são grandes o suficiente para oferecer ameaças críveis de imposição de sanções retaliatórias contra os próprios países desenvolvidos – e aliás, há muitos exemplos recentes nesse sentido, o mais claro deles sendo a disputa entre Estados Unidos e China a respeito das leis de propriedade intelectual adotadas pelo país asiático, porque a situação desen-

---

[138] Ver Office of the United States Trade Representative (USTR). 2015 Special 301 Report (descrição do Brasil na lista de atenção do relatório), p. 71. Disponível em: <https://ustr.gov/sites/default/files/2015-Special-301-Report-FINAL.pdf>. Acesso em: 18 set. 2015.

[139] Ver Bird (2006), detalhando como as economias dos BRIC – Brasil, Rússia, Índia e China – lidaram com a ameaça de sanções comerciais.

[140] Ver Benvenisti e Downs (2004), discutindo a importância de permitir que as nações em desenvolvimento possam ter acesso a medicamentos mais baratos.

cadeada em meados dos anos 1990 quase levou os dois países a uma verdadeira guerra comercial.[141]

Outro aspecto importante levado em consideração antes da aplicação das sanções comerciais reside no fato de que as potências mundiais competem por influência geopolítica, sendo que certas vantagens estratégicas podem reduzir o interesse em sancionar determinados países em desenvolvimento.[142] Para usar novamente o exemplo da China no caso já citado, os Estados Unidos tinham um interesse específico em impedir que a China vendesse tecnologia nuclear e equipamentos bélicos para o Irã, Paquistão e Argélia, o que significou um aumento do poder de barganha chinês na negociação.[143]

De qualquer forma, além das sanções comerciais de nível 1 impostas pelos países desenvolvidos, a própria indústria farmacêutica também pode adotar medidas de cunho sancionatório aos países que concedem licenças compulsórias – as sanções de nível 2. Embora esteja permitido expressamente pelo TRIPS, na maioria dos casos um licenciamento compulsório é visto pela grande indústria farmacêutica como um precedente perigoso que "burla" o sistema internacional de proteção à propriedade intelectual, afetando particularmente setores industriais, como o químico, o de tecnologia da informação e comunicação e o farmacêutico.[144] Assim, os titulares de patentes farmacêuticas que são lesados ou ameaçados por um licenciamento podem retaliar um país de diversas maneiras. A depender das circunstâncias, as sanções impostas podem representar uma redução dos investimentos externos, uma diminuição na transferência de tecnologia e de P&D ou até a recusa da comercialização de certos produtos.[145]

---

[141] Ver Endeshaw (1996:318-319), detalhando a habilidade da China em retaliar as sanções dos EUA; Yu (2000), dando exemplos de como a China retaliou os EUA; Ansson Jr. (1999), examinando o efeito das negociações recentes sobre propriedade intelectual entre China e Estados Unidos.

[142] Ver Alford (1994), explicando que a pressão externa contra países em desenvolvimento não necessariamente aumenta a proteção à propriedade intelectual. Ver, também, Carter (1987), explicando como o regime dos EUA de sanções a países estrangeiros necessita de uma reforma; Koning (1997), avaliando os EUA e suas medidas comerciais.

[143] Ver Carter (1987:1174), alegando que as restrições dos EUA contra exportações de tecnologia nuclear para a África do Sul, Índia e Paquistão falharam em convencer esses países a aceitar proteção multilateral.

[144] Ver Gervais (2005:523). Ver, também, Chang (2002:286-288), discutindo se direitos privados de propriedade intelectual incentivam a geração ou descoberta de conhecimento.

[145] Ver Helpman (1993): a análise da proteção de propriedade intelectual deveria ser feita com base em quatro dimensões – os termos de comércio, a localização inter-regional da indústria, a disponibilidade do produto e os padrões de investimento em P&D.

Adicionalmente, pelo fato de a inovação em fármacos ser, de modo geral, sensível à proteção patentária, a própria indústria farmacêutica local também pode adotar medidas de cunho sancionatório ao decidir investir menos em inovação tecnológica no âmbito doméstico. É bem verdade que a extensão dos custos sancionatórios nível 2 (da indústria) são particularmente difíceis de prever, e isso devido à discussão um tanto quanto conceitual entre eficiência estática e dinâmica – tema que inevitavelmente surge na discussão de políticas envolvendo patentes.[146] É comum alegar-se que a proteção efetiva de patentes implica um *tradeoff* entre perdas estáticas decorrentes do monopólio dos titulares das patentes e ganhos dinâmicos da sociedade devido a um maior grau de inovação[147] – sendo estabelecido, e este não é um ponto irrelevante, que as perdas estáticas são uma certeza, enquanto os ganhos dinâmicos são uma possibilidade.[148]

Independentemente de como o custo das sanções de nível 2 é calculado, grandes países em desenvolvimento, tais como os NICs, geralmente têm uma probabilidade menor de receber esse tipo de sanção, se comparados àquelas pequenas nações onde predomina a população de baixa renda. Afinal, os grandes laboratórios farmacêuticos internacionais não podem permitir a perda ou isolamento de grandes mercados formados por uma crescente classe média consumidora.[149] Conforme a economia desses países cresce, é esperado que suas populações comecem a enfrentar as mesmas doenças crônicas típicas dos países mais ricos.[150] Ao mesmo tempo, a maior expectativa de vida nesses países tende a influenciar positivamente a venda de medicamentos.

O caso das leis de propriedade intelectual do Brasil ilustra o baixo nível de vulnerabilidade dos NICs às sanções de nível 2.[151] O Brasil aprovou uma

---

[146] Para trabalhos mais antigos sobre a distinção entre eficiência estática e dinâmica, ver Clark (1955), defendendo que a teoria dinâmica aceita diversos tipos de indeterminabilidade; Kuznets (1930), também apontando que a distinção foi primeiramente introduzida na teoria econômica por J. S. Mill, que, por sua vez, foi buscá-la em Comte. Para uma discussão atual, ver Chang (2002:184-190).

[147] Ver Nordhaus (1969:16), justificando a concessão de patentes onde os ganhos com invenções superam a perda temporária do preço de monopólio.

[148] Ver Sykes (2002:61), discutindo o impacto econômico no bem-estar das patentes farmacêuticas em países em desenvolvimento.

[149] Ver Benvenisti e Downs (2004:27).

[150] Ademais, as mudanças nas condições ambientais podem causar uma disseminação de doenças comuns ao mundo subdesenvolvido, como cólera e malária, entre outras.

[151] Ver Lei de Propriedade Industrial (Lei nº 9.279, 14 de maio de 1996), que traz os requisitos e procedimentos para a obtenção de patentes no Brasil. Sobre o tema, ver, também, Salomão Filho (2004:35-36).

lei em conformidade com o TRIPS em 1996.[152] Essa lei incorporou diversas das flexibilidades permitidas pelo Acordo TRIPS e, ainda, estabeleceu outros mecanismos que abrem espaço para futuros licenciamentos compulsórios. Por exemplo, a lei incluiu uma disposição que permite o licenciamento compulsório de um medicamento no caso de o titular da patente não produzir o respectivo medicamento em território brasileiro.[153]

Curiosamente, quando da aprovação dessa lei no Brasil, a indústria farmacêutica multinacional emitiu um comunicado ameaçador sugerindo que quaisquer ações referentes à concessão de licenças compulsórias ensejariam a retirada do Brasil da nova geração de medicamentos contra Aids ou de qualquer outro remédio por ela produzido.[154] Infenso a tais ameaças, o Brasil continuou a negociar descontos em medicamentos de laboratórios internacionais com base também na ameaça – no caso brasileiro, uma ameaça crível – de conceder licenças compulsórias. Tanto assim que o governo brasileiro, em 2007, finalmente concedeu uma licença compulsória, mas a concretização das ameaças retaliatórias da indústria farmacêutica internacional jamais se verificou.

Finalmente, como mencionado inicialmente, a "opção de fora" de um país ainda depende de uma terceira consideração. Além das economias e das sanções comerciais, a "opção de fora" também se baseia nos custos administrativos inerentes à concessão de uma licença compulsória. De um lado, um país que concede uma licença tem, logicamente, um sistema menos rígido de propriedade intelectual. Um sistema de proteção à propriedade intelectual menos estrito significa também um sistema mais barato – pense-se, por exemplo, na desnecessidade de bem aparelhar o órgão nacional que registra patentes.

Por outro lado, o país que concede a licença compulsória sofre o risco de arcar com os altos custos de uma disputa internacional.[155] Esta é uma consideração particularmente relevante para países em desenvolvimento mais pobres, pois para esses até mesmo os custos de litigar na OMC podem representar

---

[152] Ver Maria Auxiliadora Oliveira e colaboradores (2004), apontando que, sob o TRIPS, o Brasil poderia ter feito uso de um período de transição, mas abriu mão da prerrogativa.

[153] Ver Bird e Cahoy (2006).

[154] Ver Marques e colaboradores (2005), discutindo as ameaças de concessão de licenças compulsórias para patentes farmacêuticas pelo Brasil e a resposta da indústria.

[155] Ver James Love (2002), apontando que o Acordo TRIPS é flexível ao permitir o licenciamento compulsório de patentes e que os custos de litigância podem ser proibitivos.

desembolsos de valor proibitivo.[156] O risco de um litígio é ampliado pelo fato de que, pelo TRIPS, a aplicação de uma licença[157] compulsória precisa ser avaliada em cada caso concreto.[158] Considerando esses dois vieses, o impacto de um licenciamento compulsório nos custos administrativos não é apenas difícil de prever, como também difícil de calcular.[159]

Portanto, os *payoffs* da opção de fora podem ser representados da seguinte forma:

(+) *Economia diretamente esperada após a emissão da licença*

(–) *Custos sancionatórios esperados*

(–) *Custos administrativos e judiciais esperados*

"Opções de dentro": oportunismo nacional no TRIPS

O resultado de um processo de negociação também é influenciado pelas "opções de dentro" disponíveis para as partes. "Opções de dentro" são ações disponíveis durante a negociação que proporcionam resultados econômicos esperados (*payoffs*) positivos no curso das tratativas.[160] Enquanto uma boa "opção de fora" demonstra por que um país em desenvolvimento pode, efetivamente, ameaçar deixar de cooperar com titulares de patentes se for capaz de obter um maior *payoff* por meio da concessão de uma licença compulsória, uma boa "opção de dentro" evidencia por que um país em desenvolvimento pode ameaçar, de forma crível, suspender temporariamente ou prolongar as negociações no intuito de aguardar uma melhor oferta ou desenlace.[161]

---

[156] Ver Cooter (1982). Ver, também, Shaffer (2004), descrevendo como países desenvolvidos podem influenciar as decisões dos países em desenvolvimento e pressionar acordos devido aos altos custos de litigância.

[157] Ver Rothstein (2008): países maiores, ao contrário dos países em desenvolvimento, podem arcar com os custos do litígio, embora os países em desenvolvimento possam ganhar poder apenas pela ameaça de litígio.

[158] Ver WTO (1994). The Legal Texts: The results of the Uruguay Round of Multilateral Trade Negotiations 333 (1999), 1869 UNTS 299, 33 ILM 1197 (1994).

[159] Ver Correa (1997), discutindo os custos administrativos de implantação do Acordo TRIPS.

[160] Ver Elster (2000), alegando que as "opções de dentro" desejáveis incrementam a credibilidade da ameaça de uma parte em parar temporariamente as negociações, desde que a parte tenha um grande poder de barganha.

[161] Ibid. Ver, também, Muthoo (2000:149, 157-160), explicando que alguém vendendo uma casa pode exercer a "opção de dentro" permanecendo nela até que ele ou ela acordem um preço de venda com o comprador.

Para melhor compreender o ponto, é preciso inicialmente observar que a concessão de uma licença compulsória pode representar tanto uma "opção de fora" quanto uma "opção de dentro". Como descrito na subseção anterior, no nível 2, em que os países emergentes negociam com a indústria farmacêutica quanto a preços, o licenciamento compulsório é a "opção de fora" por excelência.[162]

Mas o licenciamento compulsório também pode ser encarado como uma "opção de dentro" no curso de negociações internacionais sobre o regime jurídico aplicável à propriedade intelectual, ou seja, no nível 1. O ponto é sutil. É que, embora o TRIPS estabeleça uma grande moldura para o regramento da propriedade intelectual, o detalhamento dessa moldura está em permanentes debate e disputa. Por exemplo, durante o curso de negociações da Rodada de Doha, alguns países em desenvolvimento chegaram a ameaçar conceder licenças compulsórias, sem, no entanto, deixar a mesa de negociação da OMC. Além disso, as regras nacionais em cada país precisam ser legisladas, e aqui também há espaço para a disputa política.

Assim, durante essas duas negociações (internacional e nacional) sobre o delineamento jurídico das leis de propriedade intelectual, a concessão de uma licença compulsória permite, teoricamente, que um país obtenha um *payoff* positivo enquanto ameaça abandonar a mesa de negociações onde a adoção ou interpretação de uma regra jurídica pode estar em jogo.

Repare, portanto, que, embora as principais regras jurídicas concernentes à propriedade intelectual sejam extraterritoriais por natureza, a incorporação das flexibilidades do TRIPS pelos países não é obrigatória.[163] Cada país ajusta os padrões internacionais a suas políticas nacionais de propriedade intelectual e estabelece seu nível de obrigatoriedade, estabelecendo, também, as bases para um processo de negociação no qual os atores políticos, nos níveis nacional e internacional, articulam interesses e *lobby* para influenciar os textos das leis nacionais.[164] A esse respeito é interessante notar que estudos recentes têm mostrado que muitos países em desenvolvimento não conseguiram incorporar

---

[162] Afinal, a concessão de uma licença compulsória pode refletir a opção preferida de um país em desenvolvimento quando as negociações com os titulares de patentes são interrompidas.

[163] Ver Reichman e Lange (1998), argumentando que a implantação de regras jurídicas para os sistemas de propriedade intelectual varia entre países.

[164] Ver Benvenisti e Downs (2004:29), descrevendo a negociação entre Coreia do Sul e o produtor do medicamento por um preço reduzido para um remédio contra a leucemia após um *lobby* feito pelos Estados Unidos para que o pedido de licenciamento compulsório fosse negado.

as flexibilidades do TRIPS em sua legislação patentária nacional e, com isso, reduziram outras "opções de dentro" disponíveis.[165]

De fato, o TRIPS autoriza diversos mecanismos que, em casos concretos, podem criar "opções de dentro". Em primeiro lugar, em alguns casos, os países podem impedir o patenteamento por estrangeiros por meio de mudanças discretas em sua legislação permitidas pelo TRIPS. Em segundo lugar, é possível limitar a definição dos produtos ou processos patenteáveis, ou simplesmente negar a patenteabilidade como um todo para certas categorias de produtos, como plantas e animais.[166] Terceiro, um país pode dar mais ênfase ao direito de prioridade (*prior user's rights*) para diminuir os custos do licenciamento[167] – e, com base nesse princípio, aquele que utiliza de forma sigilosa uma nova invenção baseada em outra invenção cujo patenteamento já tenha sido requerido por terceiro junto ao escritório local de patentes terá direito a continuar usando sua invenção.[168] O efeito prático dessa medida é autorizar o usuário não titular da patente a continuar a utilizar uma invenção que foi criada enquanto o pedido da patente era apreciado.[169]

Uma quarta "opção de dentro" disponível para um país em desenvolvimento é a obrigação imposta ao titular da patente de revelar informações.[170] Por

---

[165] Ver Thorpe (2002), apontando que os países em desenvolvimento ainda não tiraram vantagem completa das flexibilidades oferecidas pelo TRIPS; World Health Organization (2004a), alegando que Índia, Indonésia, Sri Lanka e Tailândia não tiraram vantagem completa dos acordos de licenciamento permitidos pelo TRIPS); Oliveira e colaboradores (2004), concluindo que um número razoável de países latino-americanos não incorporou todos os mecanismos, trazidos pelo TRIPS, de promoção à saúde pública em sua máxima extensão; Moon (2002); World Health Organization (2004b), alegando que estudos recentes mostraram que alguns países latino-americanos não usaram todas as flexibilidades garantidas pelo TRIPS.

[166] À exceção dos micro-organismos. Ver TRIPS Agreement, art. 27, 3, b, excluindo plantas e animais do escopo de materiais patenteáveis, com exceção dos micro-organismos. Ver, também, Watal (2001), apontando que os países podem escolher quais invenções podem ser patenteadas.

[167] Ver Heald (2003b).

[168] O direito de prioridade pode ser exercido pelos titulares de patentes depositadas em território estrangeiro, que podem reivindicar a prioridade no depósito junto ao escritório de patentes nacional. Assim, o titular estrangeiro, dentro dos períodos de proteção estabelecidos – que, segundo a Convenção da União de Paris (CUP), são de um ano para patentes de invenção e modelos de utilidade e seis meses para marcas e desenhos industriais –, pode reivindicar prioridade junto ao Inpi, por exemplo. Ressalte-se que reivindicar a prioridade não dá direito automático à patente, mas apenas estabelece uma faculdade para que o pedido seja considerado à data do depósito fora do Brasil. Ver Barbosa (2010).

[169] Ver Heald (2003b:280), alegando que a doutrina do utilizador original permitiria que um uso existente de uma invenção patenteada continuasse a existir para um não titular da patente.

[170] Ver TRIPS Agreement, art. 62, 1, autorizando membros a *require, as a condition of the acquisition or maintenance of the intellectual property rights [...] compliance with reasonable procedures and formalities*.

exemplo, o TRIPS autoriza os países a obrigarem o titular da patente a revelar a origem dos recursos genéticos de uma planta usados em uma invenção,[171] a compelirem a autoridade patentária a publicar o pedido de depósito da patente logo após este ter sido protocolizado[172] e exigir que o titular da patente revele a "melhor técnica" para chegar àquela invenção.[173] Uma previsão de melhor técnica exige que o requerente da patente publique a destinação específica da invenção, e assim proíbe que os inventores revelem apenas o que eles considerem o segundo melhor uso, reservando o melhor para si.[174] Outras "opções de dentro" análogas disponibilizadas pelo TRIPS aos países em desenvolvimento incluem o uso de medidas regulatórias em direito da concorrência[175] e o uso de salvaguardas.[176]

Em quinto lugar, outras modalidades de "opção de dentro", mais controversas, podem ser extraídas do TRIPS. Como exemplo, argumenta-se que o TRIPS não estipula exceções aos direitos de patentes sob sua proteção e que,

---

[171] Ver Carvalho (2000) afirmando que o que está em jogo é a possibilidade de se detectar a capacidade de geração de lucros a partir do uso de recursos genéticos, de tal forma que os países que os fornecem possam obter uma parte desses benefícios.

[172] Ver Heald (2003b:283): "Alguns institutos de patentes publicam o pedido de patente rapidamente após se dar entrada no pedido".

[173] Ver TRIPS Agreement, art. 29, 1: "Os Membros exigirão que um requerente de uma patente divulgue a invenção de modo suficientemente claro e completo para permitir que um técnico habilitado possa realizá-la e podem exigir que o requerente indique o melhor método de realizar a invenção que seja de seu conhecimento no dia do pedido ou, quando for requerida prioridade, na data prioritária do pedido"; Reichman (1997) defendendo a implantação de uma melhor maneira de requerimento.

[174] Ver In re Nelson, 280 F. 2d 172 (CCPA, 1960), garantindo um pedido de patente porque o aplicante tinha explicitamente revelado o melhor uso do fármaco como requerido pela previsão do melhor uso 35 USC §112. Ver, também, Eli Lilly & Co. *v.* Barr Labs. Inc., 251 F. 3d 955, 963 (Fed. Cir. 2001), entendendo que as melhores práticas de aplicação da concessão de patentes estabelecem uma troca por meio da qual por um lado o detentor da patente obtém o direito de excluir outros de utilizar a invenção pleiteada por um determinado período, em troca da outorga de publicidade da invenção.

[175] Ver TRIPS Agreement, art. 40, 2: "Nenhuma disposição deste Acordo impedirá que os Membros especifiquem em suas legislações condições ou práticas de licenciamento que possam, em determinados casos, constituir um abuso dos direitos de propriedade intelectual que tenha efeitos adversos sobre a concorrência no mercado relevante. Conforme estabelecido acima, um Membro pode adotar, de forma compatível com as outras disposições deste Acordo, medidas apropriadas para evitar ou controlar tais práticas, que podem incluir, por exemplo, condições de cessão exclusiva, condições que impeçam impugnações da validade e pacotes de licenças coercitivos, à luz das leis e regulamentos pertinentes desse Membro".

[176] Ver TRIPS Agreement, art. 7, apresentando o propósito do TRIPS como a promoção de vantagens mútuas tanto para os produtores quanto para os consumidores de propriedade intelectual.

por isso,[177] países em desenvolvimento podem desencorajar pedidos de depósitos de patentes por empresas estrangeiras por meio de alternativas pouco ortodoxas, como o encarecimento, a burocratização ou a demora do processo de patenteamento.[178] Finalmente, outra alternativa é manter seu sistema judicial ineficiente, sem se esforçar para melhorá-lo, especialmente no que toca à resolução de disputas ligadas à legislação de propriedade intelectual. Esta última alternativa está intimamente ligada ao contexto mais amplo das falhas no *rule of law*,[179] um problema bastante conhecido nos países em desenvolvimento.[180]

Todas essas opções convivem com a aceitação do TRIPS, mas acabam por evitar, na prática, a plena proteção aos direitos de propriedade intelectual.[181] É por isso que, como dissemos, a disponibilidade de "opções de dentro" amplia o poder de barganha de países em desenvolvimento ao diminuir a pressa desses países em chegar a um acordo com os titulares de patentes e seus respectivos governos.[182] Além disso, a disponibilidade de "opções de dentro" pode reduzir, no curto prazo, os custos do cumprimento das disposições relativas a patentes sob o TRIPS, tanto por tornar o patenteamento menos atraente quanto por criar condições para a redução das despesas dos consumidores de produtos patenteados.[183] Na prática, esse esquema/sistema pode ser atingido sem que haja descumprimento formal do TRIPS e, geralmente, permite que um país em desenvolvimento obtenha recompensas da inovação estrangeira arcando com o menor custo possível no curto prazo.[184] O longo prazo, no entanto, permanece uma incógnita.

---

[177] Ver Reichman e Lange (1998:21); Abbott (1996), discutindo a disparidade tecnológica entre os países submetidos ao TRIPS); Dreyfuss e Lowenfeld (1997), defendendo que a lei de propriedade intelectual precisa ser previsível para ser eficaz, e propondo maneiras de codificar o Acordo TRIPS); Reichman (1997:34).

[178] Ver Heald (2003b:250-251).

[179] Ver Sherwood (1997b: 493). Ver, também, Reich (1997): o novo órgão de apelação do GATT pode corrigir alguns dos antigos problemas de *rule of law.*

[180] Ver Cooter e Schaefer (2011:16-19); Posner (1998), explicando como nações mais pobres têm menor execução eficiente da propriedade, o que permite que as nações mais ricas tirem vantagem disso; Dakolias (1996), propondo mudanças judiciais para reforçar os direitos de propriedade; Barro (1991), explicando as taxas de crescimento do PIB de diferentes países em desenvolvimento e os fatores que compõem esse índice.

[181] Ver Sherwood (1997b:544).

[182] Ver Muthoo (2000:148-152).

[183] Ver Heald (2003b:250).

[184] Ver TRIPS Agreement, art. 8, 1: "Os Membros, ao formular ou emendar suas leis e regulamentos, podem adotar medidas necessárias para proteger a saúde e nutrição públicas e para promover o interesse público em setores de importância vital para seu desenvolvimento socio-

Poder de mercado: competição e substitutos

Por último, o poder de barganha de um país em desenvolvimento depende da extensão do seu poder de mercado, concebido *a priori* como tamanho do mercado consumidor e capacidade de demanda. A expressão "poder de mercado" geralmente se refere à capacidade de um vendedor de cobrar um preço maior que o preço competitivo do seu produto, ou à capacidade de um comprador em pagar menos do que o preço competitivo pelo produto que compra.[185] No caso das negociações envolvendo medicamentos patenteados, no entanto, falamos em poder de mercado do país comprador para designar apenas sua capacidade de forçar um laboratório vendedor a reduzir suas margens de lucro ou mesmo para forçar o preço de venda a convergir para o preço competitivo.[186]

Há quem sustente que há pouca segmentação nos mercados de medicamentos, de sorte que os preços médios de venda sejam quase tão altos nos países em desenvolvimento quanto nos desenvolvidos, apesar de a renda dos últimos ser obviamente muito maior.[187] Esses dados sugerem que o poder de mercado do grupo dos países em desenvolvimento seja de modo geral pequeno.[188] Isso quer dizer que se todos os países em desenvolvimento fossem examinados como um único grupo poderiam ser, de um modo geral, considerados "tomadores de preço".[189]

Nada disso quer dizer, por outro lado, que não haja diferentes graus de poder de mercado nesse grande e heterogêneo grupo de países em desenvolvimento. Em particular, com o aumento da população em certos países em desenvolvimento, especialmente os de renda mais elevada, há uma demanda maior por seguros de saúde privados ou públicos e, dessa forma, os governos

---

econômico e tecnológico, desde que estas medidas sejam compatíveis com o disposto neste Acordo".

[185] Ver Federal Trade Commission (2008:7).

[186] Ibid.

[187] Ver Maskus (2002:566); Scherer e Watal (2002), tratando dos vários métodos de aumento do acesso a fármacos por uma nação em desenvolvimento. Em sentido contrário, ver Stevens e Van Gelder (2010), argumentando que "empresas inovadoras vêm perseguindo essa estratégia [de segmentar mercados] há muito tempo, através da venda de ARV para os mercados africanos e para outros países pobres a preços muito abaixo dos praticados no mundo desenvolvido. Essa prática foi introduzida mais amplamente em 2000, com a Iniciativa de Acesso Acelerado, uma parceria entre sete empresas farmacêuticas e cinco órgãos da ONU".

[188] Ver Maskus (2002:566); Scherer e Watal (2002:49-53).

[189] Ver Ministério da Saúde; Ministério do Desenvolvimento, Indústria e Comércio Exterior (2007).

e companhias de seguro desses países podem negociar descontos maiores.[190] Além disso, o poder de mercado (ou poder de compra) de um comprador também depende de fatores como a disponibilidade de informação e de produtos substitutos, a sensibilidade a preço do comprador (elasticidade da demanda) e a vantagem diferencial dos produtos, o que ressalta novamente a importância dos fatores locais em cada país.[191] Também por isso, a existência de uma indústria farmacêutica local pode servir como um poderoso instrumento para promover a competição entre fornecedores de medicamentos no âmbito nacional.[192]

Em síntese, estimar o poder de barganha é uma tarefa bastante complexa. O tamanho relativo do mercado normalmente é o instrumento básico de "métrica", mas uma compreensão melhor requer que sejam consideradas outras condições conformadoras da situação de barganha, especialmente a "opção de fora" e as "opções de dentro" de cada país.[193]

Na era pós-OMC, há uma plataforma básica para negociação acerca do comércio internacional e da propriedade intelectual. Nesse contexto, a regulação internacional de patentes tornou-se necessariamente relacionada a uma agenda mais ampla de liberalização do comércio, investimento estrangeiro e políticas de inovação tecnológica.[194] Esse movimento enfatiza o maior poder de barganha dos países que preenchem as camadas intermediárias na divisão internacional do trabalho e na produção industrial, os NICs.[195] Simultaneamente, a propensão a inovar pode influenciar radicalmente a decisão dos países em desenvolvimento quanto à concessão de licenças compulsórias. Disso trataremos no capítulo seguinte.

Conclusão

Em setores industriais que investem em pesquisa intensiva, o crescimento das empresas está intimamente relacionado à inovação.[196] No âmbito farmacêuti-

---

[190] Ver Maskus (2002:566-570). Ver, também, World Health Organization (2002), discutindo diversas maneiras para melhorar o acesso a fármacos dos países em desenvolvimento.

[191] Ver Porter (1980).

[192] Ver Chandrasekhar e Ghosh (2003), analisando o Acordo TRIPS e defendendo que ele não provê uma proteção para países em desenvolvimento.

[193] Ver Steinberg (2002).

[194] Ver Abbott (1996:387-388, 1989).

[195] Ver Chowdhury e Islam (1993); Bradford Jr. (1982); Guillén (2003); Waugh (2002); Mankiw (2006).

[196] Ver, de modo geral, Mansfield (1968); Freeman (1974).

co, recursos provenientes de inovações anteriores permitem investimentos em P&D, e aumentam a capacidade de fabricação, vendas e o investimento em marketing. Assim, os custos posteriores de projetos de P&D são eliminados pelo compartilhamento de conhecimento acumulado, laboratórios de pesquisa e redes de marketing, levando a maiores especialização, inovação e lucros.[197] Um pequeno grupo de menos de 30 empresas espalhado por apenas cinco países (Estados Unidos, Alemanha, Suíça, Reino Unido e França) foi responsável por 70% de todas as inovações em fármacos no período de 1800 a 1990.[198] Como resultado disso, diversas empresas farmacêuticas bastante competentes têm desfrutado de vantagens competitivas substanciais que terminaram por consolidar suas lideranças no mercado global em intensidade de pesquisa, tecnologia e crescimento corporativo (fusões e aquisições de companhias estrangeiras também contribuíram para isso).

Nesse contexto, a entrada de novos competidores é extremamente difícil. Para ilustrar o impacto das economias de escala em fármacos, em 2005 o total de vendas da Aché, o maior laboratório farmacêutico brasileiro, correspondeu a US$ 635,8 milhões, ou 6,9% do mercado brasileiro. No mesmo ano, as vendas mundiais da Pfizer alcançaram a cifra dos US$ 51,3 bilhões, o que é 80 vezes superior ao total de vendas da Aché e seis vezes maior que o tamanho do mercado brasileiro.[199] Além disso, o custo total para desenvolver um novo medicamento de grande sucesso foi estimado, recentemente, em aproximadamente US$ 900 milhões – uma verdadeira fortuna.[200]

Nas últimas décadas, centenas de pequenas empresas de biotecnologia surgiram com a introdução de novos métodos de ciência e tecnologia e inovação. Essa foi a primeira vez, em muitos anos, que os novatos conseguiram introduzir um excedente significativo de novas tecnologias em fármacos. Frequentemente, isso decorreu da disponibilidade de *venture capital* aos grupos de pesquisa acadêmica que subsequentemente formaram empresas de biotecnologia. Os governos nacionais participaram dos processos de financiamento de diferentes formas em diferentes países.

Nos poucos países em desenvolvimento que estão conseguindo cruzar o Rubicão do atraso tecnológico para se tornarem inovadores, a quantidade de investimento em P&D e a disponibilidade de capital humano se tornaram cada

---

[197] Ver Henderson e Cockburn (1996).
[198] Ver Achilladelis e Antonakis (2001).
[199] Ver Capanema e Palmeira Filho (2007).
[200] Ver DiMasi e colaboradores (2003:151,180).

vez mais inter-relacionadas com a qualidade do arcabouço institucional nacional. Para esses poucos países privilegiados pela sorte e engenho de sua gente, a proteção da propriedade intelectual de invenções vem se tornando cada vez mais desejável. Para os demais, a proteção da propriedade intelectual continua sendo um óbice adicional ao acesso àquilo que de mais inovador é produzido pela humanidade. As tensões daí resultantes são determinantes para a forma pela qual cada país se relaciona com o TRIPS e o arcabouço internacional de proteção da propriedade intelectual.

2

O impacto da propensão a inovar sobre a estrutura de custos na negociação

NO QUE TOCA À CAPACIDADE PRÁTICA PARA A CONCESSÃO DE LICENÇAS COMPUL-sórias, a compreensão do sistema da propriedade intelectual pós-OMC exige uma adaptação conceitual de modelos de negociação já existentes. As figuras 3 e 4 demonstram graficamente a mudança sugerida. A figura 3 representa o panorama convencional da negociação, em que a capacidade dos membros da OMC de negociar o acesso a mercados e contrariar outras obrigações previstas no direito internacional depende, essencialmente, do tamanho de suas economias.[201] A hipótese é que aqueles membros com maiores mercados consumidores tenham mais a oferecer e menos a perder durante uma negociação. O poder de barganha é, portanto, conceitualizado como uma capacidade contínua que reflete e acompanha o tamanho da economia do país.[202]

Por outro lado, como se pode ver na figura 4, aqui propomos novas nuances no tocante à estimativa do poder de barganha dentro do grupo dos países em desenvolvimento em relação à capacidade de acesso a produtos e tecnologias protegidos por propriedade intelectual. Primeiro, consideramos os níveis mais elevados de poder de barganha dos NICs em comparação ao restante dos

---

[201] Ver Steinberg (1997), comparando as posições de barganha de diferentes países e os fatores que afetam essas posições; Gerhart e Kella (2005:522).
[202] Ver Steinberg (1997:522).

países em desenvolvimento. Segundo, consideramos os efeitos de diferentes níveis de inovação dentro dos NICs.

Nesse sentido, uma tipologia pode ser utilizada para dividir os países emergentes em três grupos: os NICs inovadores são categorizados como países com médio poder de barganha (MPB), NICs não inovadores (paradoxalmente) são classificados como países com alto poder de barganha (APB), e os demais países em desenvolvimento são representados coletivamente como países com baixo poder de barganha (BPB).

Figura 3 | Estimação convencional do poder de barganha em uma negociação

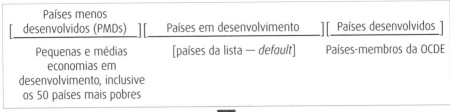

Figura 4 | Estimação do poder de barganha levando em conta a propensão a inovar em tecnologias sensíveis à proteção patentária

Como se vê, a existência de inovação em fármacos é um diferencial entre dois grupos de NICs: aqueles que demonstram propensão a inovar (ocasionalmente aqui referidos como "países em desenvolvimento inovadores")[203] e aqueles que não demonstram tal propensão a inovar. Uma postulação deste trabalho é a de que, atualmente, apenas dois NICs estejam passando pelo processo de se tornar inovadores no campo farmacêutico: a Índia e a China.

Cabe ressaltar que, quando iniciamos a pesquisa sobre o tema, parecia-nos que esse processo de crescente inovação era mais nítido na Índia, que já

---

[203] Ver Mashelkar (2005), descrevendo alguns países em desenvolvimento como "países em desenvolvimento inovadores"; Morel e colaboradores (2005), definindo aquelas nações consideradas "países em desenvolvimento inovadores".

revelava indicadores mais claros da inovação tecnológica no setor farmacêutico. Quase uma década depois, a percepção se inverteu, e agora é a China o país que (na comparação) apresenta evidências mais claras das tendências que então antecipávamos. Tanto assim que, em 2012, a Índia concedeu a primeira licença compulsória da sua história, um fato que por si só lança dúvidas sobre as tendências da indústria daquele país. Voltaremos ao caso da Índia adiante, mas o ponto a ser marcado aqui é o de que as mudanças nas estruturas de produção dos países podem ser rápidas e seu entrelaçamento com os campos políticos e institucionais não são automáticos.

De qualquer forma, tanto na Índia quanto na China a inovação em fármacos parece seguir uma trajetória ascendente, e assim parece também desempenhar um duplo papel. De um lado, a inovação impulsiona as atividades econômicas no setor de tecnologia, tornando a economia desses países mais competitiva e eficiente.[204] De outro lado, a inovação farmacêutica constrange a concessão de licenças compulsórias pelo governo, o que possibilitaria maior acessibilidade das populações carentes locais aos medicamentos.[205]

Índia e China são, assim, retratadas como países com propensão a se tornarem inovadores, e seu poder de barganha é estimado como *médio*, estando, portanto, agrupados sob a sigla de MPBs – países de *médio poder de barganha*. A estimativa de "médio" poder de barganha se justifica porque a concessão de licenças compulsórias por tais países pode ensejar também a aplicação de sanções de nível 2, que são impostas pela própria indústria farmacêutica doméstica.

Afinal, como já explicado, a concessão de uma licença compulsória sinaliza a existência de um sistema de propriedade intelectual menos protetivo e, logo, agrega um componente de insegurança à indústria nacional interessada em ampliar esforços de inovação. De acordo com o modelo aqui proposto, em MPBs como China e Índia um licenciamento compulsório será custoso ao país porque será percebido pela indústria nacional como sintomático de um ambiente menos favorável à inovação e, assim, desincentivará os esforços da indústria local para inovar.

Alternativamente, os NICs não inovadores são aqui agrupados sob a rubrica de APBs, ou países de *alto poder de barganha*. Esses países inovam pouco – não por conta pura e simplesmente da legislação patentária, mas por conta de

---

[204] Ver Yusuf (2007).
[205] Ver, por exemplo, Avert.org. (2010b, 2010c).

O impacto da propensão a inovar sobre a estrutura de custos na negociação | 75

circunstâncias variadas relacionadas ao seu ambiente interno que redundam em baixa propensão à ampliação dos esforços de inovação.

O Brasil[206] e a Tailândia[207] podem ser classificados como exemplos típicos de APBs, e serão assim examinados individualmente a seguir.[208] Assim como China e Índia, Brasil e Tailândia possuem poder de barganha diferenciado por conta do tamanho e diversificação de suas economias. Contudo, as indústrias farmacêuticas tailandesa e brasileira, pouco inovadoras, dificilmente sofreriam impactos relevantes por conta de licenciamento compulsório emitido pelo governo nacional. Daí por que, paradoxalmente, de acordo com o modelo proposto, o poder negocial para concessão de licenciamentos compulsórios será maior justamente nas grandes nações não inovadoras.

O modelo APB: estrutura sancionatória única

O grupo dos APBs – *países com alto poder de barganha* – é, desse modo, composto por aquelas nações que podem se beneficiar de maneira particularmente elevada de uma estratégia de negociação pautada pela ameaça de concessão de licenciamento compulsório. O alto poder de barganha desses países é explicado por três fatores. Em primeiro lugar, trata-se de países com grandes mercados – são NICs, na terminologia aqui reiteradamente adotada –, o que indica também um poder de mercado relativamente maior que os demais países em desenvolvimento.

Em segundo lugar, eles têm baixa propensão à inovação no setor farmacêutico e, portanto, o enfraquecimento da proteção patentária não acarreta redução da inovação tecnológica, já que a ausência de inovação tecnológica se explica por outros motivos. E, em terceiro lugar, suas legislações nacionais contêm poucos dispositivos TRIPS-Plus, isto é, há poucas regras que excedem os requisitos mínimos estabelecidos no TRIPS.

Esse terceiro ponto merece destaque. A ausência de inovação em um grande país em desenvolvimento pode não ser suficiente para qualificá-lo como

---

[206] Ver Ministério da Saúde; Ministério do Desenvolvimento, Indústria e Comércio Exterior (2007:77).

[207] Ver Savoie (2007); Cahoy (2007): o licenciamento compulsório pode ser utilizado para promover tanto inovação quanto acesso a medicamentos.

[208] Ver Sykes (2002:47-48): a edição do South Africa's Medicines and Related Substances Control Act de 1997 levou a África do Sul a ser alvo de muitas ações judiciais da indústria farmacêutica.

um APB, isto é, um país com alto poder de barganha. O México, por exemplo, faz parte do NAFTA (North American Free Trade Agreement)[209] e do FTA (Foreign Trade Agreement) assinado com a União Europeia em 2000.[210] De forma mais restritiva que o TRIPS, esses dois acordos assinados pelo México abrem pouquíssimo espaço para concessão de licenças compulsórias e, portanto, estabelecem regras além do TRIPS, ou seja, regras TRIPS-Plus. Dessa forma, esses acordos aumentam a possibilidade de sanções de nível 1, caso uma licença compulsória venha a ser concedida.

Seja como for, no grupo dos países com alto poder de barganha há uma situação que parece, à primeira vista, paradoxal, pois países menos inovadores estão em uma posição negocial mais favorável do que os mais inovadores. Assim, países como o Brasil e a Tailândia presumivelmente possuem menos poder de mercado do que países maiores, como a China e a Índia; porém, Brasil e Tailândia sobressaem no campo das negociações através da ameaça crível de concessão de licenças compulsórias.[211]

Não por acaso, a maior parte dos casos de uso de aplicações tecnológicas de código aberto por governos vem dos APBs, tais como nos postos de saúde no Brasil, na reforma eleitoral da África do Sul embasada na infraestrutura de tecnologias da informação e comunicação (TICs) e na reforma alfandegária das Filipinas.[212] Soluções inovadoras baseadas em código aberto possibilitam a propagação mais rápida das tecnologias de informação e comunicação, mas em geral não atendem aos interesses da indústria produtora de tecnologia.

Brasil

O caso brasileiro mostra que a ausência de inovação em fármacos pode, curiosamente, aumentar o poder de barganha de um grande país em desenvolvimento. Já delineamos de modo geral o raciocínio. Para substanciá-lo ainda mais,

---

[209] Ver North American Free Trade Agreement (NAFTA), Dec. 17, 1992, 32 ILM 289, 670 (1993).

[210] Ver Economic Partnership, Political Coordination and Cooperation Agreement between the European Community and its Member States, of the one part, and the United Mexican States: of the other part 2000 OJ (L 276) 45. Ver, também, Mercurio (2006): o México tem FTAs com mais de 42 países, muitos dos quais foram negociados subsequentemente ao NAFTA.

[211] Ver Stiglitz (2009), discutindo o uso do licenciamento compulsório no Brasil, Tailândia, Malásia, África do Sul, Quênia e Índia.

[212] Ver United Nations University (2006).

pode-se iniciar observando que, nas últimas décadas, o Brasil tem exercido uma liderança no mundo em desenvolvimento no que diz respeito ao comércio internacional e às disputas envolvendo propriedade intelectual. Nesse contexto, o país conquistou uma reputação por negociar com os países desenvolvidos de forma agressiva em prol de seus interesses comerciais.

O Brasil é classificado neste artigo como um APB, país com alto poder de barganha, principalmente porque tem uma "opção de fora" de alto valor na negociação por acesso a fármacos patenteados. Essa "opção de fora" – o licenciamento compulsório – está disponível para o Brasil, em primeiro lugar, porque o país possui uma indústria farmacêutica nacional que está apta para produção de medicamentos genéricos. Considerando que a concessão de licenças compulsórias pode gerar economias imediatas bastante concretas, a ameaça crível de licenciar compulsoriamente uma patente é, para o Brasil, uma arma poderosa de negociação.[213]

Em segundo lugar, o licenciamento compulsório por uma grande economia pouco inovadora, como a brasileira, enfrenta um conjunto sancionatório relativamente brando nos níveis 1 e 2. Em relação ao nível 1, a relativa diversificação da economia brasileira assegura certa maleabilidade ao país para resistir a ameaças retaliatórias do mundo desenvolvido, especialmente dos Estados Unidos.

Quanto ao nível 2, o relevante e crescente mercado consumidor brasileiro garante níveis pelo menos razoáveis de investimento privado no setor produtivo, mesmo que insuficiente para que o país dê um grande salto de crescimento.[214] Ao mesmo tempo, um regime de patentes menos rígido não chega a prejudicar sua indústria farmacêutica, já que esta é basicamente não inovadora.[215] E em terceiro e último lugar, um país como o Brasil pode facilmente suportar o ônus diplomático e financeiro de litígios internacionais que tenham por objeto a legalidade da concessão da licença compulsória. Todos esses fatores contribuíram para modelar o comportamento negocial agressivo brasileiro.[216]

---

[213] Ver Organização Mundial do Comércio (2010) sobre a iniciativa do Grupo da Agenda de Desenvolvimento – ligado à Organização Mundial de Propriedade Intelectual – para o estreitamento, pelo Brasil e pela Índia, da proteção patentária a fármacos.

[214] Ver Hamm (2004:85), discutindo o crescimento das vendas de produtos tecnológicos em mercados emergentes como o brasileiro.

[215] Ver Carlos Cruz e Mello (2006), mostrando que a P&D científica e aplicada são bastante desconectadas no Brasil e, portanto, o país tem dificuldades para transformar conhecimento em produtividade. Ver, também, Wright (2008), discutindo como os cientistas e as instituições de pesquisa brasileiros produzem conhecimento em diversos campos, mas a inovação continua ausente na maioria dos setores da economia.

[216] Ver Bird e Cahoy (2006:406). Ver, também, Yu (2008:349), definindo o Brasil como o grande exemplo de país que faz uso – ou, mais precisamente, faz ameaça de uso – de licenciamentos compulsórios para ter acesso a medicamentos essenciais.

É, portanto, sintomático que o Brasil tenha ganhado reconhecimento mundial por ser, entre os países em desenvolvimento, um dos mais bem-sucedidos no combate à epidemia da Aids.[217] Uma das peças-chave para a eficiência do programa brasileiro contra a Aids foi, justamente, a negociação agressiva pelo país na compra de medicamentos patenteados – tudo com o objetivo de obter grandes descontos em medicamentos para a Aids/HIV produzidos por grandes laboratórios. A estratégia brasileira baseou-se em boa medida na ameaça de concessão, ou na própria concessão, de licenças compulsórias contra os titulares das patentes desses medicamentos para o tratamento da Aids.[218]

Como parte deste processo de negociação, em 2007 o Brasil concedeu uma licença compulsória para o Efavirenz, um medicamento antirretroviral, produzido e patenteado pelo laboratório Merck.[219] Contudo, o país não foi penalizado, já que nenhuma sanção foi debatida na OMC ou em qualquer outro órgão internacional. Isto é, o licenciamento em questão foi visto como legalmente admissível sob o enfoque do direito internacional.[220] Ao mesmo tempo, o Special 301 Report, relatório emitido pelo Departamento de Comércio americano (USTR) criticou as negociações brasileiras com os titulares da patente,[221] mas, ao fim e ao cabo, o governo americano não impôs qualquer sanção ao Brasil.

É bem verdade que, à época da concessão do licenciamento compulsório sobre o Efavirenz, a Merck declarou publicamente que a agressividade brasi-

---

[217] Ver *The Economist* (2007:42), discutindo a prevenção eficaz do Brasil contra o HIV/Aids e os programas de tratamento. Ver, também, Hoen (2002), descrevendo o sucesso do programa contra a Aids brasileiro e a a capacidade do país de produzir medicamentos em âmbito nacional.
[218] Ver Request for Consultations by Brazil, United States – U.S. Patents Code, WT/DS224/1 (2001) (requerimento feito pelo Brasil para analisar o Código de Patentes dos Estados Unidos em busca de consistência com as obrigações do TRIPS, sugerindo violações do acordo). Ver, também, Shaffer (2004a:471).
[219] Ver Brazilian Ministry of Health (2007). Ver, também, Dugger (2007), discutindo a atitude brasileira quanto à patente detida pela Merck; *Wall Street Journal* (2007a), discutindo como o Brasil chegou a um acordo com a companhia farmacêutica Abbott quanto a um desconto significativo no preço de um dos seus medicamentos; *Wall Street Journal* (2007b), discutindo como o Brasil incluiu também o Kaletra, da Abbott, em sua ameaça de licenciamento compulsório.
[220] Ver, por exemplo, Gerhardsen (2007a), discutindo a legalidade da concessão, pelo Brasil, da licença compulsória para um remédio produzido pela companhia farmacêutica norte-americana Merck.
[221] Ver Office of the U.S. Trade Representative (2007:30), discutindo a necessidade, para o Brasil, de continuar a tentar manter um diálogo aberto com as companhias farmacêuticas estrangeiras.

leira era uma "expropriação de propriedade intelectual" que teria um "impacto negativo na reputação do Brasil como um país industrializado à procura de atração de investimento externo, assim como prejudicaria a criação de infraestrutura de pesquisa e desenvolvimento".[222] De fato, salvo algumas iniciativas pontuais que costumam contar com forte apoio estatal, não existem no Brasil sinais claros do desenvolvimento da inovação no setor farmacêutico. Contudo, não há como relacionar esse fato apenas à fraqueza da proteção patentária ou à concessão pontual de licenciamentos compulsórios. Além disso, a redução dos níveis de investimento externo direto no Brasil sugerida pela manifestação da Merck não ocorreu – ou, pelo menos, não ocorreu no curto prazo.

Um ponto adicional a se notar é que a força para a negociação internacional do Brasil vai além da área de fármacos, o que sugere que a tipologia aqui delineada não se limita a esse setor. Por exemplo, o Brasil continua sendo o único país em desenvolvimento a ter feito uma consulta formal perante a OMC sobre a não conformidade de leis nacionais de propriedade intelectual em relação ao TRIPS contra um país desenvolvido.[223] Além disso, o Brasil exerceu uma forte liderança no Acordo Geral de Tarifas e Comércio (GATT/OMC), juntamente com a Índia e outros oito países em desenvolvimento,[224] quando se opôs fortemente à proposta de expansão do mandato do GATT que passaria a normatizar a propriedade intelectual em nível internacional[225] e também conduziu ativamente a campanha para apoiar o movimento do software

---

[222] Ver Medical News Today (2007), discutindo a resposta da Merck à decisão do Brasil de emitir uma licença compulsória para seu remédio Efavirenz.

[223] Ver Request for Consultations by Brazil (2001).

[224] Os outros PMDs eram Argentina, Cuba, Egito, Nicarágua, Nigéria, Peru, Tanzânia e Iugoslávia. Ver World Intellectual Property Organization – WIPO (2007b) –, discutindo uma proposta do Brasil e da Argentina encorajando a inclusão de uma agenda de desenvolvimento na OMPI; World Intellectual Property Organization – WIPO (2007a) –, discutindo a adoção pela OMPI de uma agenda de desenvolvimento. Ver, também, World Intellectual Property Organization – WIPO. Standing Committee on the Law of Patents, 25-29 jan. 2010, "Proposal from Brazil", p. 23-27, UN Doc. SCP/14/7, 14th Sess., anexo 3 (20 jan. 2010). (O Brasil liderou proposta apresentada à Comissão Permanente em Lei de Patentes da OMPI, em 2010, que visava à criação de um programa de trabalho junto à comissão para promover o debate entre os membros e difundir o uso das limitações e exceções previstas nas legislações de propriedade intelectual de cada país, especialmente, dos países em desenvolvimento.)

[225] Ver Watal (2001:19), descrevendo o Brasil como um dos países em desenvolvimento mais "linha dura" ao fazer a proposta de exclusão de assuntos substantivos relacionados à propriedade intelectual das negociações na Rodada do Uruguai.

livre e gratuito.[226] Aliás, a maior concentração de países do movimento do software livre está atualmente na América do Sul, sob clara liderança brasileira.[227]

O Brasil também se tornou o primeiro país a exigir que toda empresa ou instituto de pesquisa que receba financiamento do governo para desenvolvimento de softwares licencie seus programas de computador como software livre, ou seja, com livre acesso ao código fonte do software.[228] Os softwares livres representam uma pequena parcela do mercado global, mas o Linux e outras soluções de livre acesso têm seus maiores mercados em países em desenvolvimento, principalmente em países como a China e a Índia, e outros do Leste asiático e da América do Sul.[229; 230]

É de se notar que as ações do Brasil no âmbito das tecnologias da informação e comunicação (TICs) não se limitaram a recomendações, mas foram incorporadas à estrutura dos órgãos de governo. Desde 2000 há uma equipe de trabalho dedicada à criação de uma infraestrutura de TICs para suportar a prestação de serviços de governo eletrônico. Os trabalhos executados nesse sentido resultaram na arquitetura ePING – padrões de interoperabilidade de governo eletrônico.

O ePING consiste em uma estrutura básica de governo eletrônico voltada para compartilhamento de recursos e interoperabilidade das estruturas de TICs em prol de redução de custos e provimento de serviços com mais qualidade.[231] O governo eletrônico e o ePING estão vinculados a outra iniciativa precursora do Brasil, as diretrizes de "migração para software livre" elaboradas pelo governo

---

[226] Ver Fitzgerald e Suzor (2005), discutindo a decisão de diversas nações, inclusive o Brasil, de usar produtos *open source* nos seus órgãos oficiais. Para a discussão no Brasil, ver Lemos (2005:93 e segs.).

[227] Ver Olejko (2007), apontando que a Argentina, Chile, Peru e Venezuela também tiveram uma ampla aceitação do *open source*, mesmo se comparados aos padrões dos países desenvolvidos.

[228] Ver Benson (2005), examinando a iniciativa brasileira de prover computadores de baixo custo aos seus cidadãos.

[229] Ver Ver United Nations University (2006:2).

[230] Ver Kogan (2011:226-247), sobre a adesão dos órgãos das Nações Unidas à promoção de políticas pró-desenvolvimento de propriedade intelectual.

[231] Brasil. Governo Federal. Comitê Executivo de Governo Eletrônico (Gov.br). ePING – padrões de interoperabilidade de governo eletrônico, documento de referência, versão 2014, disponível em: <www.governoeletronico.gov.br/acoes-e-projetos/e-ping-padroes-de-interopera-bilidade>, acesso em: 15 set. 2014; Portaria nº 5, de 14 de julho de 2005 (institucionaliza os padrões de interoperabilidade de governo eletrônico – ePING – no âmbito do Sistema de Administração dos Recursos de Informação e Informática – Sisp); Decreto nº 7.579, de 11 de outubro de 2011 (dispõe sobre o Sistema de Administração dos Recursos de Informação e Informática – Sisp).

brasileiro em conjunto com a sociedade.[232] O relatório da recente reunião global em infraestrutura interoperacional de governo (Global Meeting on Government Interoperability Frameworks) ocorrida no Rio de Janeiro em 2010 confirma a liderança brasileira em iniciativas inovadoras em padrões de tecnologia aberta, compartilhamento de informação e integração de sistemas.[233]

Os países que se voltaram para o software livre o fizeram por vários motivos, talvez pelo desejo de não ficarem dependentes de grandes empresas multinacionais como a Microsoft.[234] Também por conta disso, a Microsoft tem se tornado progressivamente uma opositora cada vez mais severa do modelo do software livre, pois nele o código fonte é livremente acessado por todos os usuários, que podem modificá-lo e redistribuí-lo. Assim, em uma linha de argumentação paralela àquela dos detentores de patentes farmacêuticas e de tecnologia da informação e comunicação (TICs), a Microsoft alega que a tecnologia por código aberto mina a inovação tecnológica.[235]

Recentemente, o Brasil avançou no tema da governança da internet com a promulgação de lei que ditou princípios, garantias, direitos e deveres para o uso da internet no país. A Lei nº 12.965, de 23 de abril de 2014, que ficou conhecida como "Marco Civil da Internet", foi sancionada durante a realização do NETMundial – Encontro Multissetorial sobre o Futuro da Governança da Internet, que reúne entidades e líderes internacionais envolvidos com a governança na internet.[236]

A lei enumera oito princípios que embasam a disciplina do uso da internet no Brasil, a saber:

Art. 3º. A disciplina do uso da internet no Brasil tem os seguintes princípios:
I - garantia da liberdade de expressão, comunicação e manifestação de pensamento, nos termos da Constituição Federal;
II - proteção da privacidade;
III - proteção dos dados pessoais, na forma da lei;

---

[232] BRASIL. Governo Federal. Comitê Executivo de Governo Eletrônico. Guia livre – migração para software livre do governo federal, versão 1.0, Brasília, 2005, p. 7.
[233] Ver Global Meeting on Government Interoperability Frameworks (2010).
[234] Ver Wired (2003), discutindo como as agências públicas brasileiras estão promovendo os sistemas operacionais abertos para reduzir custos.
[235] Ver Weerawarana e Weeratunge (2004), discutindo comentários do presidente indiano Abdul Kalam apoiando o uso do software aberto apesar dos protestos da Microsoft.
[236] Ver NETMundial.Br (2014). Disponível em: <http://netmundial.br/pt/2014/04/24/netmundial-da-um-passo-a-frente-rumo-a-internet-igualitaria-e-multissetorial/>. Acesso em: 13 set. 2014.

IV - preservação e garantia da neutralidade de rede;

V - preservação da estabilidade, segurança e funcionalidade da rede, por meio de medidas técnicas compatíveis com os padrões internacionais e pelo estímulo ao uso de boas práticas;

VI - responsabilização dos agentes de acordo com suas atividades, nos termos da lei;

VII - preservação da natureza participativa da rede;

VIII - liberdade dos modelos de negócios promovidos na internet, desde que não conflitem com os demais princípios estabelecidos [nesta] lei.[237]

Os apoiadores da lei, como o Comitê Gestor da Internet no Brasil (CGI), vislumbram o marco civil como um reforço para a posição privilegiada do Brasil no debate com líderes mundiais sobre governança na internet.[238]

A liderança do Brasil pôde também ser evidenciada em 2003, durante a Quinta Conferência Ministerial da OMC, em Cancún, na qual o Brasil conduziu uma coalizão de 21 países em desenvolvimento.[239] No ano seguinte, o Brasil assumiu a liderança no processo que conduziu ao estabelecimento de uma agenda de desenvolvimento dentro da Organização Mundial da Propriedade Intelectual (OMPI).[240]

Todo este quadro sugere, portanto, que a estratégia brasileira parta de diversos incentivos incluídos implicitamente no próprio Acordo TRIPS, que tornam conveniente para NICs não inovadores – como o Brasil – a concessão ou ameaça de concessão de licenças compulsórias como parte de uma estratégia de negociação com a indústria farmacêutica.

---

[237] Ver Lei nª 12.965, de 23 de abril de 2014 (Marco Civil da Internet), publicada no *Diário Oficial da União* em 24 abr. 2014.

[238] Ver CGI (2014).

[239] Ver Ormachea (2007): sob a liderança do Brasil o Grupo dos 21 conseguiu unificar um bloco de negociação bastante coeso. A bem da verdade, nesse caso, o Brasil coliderou em conjunto com China e Índia.

[240] Ver World Intellectual Property Organization (WIPO, 2007b), discutindo uma proposta feita pelo Brasil e pela Argentina encorajando a inclusão de uma agenda de desenvolvimento na OMPI; World Intellectual Property Organization (2007a), discutindo a adoção pela OMPI de uma agenda de desenvolvimento; Salomão Filho (2004), defendendo uma interpretação publicista do regime jurídico da propriedade intelectual que permita ampliar a interpretação das exceções previstas pelo TRIPS; World Intellectual Property Organization (WIPO), Committee on Development and Intellectual Property (CDIP), 26-30 abr. 2010), Information on the Development Agenda Group Guiding Principles, UN Doc. CDIP/5/9 Rev., 5th Sess. (2010): apresentação das diretrizes principais da agenda de desenvolvimento como documento oficial da quinta sessão do comitê em desenvolvimento e propriedade intelectual (CDIP) da OMPI. O Brasil liderou o grupo de 18 países-membros do grupo da agenda de desenvolvimento (em inglês, Development Agenda Group – DAG).

Tailândia

A Tailândia é a economia mais desenvolvida e sofisticada do Sudeste asiático, e aqui pode ser considerada outro país com alto poder de barganha, ou APB. Assim como o Brasil, a Tailândia reiteradamente adotou uma estratégia agressiva na negociação sobre patentes em fármacos,[241] tendo inclusive realizado três licenciamentos compulsórios. Primeiro, em 2006, com o Efavirenz, da Merck, o mesmo fármaco também licenciado compulsoriamente pelo Brasil.[242] Alguns meses depois, a Tailândia concedeu mais duas licenças compulsórias, uma para o Kaletra, da Abbott, um medicamento para Aids, e outra para o Plavix da Sanofi-Aventis, um medicamento para o coração.[243; 244]

O licenciamento compulsório do Plavix pode ser compreendido como uma demonstração de força da Tailândia, principalmente porque, juridicamente, é bastante questionável se um medicamento para o coração se encaixa no critério do TRIPS de "emergência nacional".[245] Cabe notar que o governo tailandês agiu independentemente do risco de sanções econômicas que fossem autorizadas pela própria OMC contra essa licença compulsória.

Por outro lado, a dinâmica das sanções de nível 2 – da própria indústria farmacêutica – na Tailândia é similar àquela que parece prevalecer no Brasil. Em primeiro lugar, a Tailândia pode obter benefícios diretos com a concessão de licenças compulsórias, principalmente porque possui uma indústria

---

[241] Ver Noronha (2003): o custo para os países em desenvolvimento desenvolverem software livre (*free/libre and open source software*), se comparados aos países desenvolvidos, é menor.

[242] Ver Chokevivat (2007:47-48): o Ministério da Saúde decidiu usar os direitos de patente para aumentar a acessibilidade ao Efavirenz, da Merck.

[243] Ver Decree of Department of Disease Control, Ministry of Public Health Regarding Exploitation of Patent on Drugs & Medical Supplies by the Government on Combination Drug Between Lopinavir & Ritonavir (Thai) (uma licença compulsória foi emitida para o remédio Kaletra); Announcement, Ministry of Public Health, Regarding Exploitation of Drugs and Medical Supplies for Clopidogrel (2007) (uma licença compulsória foi emitida para o remédio Plavix).

[244] Ver MacLeod (2010), discutindo o uso de licenças compulsórias pela Tailândia a fim de promover o acesso a medicamentos antirretrovirais para o HIV/Aids, câncer e doenças cardíacas; Siew-Kuan (2010:101-120): "A utilização, pela Tailândia, do licenciamento compulsório [...] precipitou iniciativas semelhantes por parte da Índia e Filipinas".

[245] Ver, por exemplo, *Wall Street Journal Europe* (2007:11), defendendo que a Tailândia está "explorando a linguagem vaga" do Acordo TRIPS para emitir licenças compulsórias para uma emergência pública inexistente; Cass (2007:14) colocando que *"Thailand's assertion of a right under TRIPS to impose compulsory licensing rests on shaky ground"*; Gerhardsen (2007b): a Sanofi-Aventis foi surpreendida pelo licenciamento compulsório do Plavix porque o medicamento não era utilizado em nenhum tratamento médico que justificasse a licença.

doméstica apta à produção de fármacos.[246] Naquele país, a capacidade estatal de produzir genéricos, notadamente medicamentos para Aids, fortalece o poder negocial do país ao ameaçar, de forma crível, conceder licenças compulsórias.[247]

Em segundo lugar, a participação da indústria farmacêutica tailandesa na economia é relativamente pequena em comparação a outros setores. Além disso, a indústria farmacêutica local é basicamente voltada para o abastecimento do mercado interno e praticamente não executa atividades de P&D de novos fármacos ou de seus componentes químicos.[248]

A perspectiva para os próximos anos é de que a Tailândia provavelmente permaneça como um importador de medicamentos.[249] Além disso, não obstante o recuo do laboratório Abbott, que recentemente voltou atrás com sete pedidos de depósito de patentes de invenções farmacêuticas recém-desenvolvidas, o governo tailandês parece confiar na expectativa de que seu mercado doméstico seja grande o suficiente para evitar retaliações mais drásticas das multinacionais.[250]

As semelhanças com o Brasil não param por aí. Assim como o Brasil, a Tailândia, nas recentes negociações com os Estados Unidos, rejeitou um acordo para ampliação comercial (um *free trade agreement* ou FTA, proposto pelo governo norte-americano).[251] Esse FTA exigiria, entre outras medidas, que a

---

[246] Ver Rein (2001:402), apontando que a Tailândia reduziu os custos dos medicamentos pela produção ativa de genéricos e pela "proteção limitada dos direitos de marketing exclusivos".

[247] Ver Chasombat e colaboradores (2006), explicando como o Programa Tailandês de Acesso a Antirretrovirais pelo Povo Convivendo com HIV/Aids (Thailand's National Access to Antiretroviral Program for People living with HIV/Aids – NAPHA) aumentou o acesso dos pacientes a remédios.

[248] Ver Gross (1999), alegando que a indústria farmacêutica tailandesa tem pouca pesquisa e importa a maioria da matéria-prima para a confecção de fármacos.

[249] Ver Research and Markets (2007): é provável que a Tailândia continue a importar a maioria dos medicamentos utilizados.

[250] Ver Médicos sem Fronteiras (2007), discutindo a decisão da Abbott de não comercializar seus novos medicamentos na Tailândia. Ver, também, Kaisernetwork.org (2007), *Kaiser Daily HIV/Aids Report* (14 mar. 2007), apontando que os laboratórios Abbott retiraram sete pedidos de medicamentos da Tailândia em resposta à concessão, pelo país, de uma licença compulsória para o remédio Kaletera, contra a Aids; Zamiska (2007), apontando que, embora os laboratórios Abbott tenham começado a vender o remédio para Aids Kaletera para a Tailândia, eles ainda se recusam a vender para o país outros seis tipos de medicamentos.

[251] Ver, por exemplo, Smith (2007), relatando que a Comissão Nacional de Direitos Humanos da Tailândia emitiu um relatório concluindo que o acordo proposto entre Tailândia e Estados Unidos "violaria os direitos humanos do povo tailandês e afetaria a soberania do país".

Tailândia fortalecesse a proteção a patentes. A rejeição representa novamente uma típica postura negocial de um APB, similar ao Brasil.[252]

Outro ponto de convergência é que, apesar das diferenças em seus sistemas políticos,[253] a Tailândia e o Brasil foram pioneiros entre os países em desenvolvimento no oferecimento de acesso universal à terapia antirretroviral para pacientes aidéticos.[254] Para os dois países, programas de saúde mais audaciosos se tornaram possíveis também por conta de negociações agressivas de preço com grandes laboratórios. Essa estratégia incluiu a concessão (ou, mais comumente, a ameaça de concessão) de licenças compulsórias para medicamentos patenteados.[255] Novamente, o aspecto paradoxal dessa situação é que – no curto prazo, pelo menos – a ausência de inovação tecnológica doméstica facilitou a luta de países como Brasil e Tailândia contra a Aids.[256]

África do Sul

Outra grande economia não inovadora a praticar negociações agressivas é a África do Sul. Trata-se do país com a maior economia do continente africano, que desfruta de notável influência política sobre seus vizinhos de continente. A inovação tecnológica na África do Sul, particularmente em relação ao setor

---

[252] Ver Human Rights Watch HIV/Aids Program (2003). Ver Free Trade Area of the Americas, provendo informação sobre os objetivos e diretivos do grupo. Ver Ormachea (2007:145-146), apontando que o Brasil falhou na ratificação do FTAA.

[253] As licenças compulsórias tailandesas foram emitidas por um governo militar; as licenças compulsórias brasileiras foram emitidas por um governo democrático. Ver American Enterprise Institute for Public Policy Research. *Thailand and the Drug Patent Wars*, nº 5 (2007); Medical News Today (2007).

[254] Ver Ford e colaboradores (2007), apontando que a Tailândia e o Brasil "estão entre os poucos países em desenvolvimento que conseguiram acesso universal aos antirretrovirais"; Organização Mundial da Saúde (2006), apontando que os esforços do Brasil e da Tailândia levaram à diminuição das taxas de transmissão mãe-filho.

[255] Ver Grace (2004), apontando que a ameaça de um país para emitir licenças compulsórias obriga muitos criadores de patentes a abaixar seus preços.

[256] Ver Avert.org (2010a), descrevendo como o Brasil tem sido bem-sucedido no combate do HIV e da Aids; Avert.org (2010d), descrevendo como a Tailândia tem sido bem-sucedida na utilização de políticas públicas no combate à Aids); Avert.org (2010c), descrevendo como o combate ao HIV/Aids pode se tornar um grande desafio para a Índia devido aos altos níveis de analfabetismo, pobreza e cidadãos sofrendo doenças; Avert.org (2010b), apontando que a China descobriu recentemente o "perigo de ignorar o HIV e Aids" e implantou um programa para combater a epidemia.

farmacêutico, é insignificante, ao mesmo tempo que seu mercado interno está em expansão.[257] Nesse sentido, o país pode ser classificado como um país APB.[258]

Há três indícios bastante convincentes dessa circunstância. Em primeiro lugar, assim como o Brasil, a África do Sul esteve ativamente envolvida nas negociações[259] que levaram à Decisão de Incorporação do Parágrafo 6 da Declaração de Doha sobre o Acordo TRIPS e Saúde Pública.[260] Do ponto de vista histórico, a contribuição da África do Sul para tal circunstância (que geralmente é considerada a reviravolta no debate do TRIPS) foi importante.[261] Em segundo lugar, o país tem sido notadamente influente na inserção do problema de acesso a medicamentos nas agendas internacionais de direitos humanos e de saúde pública.[262]

Em terceiro lugar, a África do Sul enfrentou uma grande pressão norte-americana durante a revisão da sua legislação doméstica de propriedade intelectual. Em 1997, o país aprovou uma emenda à sua legislação de medicamentos (o Medicines Amendment Act),[263] que autorizou a importação paralela de fármacos.[264] Essa lei suscitou controvérsias, e o governo dos Estados Unidos ameaçou aplicar sanções ao governo sul-africano se este aprovasse a emenda.[265] Tanto que o Congresso dos Estados Unidos incluiu em sua lei orçamentária, aprovada em 1998, uma previsão de suspensão da ajuda financeira à África do

---

[257] Ver Jim O'Neill e colaboradores (2005), apontando que, assim como os BRICs, a África do Sul está no topo do *ranking* dos ambientes de desenvolvimento para países emergentes (desde 2011, com a inclusão da África do Sul no grupo das economias emergentes a abreviatura BRIC passou a ser BRICS). Ver, também, Wilson e Purushothaman (20036:1-8) sobre as estimativas de crescimento econômico dos BRICS até 2050. Ver, em sentido contrário, Sharma (2013), relativizando a relevância dos BRICS enquanto grupo de países dinâmicos.

[258] Ver Hervieu (2011), relatando a reunião do presidente sul-africano com autoridades de governo brasileiras, russas, indianas e chinesas no terceiro encontro informal do grupo na China.

[259] Ver Rolland (2007): a Índia também particiou das negociações que levaram ao Acordo TRIPS.

[260] Ver Organização Mundial do Comércio (2004b): algumas obrigações patentárias estabelecidas pelo Acordo TRIPS deveriam ser postas de lado por causa das dificuldades que os membros da OMC com capacidade de industrialização insuficiente ou inexistente no setor farmacêutico têm para fazer uso eficaz do mecanismo de licenciamento compulsório.

[261] Ver, por exemplo, Sell (2003), argumentando que a epidemia de HIV/Aids acelerou a revelação das consequências negativas do Acordo TRIPS; Mayne (2002): a decisão sul-africana de lutar juridicamente contra o Ato de Medicamentos de 1997 foi um fator essencial para gerar interesse da mídia pelo fato.

[262] Ver Cullet (2002).

[263] Medicines and Related Substances Control Amendment Act 90, § 10 (1997) (S. Afr.).

[264] Ver Walker (2004), definindo as previsões das leis nacionais que foram adicionadas ao Ato de Controle de Medicamentos e Substâncias Relacionadas.

[265] Ibid., p. 211.

Sul até que a emenda fosse eliminada.[266] A África do Sul, no entanto, não retrocedeu, e o governo norte-americano posteriormente revogou a sanção em sua legislação após a afirmação do governo sul-africano de que estava legalmente embasado pelo TRIPS na utilização de licenças compulsórias e importações paralelas.[267] O único compromisso assumido pelo país africano foi o de reforçar promessas anteriores de cumprimento do TRIPS.[268]

Como se vê, há elementos comuns na explicação para a forte posição negocial de países como Brasil, Tailândia e África do Sul, aqui referidos como países de alto poder de barganha, ou APBs. Ao emitirem licenciamentos compulsórios, esses países estão relativamente infensos a sanções de nível 2 – da indústria farmacêutica. Os APBs possuem grandes mercados consumidores que tendem a ser bastante cobiçados pelas multinacionais, de modo que deixar de comercializar drogas nesses países é geralmente impensável do ponto de vista comercial.

Segue que, nesses países, a adesão às políticas pró-patentárias do TRIPS não foi suficiente para motivar a indústria farmacêutica doméstica a promover a inovação tecnológica; ao contrário, parece ter acentuado a divisão entre países inovadores e não inovadores. O fato curioso, para insistirmos no ponto, é o de que a falta de inovação em certos países emergentes de grande porte tem assim contribuído para torná-los negocialmente bastante fortes. A ausência de inovação tecnológica doméstica liberta governos de países APB das pressões de uma indústria local que poderia exigir uma proteção patentária mais rígida. Esses traços econômicos e políticos, ao invés de prejudicar, fortalecem o poder de negociação dos APBs para o licenciamento compulsório de fármacos.

---

[266] Ver Agriculture, Rural Development, Food and Drug Administration and Related Agencies (1999:155): "Os fundos disponíveis para assistência ao Governo da República da África do Sul sob o comando deste órgão não devem ser liberados até que o Secretário de Estado se reporte por escrito às comissões apropriadas do Congresso acerca da evolução das negociações entre o governo dos Estados Unidos e o da República da África do Sul para negociar a suspensão ou exclusão da seção 15(c) do South Africas's Medicine and Related Substances Control Amendement Act nº 90 de 1997".

[267] Ver Hoen (2002:31), relatando a "indignação" internacional criada pela reação judicial das companhias farmacêuticas norte-americanas contra leis de medicamentos em países em desenvolvimento.

[268] Ver Love (1999). Ver European Commission (2005): os "países em desenvolvimento avançados" incluem "as grandes economias emergentes do G-20, que combinam o status de país em desenvolvimento com uma alta competitividade em um ou mais setores de exportação, como o Brasil (agricultura), China (indústria) e Índia (serviços)".

O modelo MPB: estrutura sancionatória dupla

Dentro do grupo dos NICs, os países experimentando uma transição para se tornarem inovadores são aqueles que menos se beneficiam da negociação por meio de ameaças ou concessões de licenças compulsórias. Em termos práticos, a principal razão para esse fenômeno é que, nesses países, o licenciamento compulsório desencoraja a inovação local. Assim, esses países em desenvolvimento com maior propensão a inovar assumem, paradoxalmente, uma posição mais fraca nas negociações para compra de medicamentos patenteados.

Isso pode ser explicado porque governos desses países estão sujeitos a uma estrutura sancionatória dupla. Inicialmente, no primeiro nível de negociação, ou nível 1, a concessão de uma licença compulsória pode motivar a imposição de sanções por governos de países desenvolvidos, especialmente dos Estados Unidos. É claro que, dado seu peso econômico, a chance de que sanções nível 1 se manifestem são mínimas. Mas no segundo nível de negociação, ou nível 2, as sanções pela concessão de licenças compulsórias podem de fato ser aplicadas pela indústria, especialmente na forma de desincentivo à inovação tecnológica doméstica. Um ponto importante é que essas sanções de nível 2 podem ser aplicadas não apenas em fármacos, mas em outros setores industriais como bioagricultura e genética vegetal, reconhecidos pela dependência de patentes.

Caso a história se repita, esses países MPBs vão passar a exigir um nível de proteção à propriedade intelectual cada vez mais estrito, não só em suas jurisdições, mas mundo afora. Assim estará concluída sua transição da condição de subdesenvolvidos à de desenvolvidos. As evidências aqui indicadas sugerem que a China e a Índia demonstram comprometimento com a continuidade da inovação em fármacos[269] e talvez possam considerar, no futuro, como de interesse nacional a imposição de um regime mais rigoroso de proteção a patentes.[270]

---

[269] Ver Morel e colaboradores (2005:2), ilustrando a necessidade do investimento no sistema de saúde e em infraestrutura nos países emergentes; Mashelkar (2005), delimitando uma estratégia de criação de riqueza para países em desenvolvimento.

[270] Outro país que pode ser classificado como MPB é a Rússia, que em 2012, após 19 anos de negociação, foi admitida na Organização Mundial do Comércio. Um exemplo marcante da posição de barganha da Rússia enquanto um país MPB no âmbito da infração de direitos autorais de softwares ocorreu em dezembro de 2012, quando o presidente russo, Vladimir Putin, assinou uma ordem executiva obrigando todos os órgãos e agências da Federação russa a migrar dos softwares privados para softwares *open source* entre os anos de 2011 e 2015 – limitando,

Se esta leitura estiver correta, países como Brasil, Tailândia e África do Sul terão ficado para trás. Não há grandes teleologias ou verdades absolutas no desenvolvimento de países, e, inclusive por conta de sérios desafios políticos, econômicos, sociais e até militares, na Índia e na China o caminho dos fatos poderá ser outro. Como mostraremos, a negociação patentária na indústria de fármacos oferece pistas interessantes sobre o caminho que os fatos estão tomando.

China

A classificação da China como um país com propensão a se tornar inovador requer uma explicação detalhada porque o quadro não se presta a conclusões óbvias. Se é verdade que a China já é o segundo maior produtor de fármacos e produtos agrícolas do mundo,[271] além de ser o maior produtor de insumos para a indústria farmacêutica, também é verdade que a maior parte dessa produção não é patenteada.[272] Além disso, nunca é demais lembrar que a China é um dos líderes mundiais na produção de fármacos falsificados.[273] E tampouco é irrelevante o fato de que o país seja, ainda hoje, tido como notoriamente avesso à proteção da propriedade intelectual.

Nosso argumento é o de que a China atravessa um processo ainda incerto, porém aparentemente contínuo, em direção a se tornar um país cada vez mais inovador.[274] A época na qual a China fabricava produtos baratos e de baixa qualidade está sendo, rapidamente, deixada para trás. É por conta dessa transição que a concessão de licenciamentos compulsórios pela China parece ensejar altos custos de sanção pela indústria, porque, em uma indústria sensível a

---

com isso, a probabilidade de pirataria, entre outros problemas. Ver Yu (2008:391); Engardio (2007), explorando a crescente infraestrutura econômica e a existência de novas tecnologias na Índia e na China; Ramesh (2005); Chaudhuri e Ravallion (2007), examinando o impacto que o crescimento econômico desigual provavelmente terá sobre a taxa de redução de pobreza na Índia e na China; Meredith (2007), descrevendo a atitude tomada pela China na utilização da propriedade intelectual para crescer sem, no entanto, pagar por esses direitos; Wilson e Purushothaman (2003), com previsões sobre o futuro econômico da China, além de Brasil, Rússia e Índia); Chow (2006:208), comentando a "ambição da China de eventualmente dominar o comércio em setores de alta tecnologia".

[271] Ver Grace (2004): a China é o maior produtor mundial de penicilina, vitamina C, terramicina, doxiciclina e cefalosporina.

[272] Ver Yu (2008:363).

[273] Ver Nelson e colaboradores (2006).

[274] Ver Xin (2005), membro do Standing Committee, NPC, China.

patentes, como a farmacêutica, a concessão de licenças compulsórias poderia impactar de forma negativa essa tendência.[275]

Em primeiro lugar, o aumento do número de pedidos de depósito de patentes evidencia que a China vem direcionando sua economia progressivamente rumo à crescente inovação no setor farmacêutico. Desde 2009, com a instituição do Programa Maior de Inovação em Novos Fármacos (Major New Drug Innovation Program ou MNDIP), a China avançou em pesquisas para inovação em fármacos que resultaram em mais de 3 mil patentes e 12 novos fármacos.[276] De acordo com o Escritório Estatal de Propriedade Intelectual na China (SIPO), o número de pedidos de patentes tem aumentado, tanto em relação aos pedidos ao SIPO quanto em pedidos ao PCT, na Europa, nos EUA e no Japão. Em 2014, apenas nos primeiros 10 meses, o número de pedidos junto ao SIPO aumentou 11%, assim como o número de pedidos de patentes por chineses ao PCT cresceu em 23%; e na Europa, nos EUA e no Japão, elevou-se mais do que 30%.[277]

Os gastos chineses em P&D no setor farmacêutico – US$ 4,5 bilhões em 2012 – também evidenciam uma tendência de reposicionamento da China como um centro de inovação em fármacos ao invés de uma base manufatureira.[278] Para se ter uma ideia do que isso representa, os dispêndios em P&D da China no setor biomédico como um todo somaram US$ 160 bilhões em 2012.[279] Nesse ritmo, a China deve ultrapassar os gastos em P&D do Japão e ficar atrás apenas dos dispêndios dos Estados Unidos no setor. Além disso, esses gastos vêm crescendo ano após ano, tendo quintuplicado no período entre 1995 e 2004.[280]

O avanço da China não deve ser sub nem superdimensionado. O North China Pharmaceutical Group Corportation (NCPC), o maior exportador farmacêutico chinês,[281] tem apresentado um maior número de pedidos de depósito de patentes junto ao Escritório Estatal de Propriedade Intelectual na China

---

[275] Ver A. T. Kearney (2008): preocupação do investidor com o ambiente de investimento na China inclui propriedade intelectual, contexto político e jurídico e estabilidade econômica.

[276] Ver Carole (2013).

[277] Ver State Intellectual Property Office of the PRC (SIPO). Numbers. Disponível em: <http://english.sipo.gov.cn/specialtopic/number/>. Acesso em: 4 fev. 2015.

[278] Ver Carole (2013).

[279] Ibid.

[280] Ver He e Zhang (2007): os gastos com pesquisa e desenvolvimento aumentaram com o retorno de vendas.

[281] Ibid., p. 9.

(SIPO). Entretanto, mesmo no ano de 2005, em que se verificou o maior número de pedidos de depósito, eles não passaram de 20.[282] Como se vê, ainda não se trata de um gigante da inovação.

De qualquer forma, a estratégia nacional de propriedade intelectual do Conselho de Estado da China buscou conciliar o crescente reconhecimento pela liderança econômica chinesa de quarta geração com a importância estratégica de um sistema de propriedade intelectual bem operacionalizado. Nesse contexto, foi lançada a terceira emenda à lei de patentes chinesa.[283] A estratégia nacional de desenvolvimento de patentes do Escritório de Patentes chinês não representa um esforço isolado levado a cabo por um único órgão estatal. Muito pelo contrário, ela foi "formulada com o propósito de implantar as diretrizes da estratégia nacional de propriedade intelectual".[284] As diretrizes foram publicadas em junho de 2008 e demonstram o plano compreensivo do Conselho de Estado para incrementar a proteção e administração dos direitos de propriedade intelectual na China.[285]

Tanto a estratégia nacional de propriedade intelectual do Conselho de Estado da China quanto a estratégia nacional de desenvolvimento de patentes do Escritório de Propriedade Intelectual chinês compartilham um planejamento centralizado (e alegadamente coerente) composto por iniciativas em prol da promoção da inovação independente (*zizhu chuangxin*).[286] Além disso, as Linhas Gerais do Plano Nacional de Médio e Longo Prazo para o Desenvolvimento Científico e Tecnológico (2006-2020), desenhadas para transformar a China em uma economia baseada na inovação até 2020, tornaram-se um dos quatro princí-

---

[282] Ibid.

[283] A Terceira Emenda foi uma reformulação da lei patentária chinesa que, pela primeira vez, focou exclusivamente os interesses e necessidades do país. As emendas anteriores traziam imposições e padrões da OMC e do TRIPS, o que não foi repetido na reforma. Enquanto as emendas anteriores foram influências externas, a Terceira Emenda veio de reflexões puramente internas à China. Ver Yu (2013).

[284] Ver State Intellectual Property Office (SIPO). National Patent Development Strategy (2011-2020), 2011. Preâmbulo. Tradução disponível em: <http://graphics8.nytimes.com/packages/pdf/business/SIPONatPatentDevStrategy.pdf>. Acesso em: 4 fev. 2015.

[285] Ver Conselho de Estado (2008). Tradução disponível em: <http://english.gov.cn/2008-06/21/content_ 1023471.htm>. Acesso em: 5 fev. 2015.

[286] Ver Prud'homme (2012:75-115), apresentando algumas dessas iniciativas. Ver, também, Siyuan e Peck (2011), sobre a política chinesa de inovação em comunidades tradicionais e, no mesmo sentido, Chow (2013).

pios fundamentais do sistema, como foi declarado pelo Conselho de Estado.[287; 288] O plano almeja a transformação da economia chinesa em um celeiro tecnológico até 2020 – e em uma líder global em ciência e tecnologia até 2050.[289] O plano inclui metas políticas de longo prazo, como a promoção da inovação doméstica por meio de programas governamentais de financiamento e incentivo, bem como a ampliação da capacidade inovadora das empresas chinesas.[290; 291]

Apesar dos esforços de coordenação centralizada, alguns autores enxergam nas políticas chinesas contradições importantes. Há quem sustente que a China busca alargar a proteção à propriedade intelectual em áreas como entretenimento, software, semicondutores e áreas específicas da biotecnologia, ao mesmo tempo que se esforça para manter uma proteção mais fraca em campos ainda menos dinâmicos, como farmacêutico, químico, de fertilizantes, de sementes e de gêneros alimentícios.[292] Quão sustentável poderá ser uma política ambígua como essa é não apenas um tema controverso, mas também fonte de tensões com diversos países, especialmente os Estados Unidos. A China é considerada a "nova geração" dentro da OMC desde 11 de dezembro de 2011, quando se tornou o 143º país a aderir à organização.[293; 294] Apesar da adesão à OMC, temas como a pirataria relativa a direitos autorais e a falsificação de

---

[287] Conselho de Estado. Linhas Gerais do Plano Nacional de Médio e Longo Prazo para o Desenvolvimento Científico e Tecnológico (2006-2020) § II, 1 (2005). Para uma avaliação desse plano de 15 anos de duração, ver Cao, Suttmeier e Simon (2006:380); Xiaoqing (2009).

[288] Ver Yu (2012c), apontando que a China está em um ponto de passagem – de uma nação ativa em pirataria para um país entusiasta de direitos de propriedade intelectual.

[289] Ver Yinglan (2011).

[290] Ver, por exemplo, Williams e Mihalkanin (2011): o plano chinês inclui uma campanha especial para o reforço da propriedade intelectual, políticas inovadoras para as comunidades tradicionais e a Estratégia Nacional de Desenvolvimento de Patentes – 2011-2020 (NPDS).

[291] Ver Lieberthal (2011): há um "ponto de passagem" a partir do qual os países passam a considerar como de seu interesse coibir a pirataria e proteger os direitos de propriedade intelectual; Yu (2009:10-15), no mesmo sentido; Yu (2007a:175): "A história sugere que a China está agora simplesmente trilhando o mesmo caminho desenvolvimentista já trilhado por Hong Kong, Japão, Cingapura, Coreia do Sul, Taiwan – ou mesmo da Alemanha e dos Estados Unidos".

[292] Ver, por exemplo: Yu (2007b): é provável que a China prefira proteger a propriedade intelectual mais rigidamente nos seus setores de rápida expansão, como no de semicondutores e biotecnologia, mas não naqueles de menor crescimento, como fármacos; Yu (2014b) discutindo a emergência de "poderes de propriedade intelectual" no Brasil, China e Índia.

[293] Ver Organização Mundial do Comércio. China and the WTO. Disponível em: <www.wto. org/english/thewto_e/countries_e/china_e.htm>. Acesso em: 18 mar. 2015.

[294] Para uma série de artigos em ordem cronológica discutindo a atuação da China na sua primeira década como membro da OMC, ver Ka e Wei (2013).

produtos continuam sendo objeto de negociações bilaterais da China com os Estados Unidos desde os anos 1980.[295]

Existem também tensões nas relações comerciais entre a China e os Estados Unidos em vista de determinados padrões tecnológicos. Um ponto particularmente sensível diz respeito à abordagem chinesa de imposição de padrões, principalmente quanto a bens de tecnologias de informação e comunicação (TIC). Enquanto a indústria de TIC busca, cada vez mais, padrões universais para servir aos imperativos de um mercado competitivo – isto é, a interoperabilidade e a eficiência (notadamente com relação a ambientes interligados por redes) – a China tem reforçado a intenção de adotar seus próprios padrões.

Se por um lado a política chinesa é altiva – no sentido de que busca criar seu próprio conjunto de padrões internacionais –, por outro seu padrão para desafiar o regime de propriedade intelectual parece ser bastante moderado. Isso é consistente com a classificação da China como um MPB, ou país de médio poder de barganha, o que fica claro no contexto dos debates no âmbito das relações comerciais reguladas pela OMC.[296]

Para ilustrar, em março de 2009, o Órgão de Solução de Controvérsias da OMC emitiu um relatório em relação ao conflito sino-americano sobre propriedade intelectual, assumindo uma posição favorável aos EUA. O Órgão de Solução de Controvérsias adotou os relatórios do grupo especial (*panel*), bem como do órgão de apelação, que se posicionava em favor dos EUA na maioria dos pedidos.[297]

O relatório continha três frentes. Primeiro, a OMC considerou a recusa chinesa em proteger direitos autorais sobre obras artísticas – que configurariam um *standard* inferior de proteção conforme lei chinesa de direitos autorais – uma infração ao TRIPS e, consequentemente, uma postura ilegal de direito internacional. A China reagiu: obrigou as pastas governamentais a adotar softwares oficiais (não ilegais) e, em maio de 2011, anunciou a transição completa de todas as pastas do governo central para esses programas. Uma notificação similar foi feita em dezembro de 2012 para implantação desses softwares nas pastas de governos periféricos. Além disso, em dezembro de 2012, sua Suprema Corte do Povo publicou as "Regras da Suprema Corte sobre Assuntos Relacionados à Aplicação da Lei no Julgamento de Disputas Civis Relacionadas à Infração do Direito de Comunicação nas Redes de Informação", supostamen-

---

[295] Ver Yu (2000).
[296] Ver Gibson (2007:1421).
[297] Ver Organização Mundial do Comércio (2010).

te levando à redução de processos judiciais motivados por infrações de direitos autorais ligadas à internet.

Segundo, no que diz respeito a marcas, o Órgão de Solução de Controvérsias da OMC decidiu que a lei consuetudinária chinesa não poderia permitir o leilão público de bens confiscados sem antes retirar marcas de identificação dos bens. O grupo especial (*panel*) ainda lançou uma terceira decisão acerca da criminalização da propriedade intelectual nos termos do art. 61 do Acordo TRIPS.[298] Em síntese, o grupo especial do Órgão de Solução de Controvérsias concluiu que necessitava de mais informações para decidir se o marco de criminalização de contrafação e pirataria era, de fato, restritivo demais.

O grupo especial rejeitou, no entanto, a alegação norte-americana de que a China não estaria criminalizando infratores de propriedade intelectual o suficiente – nos termos do art. 61. Em março de 2010, a China notificou que havia completado todos os procedimentos necessários à implantação das recomendações e decisões do órgão. Os EUA continuam supervisionando a implantação e execução das recomendações pelo governo chinês.

Anos depois, em 2013, a Suprema Corte do Povo da China emitiu um precedente representativo da estratégia negocial chinesa em propriedade intelectual. Em janeiro de 2013, a corte publicou uma interpretação judicial sobre a responsabilidade de intermediários *online*. As regras foram intituladas "Regras da Suprema Corte sobre Assuntos Relacionados à Aplicação da Lei no Julgamento de Disputas Civis Relacionadas à Infração do Direito de Comunicação nas Redes de Informação". O julgamento vai de encontro a uma antiga decisão da Comissão Conjunta de Comércio e Negócios da China (CCCN), pela qual um intermediário *online* fica autorizado a praticar infração intelectual na internet.

O terceiro ponto diz respeito à política chinesa sobre direitos comerciais e de distribuição de serviços para certas publicações e produtos audiovisuais voltados para o entretenimento. Neste último caso, uma disputa similar no Órgão de Solução de Controvérsias da OMC levou a China a optar por negociações bilaterais com os Estados Unidos, em vez de seguir as recomendações mais estritas do órgão.[299] Em abril de 2012, os dois países alcançaram um acor-

---

[298] O art. 61 do Acordo TRIPS obriga os países-membros a "prover a aplicação de procedimentos penais e penalidades pelo menos nos casos de contrafação voluntária de marcas e pirataria em escala comercial".

[299] O Órgão de Solução de Controvérsias da OMC publicou suas recomendações e julgamentos no documento DS 363 em 19 de janeiro de 2010. A China e os EUA assinaram, pouco

do em relação à divisão de receitas e licenciamento da distribuição de filmes importados.[300]

Há ainda um último exemplo que pode ser citado como representativo da posição da China como um MPB. Esse exemplo diz respeito à Campanha Especial de Direitos de Propriedade Intelectual chinesa, ocorrida entre 2010 e 2011.[301] O Conselho de Estado da República Popular da China estabeleceu o Grupo Nacional Principal em seu governo visando a incrementar a coordenação entre China e Estados Unidos no combate à infração de propriedade intelectual e contrafação de bens. O Grupo Nacional Principal patrocinou essas campanhas de reforço à propriedade intelectual na China até 2012.[302]

Além dos setores citados, é de se notar que a China possui hoje uma indústria agrícola inovadora cujo desenvolvimento é atribuído também à renovação do protocolo que apoia a política norte-americana de estabelecer e expandir intercâmbios científicos e tecnológicos com aquele país. Esse protocolo foi celebrado em 2002 entre o Departamento de Agricultura dos Estados Unidos, o USDA, e o Ministério de Ciência e Tecnologia da China, o MOST.[303] A China também tem sido o país que mais exporta tecnologias de informação e comunicação (TIC).[304] Está, portanto, evidente que as atividades de P&D na economia chinesa têm crescido continuamente nesses setores produtivos.[305]

---

tempo depois, os "Procedimentos Conjuntos em Obediência aos Artigos 21 e 22 do Acordo de Resolução de Controvérsias", em 8 de abril de 2011 ("Sequencing Agreement") (WT/DS363/18 e WT/DS363/18/Corr.1).

[300] Ver Memorandum of Understanding between the People's Republic of China and the United States of America Regarding Films for Theatrical Release (25 de abril de 2012). Disponível em: <www.state.gov/documents/organization/202987.pdf>. Acesso em: 18 mar. 2015.

[301] Ver, por exemplo, Williams e Mihalkanin (2011) descrevendo o andamento da campanha de outubro de 2010 a junho de 2011. Ela foi denominada Special Campaign to Combat IPR Infringement and the Manufacture and Sales of Counterfeit and Shoddy Commodities e *aimed to crack down on a broad range of infringing activities, such as producing and distributing counterfeit goods, pirating audio-visual media, and trading infringing goods*".

[302] O Grupo Nacional Principal do governo tem sede em Pequim e foi estabelecido em 1954. Conta com 35 membros, inclusive o premiê da República Popular da China ou um dos três braços políticos chineses – como o Partido Comunista e o Exército da Libertação Popular.

[303] Ver U.S. Department of Commerce (2007), apontando que áreas específicas de cooperação incluem biotecnologia, agricultura, administração de recursos naturais, produção e processamento de laticínios, segurança alimentar, processamento de produtos agrícolas, pesquisa e desenvolvimento de biocombustíveis e tecnologia agrícola de economia de água; Gibson (2007:1421).

[304] Ver *The Economist* (2008:75).

[305] Ver Jefferson (2005:44, 46).

Índia

A Índia vem sendo considerada, já há algum tempo, uma promissora incubadora de inovações farmacêuticas.[306] Com seu setor de ciência e tecnologia em crescimento, mão de obra qualificada em razoável quantidade e um governo democrático (apesar de também tido por excessivamente burocrático e um tanto disfuncional), a Índia é repetidamente descrita como um "laboratório" de sistemas de patentes nacionais para os países em desenvolvimento avançado.[307; 308] É verdade que os trabalhos acadêmicos que tratam do impacto das leis de propriedade intelectual sobre a propensão a inovar tendem a enfocar mais a China do que a Índia,[309] mas entendemos que a Índia se encaixa igualmente na categoria de grande economia com propensão a inovar.[310] Assim, com a ressalva de que a indústria farmacêutica indiana ainda é predominantemente não inovadora, enquadraremos a Índia como um MPB, isto é, um país com médio poder de barganha.

Ao contrário do que se possa imaginar, a indústria farmacêutica indiana vem se desenvolvendo nas últimas décadas em um contexto de proteção patentária fraca. Isso se deu principalmente por conta do Ato de Patentes indiano, de 1970, que (à semelhança da legislação brasileira da época) negou proteção a diversos produtos farmacêuticos e limitou severamente as patentes de processo inventivo.[311] A indústria indiana concentrou seus esforços princi-

---

[306] Ver Kristof (2006), prevendo que o desenvolvimento da Índia ultrapassará o da China devido à infraestrutura e à população indianas.

[307] Ver Mueller (2007), analisando o novo sistema de proteção a patentes da Índia, que agora abrange fármacos.

[308] Ver Prahalad e Mashelkar (2010:1-11) para uma descrição da inovação a partir de Gandhi na Índia.

[309] Ver, por exemplo, Yu (2008:391). Ver, também: Maddison Project (2007), relatando as estatísticas do PIB e do crescimento populacional da China e de outros países da Ásia; Straus (2006); Slate (2006), analisando os métodos aplicados à internet utilizados pelo presidente do Tribunal de Propriedade Intelectual da China para influenciar a opinião pública quanto à obediência do país ao TRIPS; Andrews (2006), propondo que os casos recentes envolvendo a Pfizer e a GlaxoSmithKline demonstram a aceitação crescente e o sucesso da proteção a patentes na China, embora as preocupações com eventuais infrações continuem a ser relevantes; Shao (2005), explorando a utilização histórica de marcas na China; Yu (2008).

[310] Ver Tiwari e Herstatt (2011:475-483) para uma descrição da *frugal innovation*. Ver, também, Radjou e Prabhu (2012) sobre a adesão da Renault à inovação inclusiva em seu modelo de negócios.

[311] Ver Gehl Sampath (2005:24): as patentes de processos foram limitadas a um período de sete anos ou cinco anos a partir da concessão da patente, o que for menor. Além disso, as previsões sobre "funcionamento local" e licenciamento de direitos contidas no Ato Indiano de Patentes de

palmente em engenharia reversa e na produção de genéricos,[312] e pouco gastou em P&D se comparada a empresas dos países ocidentais.[313]

Contudo, a indústria de genéricos que prosperou na Índia permitiu que o país atingisse o quarto lugar no *ranking* mundial em termos de produção de medicamentos (8% da produção global) e 13º lugar em relação a investimentos. Nesse ponto, é importante ressaltar que o mercado farmacêutico indiano apresenta algumas características que o tornam único, por exemplo, o fato de 70% a 80% das vendas serem de medicamentos genéricos.[314] A Índia também lidera no número de fábricas aprovadas pela FDA (Food and Drug Administration) fora dos Estados Unidos.[315] Dessa forma, por conta de sua grande escala, parte da indústria farmacêutica indiana começou a desenvolver uma capacidade de inovação que, embora lenta, tem sido constante.[316]

O setor farmacêutico indiano tem como pontos fortes uma base industrial competitiva que engloba estudos clínicos e uma alta capacidade de produção nos setores de química e desenvolvimento de processos. Além disso, a indústria indiana suporta a expansão de 50% na produção de matéria-prima para abastecer o setor de fármacos local, bem como uma promissora indústria biotecnológica. A Índia também é conhecida pela abundância de cientistas e sua crescente rede de P&D.[317] Ademais, ainda que os investimentos da indús-

---

1970 limitaram o escopo das patentes de processo, ainda mais por prever que qualquer processo farmacêutico que deu origem a uma patente local deveria "funcionar" na Índia por três anos a partir da data da concessão da patente. Após esses três anos, o titular da patente estava sujeito à previsão do "licenciamento de direitos", i.e., o titular da patente era obrigado a licenciar seu processo para alguma indústria local – nos casos em que a patente não funcionava localmente a partir de *royalties* não superiores a 4%. O governo também obrigou a autoridade a garantir licenças compulsórias para processos após três anos da concessão da patente se o produto não estivesse disponível localmente a taxas "razoáveis". A Ordem de Controle de Preço de Remédios foi responsável principalmente por determinar essas taxas, e, quando uma licença compulsória era garantida, a taxa de *royalties* dessa licença deveria ser fixada pelo governo em todos os casos em que o titular do processo patenteado não concordasse com a taxa originalmente sugerida. O ato também previa que o ônus da prova em casos de infração de patente era do titular do direito.

[312] Ver Vivekanandan (2008), apontando que as companhias farmacêuticas indianas produzem atualmente entre 20% e 22% dos medicamentos genéricos do mundo em termos de valor.

[313] Ver Gehl Sampath (2005:31).

[314] Ver McKinsey & Co. (2010:13), mostrando também que a Índia ocupa o terceiro lugar em volume de vendas e o 10º em termos de valor de vendas. Ver, também, Mashelkar (2005) e, ainda, Morel (2005); Vivekanandan (2008).

[315] Ver Pradhan (2008), detalhando as estratégias de aquisição de cinco companhias farmacêuticas indianas que se engajaram em um plano agressivo para adquirir novos produtos e tecnologias.

[316] Ver Mashelkar (2005).

[317] Ver Grace (2004), descrevendo as competências principais e as vantagens de custo das companhias farmacêuticas indianas.

tria farmacêutica indiana em P&D (apenas 1,9% da sua receita bruta) sejam relativamente baixos quando comparados aos dispêndios dos laboratórios multinacionais, esse valor vem crescendo uniformemente ano a ano.[318]

É bem verdade que a classificação da Índia como um MPB tem um aspecto duvidoso, e isso não apenas porque o nível de investimento em pesquisa de ponta ainda é relativamente baixo, mas principalmente porque, em março de 2012, o país concedeu a primeira licença compulsória da sua história.[319] A licença foi concedida ao produtor de medicamentos genéricos Natco Pharma, para o Nexavar (*sorafenib tosylate*), um medicamento da Bayer utilizado para combater o câncer.[320]

Diversas ONGs mundo afora aplaudiram a medida,[321] que foi emitida pela Câmara de Apelação de Propriedade Intelectual (CAPI). A CAPI extinguiu o direito exclusivo da companhia farmacêutica Bayer de vender o medicamento contra o câncer – o Nexavar –, garantindo à companhia indiana Natco o direito de produzir o remédio de forma mais barata. A decisão reduziu o preço do medicamento em 97% para pacientes diagnosticados com câncer na Índia (em relação ao preço original). Ou seja, uma dosagem mensal (120 cápsulas) caiu para algo em torno de US$ 176, ao invés do antigo preço da Bayer de US$ 5.500. Como parte do licenciamento compulsório, a Natco foi obrigada a pagar à Bayer 6% de *royalties* em relação ao seu lucro trimestral.

Em abril de 2013, outra decisão judicial foi proferida no mesmo sentido. Essa decisão ficou conhecida por "decisão Novartis".[322] Tudo começou quando a Novartis recorreu aos tribunais após a rejeição da sua requisição de uma patente para o medicamento Gleevec/Glivec (*imatinib mesilate*), utilizado no tratamento do câncer. Em questão estavam a seção 3(d) da Lei de Patentes nº 15 de 2005 e o § 3º, d, do Código da Índia, no que impedem que a proteção patentária seja concedida em duas hipóteses.[323] Primeiro, a legislação indiana veda a patenteabilidade da mera descoberta de nova forma de uma substância

---

[318] Ver Gehl Sampath (2005:31): as companhias farmacêuticas indianas têm aumentado seus gastos com pesquisa e desenvolvimento. Ver, também, Vivekanandan (2008) analisando o efeito do Acordo TRIPS na indústria farmacêutica na Índia.

[319] Ver, por exemplo, International Center for Trade and Sustainable Development – ICTSD (2012).

[320] Ver Estavillo (2012).

[321] Ibid.

[322] Ver Novartis AG *v.* Union of India (UOI) and Ors.; Natco Pharma Ltd. *v.* UoI & Ors.; M/S Cancer Patients Aid Association *v.* UoI & Ors, Apelação Cível nº 2706-2716 de 2013, na seção 171 (p. 88), seção 177-181 (p. 90-91), seção 171 a respeito da expressão "eficácia alargada".

[323] Ver Chatterjee (2013); Hermann (2012).

conhecida, que não resulte em maior eficácia da substância. Segundo, a legislação indiana impede que a proteção patentária seja concedida caso a mera descoberta de alguma propriedade ou uso de uma substância já conhecida – ou do mero uso de um processo, máquina ou aparato já conhecido – não seja acompanhada da criação de um novo produto ou do emprego de ao menos um novo reagente.[324]

A Suprema Corte indiana rejeitou o pedido da Novartis de obter proteção patentária do medicamento denominado Glivec. A decisão incorporou a rejeição anterior do registro da patente pelo Escritório de Patentes da Índia – justificando que o medicamento desenvolvido não era uma novidade, e sim uma versão atualizada do mesmo composto químico. Com essa decisão, a Suprema Corte efetivamente instaurou o marco da proteção patentária envolvendo compostos químicos, adotando o teste da "eficácia ampliada". Com isso, a decisão adicionou um quinto requisito ao teste de patenteabilidade do TRIPS – os outros quatro são: novidade, atividade inventiva, eficiência e aplicabilidade industrial.

Na visão de alguns, a decisão em Novartis *v.* Union of India & Others estabelece um modelo para outros países – um passo em direção às "leis de patentes 2.0".[325] Se assim ocorrer, as leis patentárias passarão não apenas a garantir o acesso a medicamentos, mas também a ajudar a alinhar melhor a inovação farmacêutica às necessidades de saúde pública. Além de ampliar o acesso, a decisão também realçou a força da indústria local de genéricos, em detrimento dos interesses dos produtores farmacêuticos estrangeiros.[326] As companhias Cipla e Natco, aliás, conseguem vender a versão genérica do Glivec por um preço aproximadamente 90% inferior ao das empresas estrangeiras.[327] A decisão envolvendo a Novartis também representa um baque considerável para os produtores ocidentais de medicamentos interessados em introduzir seus produtos na Índia.[328]

Não nos parece, no entanto, que a Índia esteja simplesmente realizando uma opção pelo enfraquecimento da proteção da propriedade intelectual.

---

[324] Ver Lei de Patentes nº 15 de 2005, § 3, d, do Código da Índia. Ver, também, Kapczynski (2009) discutindo a seção 3, d, da Lei de Patentes indiana de 2005.

[325] Ver Kapczynski (2013).

[326] Ver Gehl Sampath (2005:5): "As eventuais estratégias que venham a surgir por parte da indústria indiana continuarão sendo regidas principalmente por questões de sobrevivência – e não por questões relacionadas ao acesso a medicamentos por parte do público em geral, quer da Índia, quer de outros países menos desenvolvidos".

[327] Ver, por exemplo, Krishna e Whalen (2013).

[328] Ibid.

Tanto assim que, durante a visita do presidente Barack Obama à Índia entre os dias 25 a 27 de janeiro de 2015, o primeiro-ministro indiano Narendra Modi concordou em receber as "sugestões" propostas por um grupo de trabalho norte-americano sobre propriedade intelectual. Os líderes dos dois países reconheceram os avanços obtidos em relação à proteção patentária – especialmente após a última rodada do fórum em políticas comerciais dos EUA com a Índia, realizada em novembro de 2014.

Ambos os países reafirmaram seu interesse e compromisso com as "melhores práticas" no âmbito da propriedade intelectual – um codinome comum para regras TRIPS-Plus –, bem como o incentivo mútuo à consulta a acionistas das grandes empresas em se tratando de assuntos políticos relativos à proteção de PI.[329] A visita culminou ainda na assinatura do documento "Shared Effort; Progress for All" (ou seja, "esforço compartilhado; progresso para todos"), cristalizando o comprometimento às cláusulas enumeradas acima.

De fato, dilemas parecidos aos do setor de fármacos aparecem em outros setores. Por exemplo, a Índia conta com o terceiro maior número de companhias biotecnológicas da Ásia, atrás somente do Japão e da Coreia do Sul.[330] Por um lado, a Índia vem presenciando uma resistência interna persistente contra o enrijecimento do sistema de patentes aplicável às invenções biotecnológicas.[331] Ao mesmo tempo, esse país tem aberto suas portas (lentamente, e às vezes a contragosto) para uma variedade maior de patentes relacionadas a invenções de biotecnologia. Em resposta, o governo indiano tem atuado no desenvolvimento de uma legislação uniformizadora relacionada a variedades de plantas, na forma do seu Ato de Proteção às Variedades de Plantas e Direitos dos Produtores Rurais de 2001 (Protection of Plant Varieties and Farmers' Rights Act of 2001 – PPVFRA).[332] A efetiva implementação dessas leis permanece objeto de disputa.

Outro exemplo pode ser encontrado na indústria de softwares. Estudos recentes demonstram que a Índia tem perdas relevantes com a pirataria de softwares e, diante disso, as sanções da própria indústria (nível 2) são alegadamen-

---

[329] A íntegra do documento pode ser conferida em: <http://mea.gov.in/bilateral-documents. htm?dtl/24726/Joint+Statement+during+the+visit+of+President+of+USA+to+India+Shared+Effort+Progress+for+All>. Acesso em: 14 fev. 2015.

[330] Ver Antons (2007).

[331] Ibid.

[332] Ibid., p. 482.

te muito onerosas.[333] Em estudo sobre pirataria realizado em 2005, a Aliança de Negócios de Software (Business Software Alliance – BSA) salientou:

> [A] Índia, cuja exportação de tecnologia da informação (TI) é superior a três vezes o tamanho do seu mercado interno nesse setor de TI, ainda tem uma taxa de pirataria de 74% – a despeito de sua capacidade de desenvolvimento de softwares e dos esforços governamentais para reprimir a pirataria.[334]

A pirataria, nesse caso, inibe o crescimento da indústria local de softwares. Em síntese, apesar da existência de alguns retrocessos pontuais, a Índia parece caminhar no sentido de tornar-se crescentemente inovadora. Se assim for, as sanções de nível 2 tendem a se tornar cada vez mais onerosas, e os licenciamentos compulsórios, cada vez menos atraentes.

O modelo BPB: negociação posicional

Uma terceira categoria de países em desenvolvimento é formada por aqueles aqui classificados como países de baixo poder de barganha, ou BPBs. Essa classificação sugere que todo país em desenvolvimento que não seja uma grande economia emergente terá baixo poder de barganha e, logo, será um BPB. O grupo dos BPBs, portanto, inclui todos os países em desenvolvimento, exceto as grandes economias emergentes, como os NICs. Nessa categoria de BPB, portanto, estão incluídos os chamados "países menos desenvolvidos", que são os 48 países mais pobres do mundo (e que estão sujeitos a tratamento especial no Acordo TRIPS) e ainda muitos outros que somam mais de 100 países.

A formulação da categoria de BPB nesses termos implica que a ampla maioria dos países em desenvolvimento possua baixo poder de barganha na sua negociação com a grande indústria farmacêutica. E isso, pelo menos em parte, por conta de sua incapacidade prática de se beneficiar da concessão de licenças compulsórias (isto é, o baixo valor da sua "opção de fora").

Essa observação serve também para esclarecer o significado prático do termo "país menos desenvolvido" (PMD) trazido pelo TRIPS e outros acordos

---

[333] Ver Business Software Alliance & International Data Corp (2005b) projetando que redução da pirataria global contribuirá para crescimento econômico na Índia. Ver, também, "BMC Software to Invest $12 M in India", Cyber India Online Limited (2005); BBC News (2005) relatando o ambicioso plano da BMC de expansão na Índia.

[334] Ver Business Software Alliance & International Data Corp. (2005a:3).

da OMC. O ponto tem relevância não apenas política, mas também jurídica, porque a expressão PMD, referida no TRIPS, acaba por mostrar-se excessivamente limitada, vez que não cobre um grupo grande o suficiente de países. O TRIPS estabelece regras gerais para todos os países-membros, a partir das quais todos são submetidos aos mesmos *standards* mínimos de proteção à propriedade intelectual,[335] e oferece um tratamento diferenciado aos PMDs, ao mesmo tempo que sobrecarrega outros BPBs, como os países da América do Sul e da América Central, Ásia e países pobres do Leste europeu.[336] Segue, assim, que as políticas de justiça distributiva contidas no TRIPS deveriam atingir um maior número de países.

A ONU designa oficialmente os 48 países mais pobres do mundo como PMDs, que são definidos por três parâmetros básicos:[337] um critério de baixa renda,[338] um critério de *status* de capital humano (envolvendo o índice de desenvolvimento humano ou IDH)[339] e um critério de vulnerabilidade econômica (utilizando um índice de vulnerabilidade econômica ou IVE).[340] Para ser classificado como PMD, o país precisa preencher os três critérios e sua população não pode exceder 75 milhões de habitantes.[341] Para esses países mais pobres, os acordos da OMC, e o TRIPS em particular, contêm políticas de justiça distributiva que em muitos casos são meramente processuais.

O baixo poder de barganha desse grande grupo de países permite a adoção, pelos países desenvolvidos, de uma estratégia de "negociação posicional". Essa forma de negociação se baseia na imposição de normas rigorosas de propriedade intelectual como uma parte de um pacote pronto e acabado, do tipo "pegar ou largar". Isso é facilitado também porque as normas do Acordo TRIPS que favorecem os PMDs são controversas no que toca à sua aplicação aos demais países BPBs.

---

[335] Ver Acordo TRIPS, art. 1 (princípios e previsões gerais que se aplicam igualmente a países em desenvolvimento e a países menos desenvolvidos).

[336] Ibid., arts. 66-67 explicando as circunstâncias especiais aplicáveis aos membros PMD.

[337] Ver World Trade Organization (1994); UN Office of the High Representative for the Least Developed Countries (doravante UN-OHRLLS) (2009), discutindo os critérios para a classificação de um PMD.

[338] Isso se baseia em uma estimativa média de três anos do PIB *per capita* (abaixo de US$ 745 para a inclusão, acima de US$ 900 para a graduação). Ver UN-OHRLLS (2009:2).

[339] Baseado em indicadores de (a) nutrição; (b) saúde; (c) taxa de analfabetismo entre adultos.

[340] Baseado em indicadores de (a) tamanho da população; (b) distanciamento; (c) concentração de exportação de mercadorias; (d) parcela da agricultura, pecuária e pesca no produto interno bruto; (e) número de desabrigados em virtude de desastres naturais; (f) instabilidade da produção agrícola; e (g) instabilidade nas exportações de bens e serviços.

[341] Ver UN-OHRLLS (2009).

Nem o tratado que criou a OMC nem o TRIPS classificam formalmente os chamados países menos desenvolvidos (PMDs)[342] ou qualquer grupo particular de países em desenvolvimento. O TRIPS, em particular, limitou-se a uma declaração genérica atribuindo importância às "necessidades"[343] financeiras e comerciais[344] dos PMDs e, ainda, à sua "capacidade administrativa e institucional",[345] mas tudo sem entrar no mérito da definição de PMD. A OMC, posteriormente, notabilizou-se por publicar uma lista preenchida voluntariamente indicando os PMDs.[346]

Do ponto de vista do direito costumeiro internacional, as definições da OMC quanto aos PMDs, muito provavelmente, não estabeleceram um novo padrão nas leis locais em conformidade ao sistema internacional da propriedade intelectual. Como fenômeno político, no entanto, deve ser apontado que no começo dos anos 1960, os PMDs organizaram um fórum na ONU para defender seus interesses e, ao fazê-lo, desafiaram os "pacotes" de acordos que lhes eram oferecidos pelos países desenvolvidos.

De 1962 até a metade dos anos 1970, a Assembleia Geral da ONU – dominada por PMDs e por outros países de renda baixa ou média – aprovou uma série de resoluções com o objetivo de enfatizar a soberania política das nações, inclusive no tocante a regras sobre investimento estrangeiro. Embora as resoluções da Assembleia Geral não representem necessariamente disposições constitutivas de direito internacional, elas são pelo menos indicativas da situação do direito internacional.[347; 348]

---

[342] Os 48 países mais pobres do mundo são designados, atualmente, como países menos desenvolvidos (PMDs). Ver UN-OHRLLS (2009) listando os países menos desenvolvidos ao redor do mundo.

[343] Acordo Constitutivo da Organização Mundial de Comércio, art. XI, 2: "Dos países de menor desenvolvimento relativo assim reconhecidos pelas Nações Unidas serão requeridos compromissos e concessões apenas na proporção adequada a suas necessidades de desenvolvimento financeiras e comerciais ou a sua capacidade administrativa e institucional".

[344] Ibid.

[345] Ibid.

[346] Os países menos desenvolvidos (PMDs) que são membros da OMC são: Angola, Bangladesh, Benim, Burkina Faso, Burundi, Camboja, República Centro-Africana, Chade, República Democrática do Congo, Djibuti, Gâmbia, Guiné, Guiné-Bissau, Haiti, Lesoto, Madagascar, Malauí, Maldivas, Mali, Mauritânia, Moçambique, Mianmar, Nepal, Nigéria, Ruanda, Senegal, Serra Leoa, Ilhas Salomão, Tanzânia, Togo, Uganda e Zâmbia. Ver World Trade Organization (1994).

[347] Ver, por exemplo, Von Mehren (1978:30): "A Resolução 1803 (XVII) reflete direito costumeiro nesse campo". Ver, também, Committee on International Trade and Investment (1963): "A Assembleia Geral não é um órgão legislativo e seus pronunciamentos não têm força de lei, apesar de poderem constituir evidência de direito costumeiro ou de leis amplamente reconhecidas quando não haja protesto dos membros que eventualmente desaprovem esses pronunciamentos".

[348] Ver, por exemplo, Guzman (1998:648): a Assembleia Geral das Nações Unidas "aprovou uma série de resoluções com a intenção de enfatizar a soberania das nações no que diz respeito

Os acordos atuais da OMC apenas reconhecem que esse grupo dos países mais pobres precisa beneficiar-se das maiores flexibilidade e leniência disponíveis. Consequentemente, os acordos frequentemente apoiam a ideia de que países-membros em melhores condições devam se esforçar para diminuir as barreiras de importação aos produtos exportados pelos PMDs. É bem verdade que, desde o fim da Rodada do Uruguai, em 1994, diversas decisões foram tomadas a favor dos PMDs. Por exemplo, em uma reunião em Cingapura em 1996, os ministros da OMC concordaram com um "Plano de Ação para os Países Menos Desenvolvidos".[349] Esse plano previa assistência aos PMDs para habilitá-los a se posicionar melhor no sistema de relações multilaterais, assim como um compromisso dos países desenvolvidos para aprimorar o acesso dos produtos dos PMDs ao mercado internacional.

No mesmo sentido, em outubro de 1997, seis organizações internacionais – o Fundo Monetário Internacional, o Centro de Comércio Internacional, a Conferência das Nações Unidas para o Comércio e Desenvolvimento, o Programa das Nações Unidas para o Desenvolvimento, o Banco Mundial e a OMC – lançaram a "Estrutura Integrada" (Integrated Framework), um programa conjunto de assistência técnica projetado exclusivamente para os PMDs.[350]

Posteriormente, em 2002, a OMC adotou ainda um programa de trabalho com políticas abrangentes para os PMDs.[351] Tais políticas objetivavam desde o aumento do acesso dos produtos dos PMDs ao mercado até a assistência tecnológica como suporte para órgãos que têm por missão a diversificação econômica desses países menos desenvolvidos e/ou a aceleração do processo da negociação para que os PMDs se tornem membros da OMC.[352]

De modo geral, o TRIPS favoreceu os PMDs, ainda que apenas procedimentalmente, de três maneiras. Em primeiro lugar, autorizou tanto os países em desenvolvimento quanto os chamados "países em transição"[353] (referindo-

---

a investimentos estrangeiros" e a dificuldade em "reivindicar o *status* de lei internacional costumeira para aquelas normas que são constantemente contraditas" por tais resoluções.

[349] Ver World Trade Organization. Understanding the WTO: developing countries (tratando do "Plano de Ação para Países Menos Desenvolvidos" da OMC). Disponível em: <www.wto.org/english/tratop_e/devel_e/action_plan.htm>. Acesso em: maio 2016.

[350] Ibid.

[351] Ibid.

[352] Além das diversas decisões formais em favor dos PMDs, um crescente número de países tem abandonado unilateralmente as taxas e barreiras de importação a todos os produtos por eles exportados.

[353] As economias de transição descritas pelo art. 65, 3, do Acordo TRIPS são países da Europa central e oriental que faziam parte do antigo bloco soviético. O Acordo TRIPS refere-se a eles

-se principalmente aos países do antigo bloco soviético) a fazer uso de um período de graça de cinco anos para cumprir as obrigações do acordo.[354] Além disso, o TRIPS reconheceu a necessidade de ajustes técnicos que poderiam atrasar o cumprimento dos *standards* relacionados às patentes por cinco anos adicionais.[355] Em relação aos PMDs, no entanto, o TRIPS concedeu um período prolongado de 10 anos, no qual eles deveriam adotar em seus sistemas os *standards* mínimos estabelecidos pelo TRIPS.

Em segundo lugar, concedeu ao Conselho do TRIPS, um órgão da OMC, o poder de "autorizar extensões" aos 10 anos iniciais do período de graça, em vista de um pedido "devidamente fundamentado" apresentado por um membro PMD. Dessa forma, o TRIPS reconheceu as "necessidades e circunstâncias especiais" dos PMDs, ainda que somente em um sentido bastante genérico.[356] No entanto, os PMDs continuam a concorrer no comércio internacional de produtos e serviços protegidos pela propriedade intelectual nas mesmas condições dos países muito mais ricos, inclusive os NICs.[357]

Em terceiro lugar, os países em desenvolvimento, de um modo geral, foram categorizados com base no critério da transferência de tecnologia, o que pode ser questionável pela diferenciação desses países frente aos PMDs. Afinal, o art. 66 do TRIPS descreveu da mesma forma as "necessidades e pedidos especiais" dos PMDs e dos demais países em desenvolvimento.[358] Os projetos redacionais anteriores dos arts. 66 e 67 não apontam grandes alterações duran-

---

como "membros que estão no processo de transformação de uma economia central e planejada para uma economia livre de mercado, e que estão passando por reformas estruturais dos seus sistemas de propriedade intelectual".

[354] Ver Acordo TRIPS, art. 65, 2: além do período de um ano concedido a todos os países-membros, os países em desenvolvimento têm direito a um "atraso por um período de outros quatro anos a partir da data do pedido de admissão".

[355] Ver Acordo TRIPS, art. 70, 8, 9, definindo os procedimentos que os países-membros têm de seguir para aumentar a proteção a patentes além das regras gerais.

[356] Ver Acordo TRIPS, art. 66, 1: "Tendo em vista as necessidades e requisitos especiais dos membros dos países menos desenvolvidos, que envolvem impedimentos financeiros e administrativos, e a sua necessidade de uma maior flexibilização para a criação de uma base tecnológica viável, tais membros não serão obrigados a obedecer às previsões deste acordo [...] por um período de 10 anos da data do pedido de admissão". Ver, também, Reichman (1996): o Acordo TRIPS cria uma dupla abordagem para fazer uma distinção entre as obrigações dos países em desenvolvimento e as dos países menos desenvolvidos.

[357] Ver Lester (1995:230): embora "as tarifas preferenciais tenham o potencial de ajudar países pobres a se industrializar e a aumentar o seu nível de desenvolvimento econômico [...], eles são forçados a competir em nível de igualdade com países cujo PIB *per capita* é até cinquenta vezes maior que o seu".

[358] Ver Acordo TRIPS, art. 66, 1.

te o processo de aprovação dessas disposições, sugerindo que os PMDs foram, desde sempre, agraciados com mais ressalvas ao aderir ao TRIPS.[359]

De particular interesse para os presentes fins é notar que, pelo menos aparentemente, esse tipo de ação afirmativa em relação aos PMDs deu origem a uma falsa percepção do tipo de negociação que envolve países em desenvolvimento e o setor farmacêutico. É que como tais ações afirmativas se estendem apenas aos PMDs, sugere-se, contraditoriamente, que os demais países em desenvolvimento (isto é, todos aqueles exceto os PMDs) realizam as chamadas "negociações integrativas" com a indústria farmacêutica, isto é, aquelas em que as partes cedem em alguns pontos (preço, por exemplo) para ganhar em outros (como condições de pagamento ou realização de investimentos), tudo em um ambiente do tipo "negociação ganha-ganha"[360] em que os interesses das partes são combinados a fim de criar um desejo comum ou aumentar os benefícios conjuntos da negociação.[361]

O potencial para a integração, contudo, somente existe com o envolvimento de diversos assuntos na negociação.[362] Além disso, a negociação integrativa também pressupõe a existência de pelo menos algum poder de barganha de parte a parte.[363] Dessa forma, as negociações internacionais envolvendo patentes são vistas como trocas entre bens industrializados tradicionais e produtos agrícolas, tudo em cumprimento às obrigações legalmente estabelecidas de respeito à propriedade intelectual.[364]

Parece-nos, contudo, que uma forma bem menos benevolente de "negociação posicional" – um "pegar ou largar" – foi posta em prática.[365] Para entender por que, pode-se primeiro considerar que a Rodada do Uruguai de negociações comerciais multilaterais da OMC foi bem-sucedida no campo em que

---

[359] Ver Gervais (2003:215), apontando que o documento de Bruxelas é "substancialmente idêntico" ao documento final.

[360] Ver Lax e Sebenius (1991).

[361] Ibid.

[362] Ibid.

[363] Ver Sacks (2000); Axelrod (1984:73-105), discutindo as razões pelas quais a cooperação surge nos grupos e apresentando estudos de casos de cooperação no contexto da I Guerra Mundial e em sistemas biológicos.

[364] Ver, por exemplo, Abbott (1996:387-389): o Acordo TRIPS foi parte de um "pacote negocial"; Reichman e Lange (1998:15-17): o "pacote negocial" de maior acesso a produtos agrícolas em troca do maior acesso a bens industrializados faz sentido do ponto de vista das vantagens comparativas, mas os altos padrões de proteção à propriedade intelectual levarão os países emergentes e os países menos desenvolvidos a não cooperar e resistir ao Acordo TRIPS.

[365] Ver Fisher e Ury (1981), discutindo o conceito de barganha posicional e sugerindo que ela impede as negociações.

negociações anteriores no âmbito da Organização Mundial da Propriedade Intelectual (OMPI) haviam fracassado.[366] Esse sucesso pode ser explicado pelo fato de que o TRIPS foi apresentado como um grande pacote de um acordo econômico mais amplo, isto é, um grande "contrato de adesão".[367] Assim, os países desenvolvidos se comprometeram a ampliar o acesso a seus mercados domésticos[368] em troca do maior respeito a (entre outros temas) direitos de propriedade intelectual de países exportadores de tecnologia.

Os argumentos de negociação empregados pelo grupo de países desenvolvidos na Rodada do Uruguai foram baseados na premissa de que haveria redução dos subsídios para a agricultura nas nações industrializadas. Abbott (1996) explica que haveria concessões às importações de produtos tropicais e a eliminação progressiva dos subsídios à produção têxtil, e, ademais, haveria períodos de transição ou de graça, tudo aliado a incentivos para a transferência de tecnologia, sendo certo que, ao fim e ao cabo, sob o TRIPS restaria sempre aos países em desenvolvimento a possibilidade da concessão de licenciamentos compulsórios.[369] Esses argumentos foram apresentados em face de todo o bloco de países em desenvolvimento, e com ainda mais vigor perante aqueles com baixo poder de barganha aqui designados BPBs.

Essa estratégia, evidentemente, estendeu-se para além da área de fármacos, englobando, por exemplo, os produtos derivados de biodiversidade genética vegetal – e aqui estamos a tratar de um caso de propriedade intelectual relevante para muitos BPBs.[370] É de se notar que a UPOV (International Union for the Protection of New Varieties of Plants) estabelece a estrutura de proteção à cultivar (*plant variety protection* ou PVP), também conhecida como o regime dos direitos do obtentor da cultivar (*plant breeders' rights*), para os

---

[366] Ver, por exemplo, Gana (1996): os países em desenvolvimento suportam o peso dos altos padrões do Acordo TRIPS e foram forçados a aceitar seus termos abusivos; Harris (2006:724): o Acordo TRIPS foi um grande contrato de adesão porque foi "concluído por meio de um processo de barganha falho, no qual os países desenvolvidos coagiram os países em desenvolvimento".

[367] Ver Harris (2006:724).

[368] Os Estados Unidos têm feito pressões, desde a Cúpula das Américas em Miami, em 1994, para que seja criada uma zona de livre-comércio que abranja todo o hemisfério (ALCA), além de exigir que os países em desenvolvimento da América Central e da América do Sul eliminem suas barreiras.

[369] Ver Abbott (1996:387-388).

[370] Ver Gulati (2001:63-64): há um valor bastante relevante envolvendo os recursos genéticos vegetais em um mundo onde "a estratégia de maximização da riqueza sofreu uma alteração do desejo de acumulação de propriedade física para o desejo de dominação dos direitos de propriedade intelectual".

países-membros desta união.[371] Originalmente estabelecida por países desenvolvidos que lideravam a criação de cultivares e biotecnologia ligada à agricultura, a PVP é importante para a segurança alimentar de comunidades nativas e locais.[372] A regulamentação, pela UPOV, da propriedade privada e do interesse do proprietário quanto às cultivares representa uma grande mudança frente à comercialização, baseada no investimento em P&D das multinacionais dos países desenvolvidos na bioagricultura e na genética vegetal.[373]

A contradição, então, está no fato de que os países BPBs que abrigam a maior parte da genética vegetal somente auferem renda proveniente do consumo de recursos genéticos vegetais.[374] Os países desenvolvidos criticam os BPBs pela destruição da biodiversidade, embora o comportamento dos primeiros seja indiretamente motivador dessa destruição econômica.[375]

Conclusão

A literatura há muito discute os *tradeoffs* da proteção patentária. Os dilemas por eles gerados envolvem não apenas questões de eficiência – como aumentar o tamanho do bolo, por assim dizer –, mas também questões de distribuição – como dividir o bolo. Uma das formas para examinar essas questões distributivas é estudar as negociações entre os governos dos países em desenvolvimento com os grandes laboratórios e seus protetivos governos.

Para ordenar a análise, buscamos aplicar conceitos simples da *teoria da barganha*. A narrativa é ampla, e os casos estudados buscam dar corpo ao sentido geral dessas negociações. Formulamos uma categorização dos países a partir de seu poder de barganha e, para tanto, inferimos esse poder de barganha

---

[371] Ibid., p. 74.
[372] Ver Adi (2006:104-107): os padrões do Acordo TRIPS para a UPOV são "distorcidos contra os países em desenvolvimento [...] já que têm por objetivo recompensar os criadores da variedade vegetal e não reconhecem os direitos dos fazendeiros, tampouco os direitos da comunidade". Ver Ryerson University (s.d.) para projetos de pesquisa dentro do campo de segurança alimentar.
[373] Ver Oguamanam (2005), apontando que o atual regime de proteção à variedade vegetal cria "paradigmas assimétricos" nos quais os direitos dos criadores ultrapassam os direitos dos fazendeiros. Ver, também, FAO (2008) para uma discussão sobre o controle e a avaliação do desenvolvimento agrícola e rural em países em desenvolvimento e países menos desenvolvidos.
[374] Ver Oguamanam (2005:60-62): o regime transnacional uniforme de proteção à variedade vegetal respondeu aos interesses de países desenvolvidos no que concerne à imposição de limites aos direitos dos utilizadores ou compradores de sementes protegidas, a fim de facilitar o comércio de sementes.
[375] Ibid.

a partir do que pudemos identificar como resultados das dinâmicas negociais das duas décadas que sucederam a edição do Acordo TRIPS.

A análise sobre o poder de barganha dos países em desenvolvimento, assim, combinou uma avaliação convencional (que leva em conta principalmente o tamanho da economia nacional) com uma análise qualitativa (que destaca os efeitos da propensão de cada país à inovação). A partir disso, sugerimos que os países em desenvolvimento possam ser agrupados sob uma tipologia tripartite, tendo por base o poder de barganha. Assim, os países em desenvolvimento foram tentativamente enquadrados como APBs, MPBs ou BPBs conforme possuam *alto*, *médio* ou *baixo* poder de barganha, respectivamente.

Se essa hipótese estiver correta, seguem então duas implicações. Em primeiro lugar, tal dinâmica negocial lança dúvidas acerca da relevância prática da expressão "país menos desenvolvido" (PMD), difundida pelo TRIPS e presente em outros acordos da OMC. No atual contexto, o acesso a medicamentos pela maioria dos países em desenvolvimento (aqui referidos como países de *baixo* poder de barganha ou BPBs) depende da boa vontade ou dos receios de possíveis impactos à imagem da indústria farmacêutica, que tem pouco incentivo para se mobilizar no sentido de promover o acesso a medicamentos nesses países.[376] Daí seguiria que as políticas de justiça distributiva contidas no TRIPS deveriam ser direcionadas a um grupo maior de países em desenvolvimento, para além do grupo dos PMDs.

Por outro lado, daí não decorre que os grandes países em desenvolvimento – por exemplo, NICs como África do Sul, Brasil, China, Filipinas, Índia, Malásia, México, Tailândia e Turquia, e talvez ainda alguns outros como Indonésia e Nigéria – devam ser beneficiados por práticas dessa natureza. Os atores políticos desses países fazem escolhas de curto ou longo prazo, levando em conta essas dinâmicas institucionais e políticas internas, e são, em certo sentido, senhores de seus destinos.

---

[376] Ver Médicos sem Fronteiras (2007:9): a competição por medicamentos genéricos e a pressão pública são as principais causas para a redução dos preços dos fármacos pelas companhias farmacêuticas.

3

A experiência brasileira nas negociações por patentes farmacêuticas

No contexto do rígido sistema de proteção às patentes instituído pela OMC para seus membros[377] sobressaem alguns países que desafiam constantemente esse sistema por meio de negociações agressivas.[378] Notadamente no setor farmacêutico, alguns países têm como política ameaçar conceder, ou efetivamente conceder, licenças compulsórias, de modo a obrigar os grandes laboratórios a vender seus medicamentos com grandes descontos ou a licenciar, voluntariamente, a exploração de suas patentes para a produção de genéricos. O Brasil é um dos países que melhor exemplificam esse tipo de comportamento.

Desde a edição do Acordo TRIPS, em diversas ocasiões (e notoriamente nas negociações pelo preço de medicamentos do coquetel anti-Aids, como o Nelfinavir, o Efavirenz e o Glivec) o Brasil utilizou táticas agressivas para obter descontos de grandes laboratórios nas compras ou na distribuição de remédios pelo SUS.[379] O capítulo 2 mostrou que esse comportamento agressivo foi possível, em boa parte, porque as ameaças brasileiras de concessão de licenciamen-

---

[377] Ver Basheer e Primi (2009); Beer (2009); Boyle (2004).
[378] Ver Cahoy (2007); Yu (2008).
[379] Ver Grangeiro e colaboradores (2006).

tos compulsórios para a fabricação de genéricos foram tomadas pela indústria farmacêutica como *críveis*.

Neste capítulo, revisitamos e detalhamos a experiência brasileira articulando seus determinantes externos e internos. Localizamos novamente o caso do Brasil no contexto internacional, com destaque para as escolhas políticas do país feitas no contexto da vigência do Acordo TRIPS. Duas considerações ajudam a compreender a postura agressiva do Brasil na negociação sobre propriedade intelectual: a existência de mercados internos grandes e de rápido crescimento, que posicionaram o Brasil como destino estratégico para a recepção de investimentos externos e ampliação de relações comerciais; e a pouca inovação em produtos farmacêuticos no âmbito doméstico.

Este último aspecto é relevante porque a quase ausência de empresas nacionais que poderiam lucrar com um sistema patentário mais rígido acaba por reduzir a pressão política e os custos que surgiriam com um licenciamento compulsório de fármacos. Em conjunto, esses dois aspectos se reforçam mutuamente, criando uma situação em que, mesmo pelo ponto de vista da saúde pública, torna-se verdadeiramente menos importante dinamizar o setor inovador em fármacos no Brasil.

Essa situação se consolida, adicionalmente, por conta de condições políticas e econômicas examinadas em seguida. A situação brasileira é traçada não às políticas de ocasião, mas aos arranjos políticos de fundo. A leitura é de que o Brasil esteja preso a políticas curto-prazistas em detrimento das agendas de longo prazo de que seriam exemplos os diversos investimentos necessários para dinamizar em pesquisa e desenvolvimento (P&D) na indústria farmacêutica. O arcabouço político nacional enfraquece o Estado brasileiro aprisionando-o a uma grande variedade de coalizões distributivas que o expõe à exploração por grupos de interesses oportunistas (*rent-seekers*). Como as dinâmicas curto-prazistas estão muito arraigadas, o baixo dinamismo da indústria inovadora brasileira tende a se reproduzir, independentemente da severidade do sistema de patentes vigente.

A conclusão pode ser condensada na seguinte advertência: a existência de grandes economias emergentes não inovadoras, como a Tailândia, a África do Sul ou o Brasil, sugere que o atual regime baseado em patentes da OMC continuará a incentivar situações não cooperativas de negociação agressiva calcada na ameaça de licenciamento compulsório por parte de grandes nações emergentes. Ao mesmo tempo, essa dinâmica poderá acentuar diferenças dentro do grupo de países em desenvolvimento entre os "inovadores" e os "não inovadores". Alguns reunirão as condições para plantar o desenvolvimento e colherão os frutos no longo prazo; outros manterão seus olhos fixos no curto prazo e ficarão para trás.

Síntese histórica

No campo farmacêutico, a legislação em conformidade com o TRIPS teve um papel bastante modesto no incentivo à inovação tecnológica no Brasil, ao mesmo tempo que foi responsável pelo aumento dos *royalties* pagos às multinacionais pela exploração de produtos e processos protegidos pela propriedade intelectual. O TRIPS exigiu que cada nação protegesse as patentes farmacêuticas no âmbito doméstico, mas, ao mesmo tempo, previu diversas flexibilidades destinadas a dar conta de problemas contingenciais, como crises de saúde pública ou de nutrição.[380] A previsão legal que permite aos membros da OMC licenciar compulsoriamente produtos e processos patenteados é, assim, uma importante salvaguarda no âmbito do TRIPS,[381] porque, a partir dela, os governos têm permissão para, em alguns casos, forçar os titulares da patente a permitir a exploração de seus produtos ou processos a preços abaixo do preço de mercado.[382]

Na prática, no entanto, a concessão de uma licença compulsória por um país em desenvolvimento depende amplamente do fato de o país deter certo nível de poder de negociação, ou de barganha. Como afirmado anteriormente, em trocas voluntárias, um problema de barganha surge porque as partes precisam negociar antecipadamente (*ex ante*) a alocação do excedente cooperativo que está projetado para ser gerado por um acordo.[383] Trata-se, principalmente, portanto, de acordar sobre o preço e outras condições de um contrato.

Essas negociações tendem a ser particularmente difíceis quando não há padrões claros quanto ao preço que as partes podem usar como base (*benchmarks*) para seus intercâmbios. Além disso, para alcançar um acordo,

---

[380] Ver Goldstein e colaboradores (2000:393).
[381] Ver Weissman (1996); Goldstein e colaboradores (2000:392), explorando a "variação no uso e consequências da lei em política internacional".
[382] Ver Taubman (2008).
[383] O excedente cooperativo é o aumento do valor gerado pela cooperação das partes. Ver, por exemplo, Cooter e Ulen (2004).

cada parte precisa esperar receber pelo menos sua "opção de fora",[384] que equivale ao *payoff* (resultado econômico) que pode obter por si só, isto é, sem cooperar com a parte com que negocia.[385] O poder de barganha também depende das "opções de dentro". No caso de um país que negocia por acesso a fármacos patenteados, são as opções de dentro que o país pode usar para obter *payoffs* positivos enquanto discorda, estrategicamente, durante o curso da negociação.[386] O exemplo típico de uma "opção de dentro" ocorre quando um país, na prática, não protege as patentes, ao mesmo tempo que formalmente adere ao TRIPS e participa dos debates para seu aprimoramento ou reformulação.[387]

A teoria da barganha ilumina o caso brasileiro nas negociações internacionais por fármacos, pois a estratégia negocial do país para a redução de preços apoiou-se na reiterada ameaça de concessão de licenças compulsórias.[388] O sucesso dessas ameaças deve-se ao fato de serem críveis, pois, ao contrário de pequenos países em desenvolvimento, grandes economias, como o Brasil, podem desenvolver a capacidade de produzir genéricos. Essa capacidade, por sua vez, como detalharemos adiante, faz com que o país possa de fato ter um resultado líquido positivo caso realize um licenciamento compulsório. Na linguagem da teoria da barganha, essa ameaça crível se traduz em um aumento do valor da "opção de fora" do país. Uma forte aptidão para a produção local de genéricos pode, portanto, ser estrategicamente utilizada como uma arma durante as negociações.

Por outro lado, atualmente se admite de maneira quase consensual que a proteção patentária seja fundamental para a realização de investimentos em inovação no setor de fármacos.[389] De acordo com esse entendimento, a car-

---

[384] Ver Cooter (2000).

[385] Ver Thompson (2001).

[386] Ver Muthoo (2000:157-160).

[387] Ver Sherwood (1997b:30): "Os sistemas judiciais em talvez oitenta por cento dos países do mundo não têm condições de suportar e aplicar os direitos de propriedade intelectual"; Sherwood (2002). Ver, também, WTO (1994): Agreement on Trade-Related Aspects of Intellectual Property Rights, art. 41 (TRIPS) definindo os quatro princípios-chave das previsões nacionais de execução judicial, que são amplamente influenciadas pela lei de propriedade intelectual norte-americana.

[388] A aplicação específica do modelo brasileiro a outros NICs dependerá do trabalho empírico comparativo sobre a força de seus sistemas de saúde, suas linhas de tratamento, seus regimes de propriedade intelectual, suas diferentes capacidades para a produção de medicamentos localmente e sobre os preços gerais de remédios, variáveis estas que estão em constante mutação.

[389] Ver Braga e Fink (1998).

tilha do fortalecimento da proteção à propriedade intelectual sugere que a concessão de licenças compulsórias, ao enfraquecer o sistema de propriedade intelectual como um todo, prejudica os investimentos internos em P&D. Assim, mesmo sendo verdade que nem todas as indústrias precisem de proteção patentária para inovar,[390] é possível afirmar que a ausência de um sistema patentário forte restrinja o desenvolvimento da indústria farmacêutica brasileira inovadora.

Afirmações desse tipo, no entanto, precisam ser abordadas com grande cuidado porque não se pode atribuir o baixo nível de inovação na indústria farmacêutica brasileira a problemas específicos da legislação patentária. Primeiro porque os baixos níveis de inovação tecnológica da indústria farmacêutica brasileira replicam os baixos níveis de inovação tecnológica verificados em diversos outros setores da economia nacional. Segundo, e mais importante, porque os baixos níveis de inovação tecnológica em relação aos fármacos vêm respondendo de forma insignificante ao enrijecimento da legislação patentária.

O tema tem uma origem antiga no Brasil. O escopo do sistema brasileiro de propriedade intelectual parece ser cíclico, datando de ainda antes da II Guerra Mundial. Naquela época, a legislação brasileira garantia a proteção patentária a produtos farmacêuticos e processos.[391] Tal proteção refletia uma tradição brasileira de oferecer proteção para invenções, porém, tinha pouca relevância prática no país ainda pré-industrializado.[392]

Porém, em 1945, enquanto o Brasil vivenciava seu surto industrializador, o Decreto nº 7.903 excluía as invenções relacionadas a medicamentos, produtos alimentícios, materiais e substâncias obtidas por meios ou processos químicos do rol de produtos patenteáveis.[393] Essa restrição aos direitos de propriedade intelectual nas indústrias de tecnologia intensiva foi assim concebida para a implantação do modelo econômico de substituição de importações – modelo,

---

[390] Ver Boldrin e Levine (2008).

[391] Oliveira, Chaves e Espsztejn (2004): o Brasil foi o quarto país do mundo e o primeiro da América Latina a estender a proteção patentária à novidade e ao uso de uma invenção; antes disso, o Brasil era uma colônia portuguesa, e era uma política de Portugal explorar seus recursos naturais, bem como bloquear as inovações da colônia. O Brasil também foi um dos 16 países que assinou a Convenção de Paris, que estabeleceu os três pilares do atual sistema de patentes, quais sejam, a independência das patentes e marcas, o tratamento equânime entre nacionais e estrangeiros e os direitos de prioridade. Ver, também, Hammes (1991) traçando o panorama histórico da origem e evolução do direito do autor, do direito do inventor e do direito de marcas.

[392] Ver, de modo geral, Ben-Ami (1983).

[393] Ver Oliveira, Chaves e Espsztejn (2004:154).

A experiência brasileira nas negociações por patentes farmacêuticas | 115

aliás, que prevaleceu em praticamente todos os países latino-americanos desde os anos 1950 até fins da década de 1980.

Com o advento do novo Código Brasileiro de Propriedade Industrial (Lei nº 5.772/1971), os processos farmacêuticos de síntese dos medicamentos foram igualmente eliminados do âmbito da proteção patentária brasileira. Para assegurar a criação de um mercado cativo e encorajar a produção nacional, o governo estabeleceu uma política centralizada de compras que favorecia remédios produzidos nacionalmente. Os impostos sobre a importação de medicamentos foram elevados a níveis proibitivos, enquanto os produtos intermediários para a produção local foram, simultaneamente, alvo de uma tributação mais branda, com o que a produção local pôde ser subsidiada e incentivada.[394]

Foi somente na metade dos anos 1990 que a legislação brasileira de propriedade intelectual (mais especificamente, a Lei nº 9.279/1996) trouxe novamente a proteção patentária para invenções relacionadas a medicamentos e outras substâncias obtidas a partir de meios e processos químicos. Após a assinatura do Acordo TRIPS, em 1994, o país se viu obrigado a reformar suas leis de propriedade intelectual. De acordo com o art. 65 do TRIPS, o Brasil poderia ter esperado até janeiro de 2005 para modificar sua legislação e expandir a proteção para produtos e processos farmacêuticos. Contudo, em decorrência de uma intensa pressão comercial de alguns países, especialmente dos Estados Unidos,[395] as regras de proteção às patentes em conformidade ao TRIPS entraram em vigor muito antes, já em janeiro de 1997.[396]

O novo contexto legislativo e político fez com que a indústria farmacêutica brasileira rapidamente entrasse em declínio.[397] O governo abandonou seu sistema de compras preferenciais e a produção local foi, progressivamente, substituída pela importação. De 1990 a 2003, o volume de importação de medicamentos aumentou praticamente 17 vezes, de US$ 60 milhões para US$ 1 bilhão anual, e a importação de fármacos, ou seja, o princípio ativo utilizado na produção dos medicamentos, cresceu de US$ 500 milhões para US$ 900

---

[394] Ver Bermudez, Oliveira e Oliveira (2004:129-130).

[395] Por exemplo, os Estados Unidos estabeleceram sanções comerciais a 100% das exportações brasileiras em outros setores, como papel, produtos químicos e produtos elétricos, até que o Brasil aprovasse uma legislação de propriedade intelectual incorporando as mudanças requisitadas. Ver, de modo geral, Tachinardi (1993).

[396] Ver Lei nº 9.279, de 14 de maio de 1996, *Diário Oficial da União* (*DOU*) de 15 maio 1996 (doravante LPI).

[397] Ver International Business Strategies, Drugs and Pharmaceuticals in Brazil 7 (2003).

milhões por ano.[398] Por outro lado, as exportações cresceram em um ritmo muito mais lento, e a importação de produtos intermediários para a produção interna diminuiu de US$ 150 milhões por ano para apenas US$ 10 milhões.[399]

Essa tendência de redução do tamanho da indústria farmacêutica brasileira foi, de alguma forma, contrabalanceada na última década pelo surgimento da indústria brasileira de genéricos. Grupos de defesa da saúde no Brasil tentaram, por anos, obter a permissão para a venda de genéricos no país, mas foi apenas em 1999 que o governo brasileiro promulgou a lei (conhecida como a "Lei dos Genéricos") que permitiu a comercialização de genéricos no mercado brasileiro.[400] De acordo com a referida lei, um medicamento genérico foi definido como o produto similar e intercambiável ao fármaco original, sendo o primeiro, geralmente, produzido após a expiração, ou renúncia, dos direitos patentários ou qualquer outro direito exclusivo do fármaco original.

A introdução dos medicamentos genéricos criou uma opção dinâmica de investimento na indústria farmacêutica.[401] De acordo com dados da indústria de medicamentos genéricos do Brasil, em poucos anos os genéricos passaram a responder por aproximadamente 28% das vendas nacionais, volume que deve ser elevado no futuro e que ainda é bem inferior à parcela de mercado dos genéricos em países como a França (42%), a Alemanha (66%), o Reino Unido (60%) e os Estados Unidos (80%).[402]

O aumento da produção de genéricos serviu também para minimizar o declínio da indústria farmacêutica brasileira. Atualmente, as seis principais companhias operando no segmento de genéricos são detidas por capital nacional, e aproximadamente 90% dos medicamentos genéricos vendidos no Brasil são

---

[398] Ver Ministério da Saúde; Ministério do Desenvolvimento, Indústria e Comércio Exterior (2007:11).

[399] Ibid.

[400] Lei nº 9.787, de 10 de fevereiro de 1999, *Diário Oficial da União (DOU)* de 11 fev. 1999. Medidas suplementares, particularmente o Decreto nº 3.181/1999 e a Resolução nº 391/1999 da Agência Nacional de Vigilância Sanitária (Anvisa), regularam diversos aspectos da implantação da política de medicamentos genéricos no Brasil, como o estabelecimento de padrões e normas técnicas e a definição de conceitos de biodisponibilidade e bioequivalência para remédios genéricos inovadores, de referência e similares. A Anvisa também criou os critérios e as condições para o licenciamento e o controle de medicamentos genéricos no mercado farmacêutico brasileiro. Ver Bermudez, Oliveira e Oliveira (2004:136).

[401] Ver *Valor Econômico* (2006).

[402] Ver dados de 2013 da Associação Brasileira das Indústrias de Medicamentos Genéricos (Pró Genéricos). Disponível em: <www.progenericos.org.br/index.php/medicamento-generico/informacoes-de-mercado>. Acesso em: 4 fev. 2015.

produzidos localmente.[403] Além disso, o desenvolvimento da indústria de genéricos no Brasil contribuiu para os esforços do governo na reforma de sua rede pública de laboratórios, que atualmente é capaz de produzir medicamentos e insumos biológicos para suprir toda a demanda do sistema público de saúde.[404] Esses laboratórios públicos produzem, hoje, 28% das vendas em unidades no conjunto do mercado farmacêutico.[405]

O sistema brasileiro de propriedade intelectual está inserido em um contexto mais amplo de transformações estruturais que abarcaram a indústria farmacêutica,[406] mas a ela não se limitaram. A partir do Chile, no começo dos anos 1970, e posteriormente na Argentina e no México nos anos 1980, e no Brasil nos anos 1990, a maioria dos países da América Latina abriu suas economias para o investimento estrangeiro e para maiores níveis de competição e inserção internacional. Muitos mercados foram liberalizados e diversos setores antes controlados pelo Estado foram privatizados. Essas reformas buscaram promover o rápido crescimento de produtividade, aperfeiçoamento na competitividade internacional e maior igualdade na distribuição dos benefícios do progresso técnico. Encerrou-se, assim, a era das políticas de crescimento "orientadas pelo Estado" e "voltadas para dentro".[407]

Na visão de alguns, as reformas liberalizantes que aconteceram no Brasil na década de 1990 foram menos positivas que o esperado.[408] Por um lado, elas contribuíram, com sucesso, para a criação de uma gestão macroeconômica mais consistente e para a erradicação da inflação crônica. Esses resultados positivos foram percebidos em abril de 2008, quando agências de classificação começaram a classificar o Brasil no nível "grau de investimento" para dívidas de longo prazo em moeda estrangeira.[409] Aliado ao ciclo de alta de diversas *commodities* exportadas pelo Brasil, o ambiente econômico mais estável tri-

---

[403] Ibid.

[404] Essa rede de 18 laboratórios está espalhada por diversos órgãos da administração, como o Ministério da Saúde, as Forças Armadas, as universidades e os governos. Em 2007, a capacidade de produção foi estimada em 11 bilhões de unidades farmacêuticas por ano.

[405] Dados fornecidos pela Pró Genéricos. Disponível em: <www.progenericos.org.br/index. php/mercado>. Acesso em: 17 mar. 2015. No ano de 2004, os laboratórios públicos eram responsáveis por aproximadamente 3% do volume nacional de genéricos em termos de valor monetário e 10% em quantidade. Ver Bermudez, Oliveira e Oliveira (2004:141).

[406] Ver, de modo geral, Katz (2005).

[407] Ver Katz (2005:4): "O capitalismo latino-americano contemporâneo é, de fato, um animal muito diferente daquele que foi há não muito tempo, nos tempos da industrialização voltada para a substituição de importações, entre 1940-1980".

[408] Ver, de modo geral, Williamson (1991).

[409] Ver Alves e Caminada (2008).

Líderes improváveis

lhou a rota para algum crescimento econômico e para a redução da pobreza no país.[410; 411]

Simultaneamente, contudo, o investimento em P&D continuou muito baixo em comparação aos padrões da Organização para a Cooperação e o Desenvolvimento Econômico (OCDE), além de permanecer extremamente dependente do financiamento estatal, o que é, aliás, frequente em países com pouco investimento em P&D.[412] Especificamente em relação aos fármacos, essas circunstâncias culminaram em uma concentração da produção em um estágio com baixo valor agregado e aumento significativo das importações, que veio substituindo a produção local.[413] Dessa forma, os esforços brasileiros com a abertura parcial à competição estrangeira, a liberalização de mercados e a privatização de atividades econômicas têm sido insuficientes para que o país alcance um desenvolvimento tecnológico mais vibrante.

Naturalmente, as reformas da metade dos anos 1990 tiveram impactos diferentes em cada setor da economia brasileira. Por exemplo, nos setores de produtos derivados da madeira, papel, óleo e aviação, a proporção do investimento atual em P&D das companhias brasileiras em relação à produção total correspondeu, respectivamente, a 116,2%, 106,7%, 205,5% e 100,5% das médias dos países da OCDE (o Brasil não é um membro do órgão).[414] Ou seja, o nível de P&D brasileiro mostrou-se pelo menos razoável.

Mas, na maioria dos setores da economia brasileira, os recursos destinados às atividades de P&D permanecem insignificantes quando comparados aos dos países da OCDE. Por exemplo, no setor de químicos (não incluídos os fármacos), o investimento em P&D, como uma proporção da produção total, foi recentemente diagnosticado como correspondendo a apenas 33,3% do investimento verificado em países da OCDE.[415] No setor de eletrônicos, a proporção foi de 22,8%, enquanto no de informática foi de 31,2%.[416] Adicionalmente, ressalte-se que os investimentos brasileiros em P&D no setor farmacêutico foram

---

[410] Ver, de modo geral, *Financial Times* (2008).

[411] Ver Prahalad (2005): resumo para uma descrição da luta contra a pobreza em países em desenvolvimento como sendo economicamente benéfica.

[412] Ver Cruz e Mello (2006), apontando que aproximadamente 60% da atividade de P&D são desenvolvidos e financiados pelo governo brasileiro. Ver, também, Wright (2008), mostrando que o atraso do Brasil é de duas a quatro vezes maior, comparado a outros países da OCDE, em termos do número de pedidos de patentes por US$ 1 milhão em gastos com P&D.

[413] Ver, de modo geral, Zucoloto e Toneto Júnior (2005); Capanema e Palmeira Filho (2007).

[414] Ibid.

[415] Ibid.

[416] Ibid.

identificados como a menor proporção da produção total quando comparados à média da OCDE: meros 9,3%. E, além disso, comparados aos países de primeira linha entre os membros da OCDE, esta porcentagem cai para 6,7%.[417]

É bem verdade que a adoção de uma legislação em conformidade com o TRIPS causou um impacto positivo no número de pedidos de patentes no Brasil, especialmente em razão do aumento dos pedidos por empresas dos setores de químicos e de fármacos.[418; 419] Essa constatação, todavia, não indica necessariamente um aumento das atividades de inovação nas companhias farmacêuticas brasileiras. Tanto assim que a vasta maioria desses pedidos foi feita em nome de não residentes, como extensões de patentes já outorgadas no exterior.[420] De fato, cinco grandes grupos industriais estrangeiros seguem respondendo por volume substancial dos pedidos de patentes farmacêuticas e químicas depositados no Brasil.[421]

É por tudo isso que se afirma que, no campo farmacêutico, a legislação nos moldes do TRIPS pouco influenciou a promoção da inovação tecnológica nacional. Ao contrário, ela acarretou a elevação significativa dos *royalties* pagos aos titulares de patentes de produtos ou processos inovadores sediados no exterior. E assim, à medida que ficava claro que a existência de proteção patentária, por si só, não seria suficiente para dinamizar os processos de inovação tecnológica, e, ao mesmo tempo, à medida que o problema do custo de acesso a medicamentos patenteados se tornava mais agudo, o governo brasileiro foi sendo conduzido a explorar o instrumento do licenciamento compulsório.

A narrativa da negociação no licenciamento compulsório de patentes

O Acordo TRIPS foi assinado em 1994 por 117 países, incluindo o Brasil.[422] Embora àquela altura muitos países signatários estivessem receosos quanto à conveniência do fortalecimento de direitos de propriedade intelectual, a adesão ao TRIPS foi condição *sine qua non* para a participação na OMC. Ao situar

---

[417] Ibid.
[418] Ver Laforgia e colaboradores (2009).
[419] Ibid.
[420] Ibid., p. 309.
[421] Ibid., p. 313.
[422] Ver Foster (1998).

o TRIPS dentro do contexto das relações multilaterais na OMC, os titulares de patentes se beneficiam de um relevante incentivo para que os países cumpram com obrigações ligadas aos direitos de propriedade intelectual: a ameaça de sanções comerciais.[423] O Acordo TRIPS, contudo, e por diversas razões, sugeria, enganosamente, que a ameaça de sanções comerciais afetaria a proteção aos direitos de propriedade intelectual em nível internacional de maneira equipotente. Mostraremos adiante que, ao contrário, os efeitos foram distintos nos diferentes países.

Negociação internacional sobre legislação nacional

A celebração do Acordo TRIPS pelos países-membros da OMC deu origem a um novo conjunto de negociações acerca do conteúdo das legislações nacionais sobre a propriedade intelectual. A incorporação das flexibilidades e salvaguardas do TRIPS na legislação nacional de cada país, inclusive aquelas previstas nos arts. 8 e 31 do acordo, não é obrigatória.[424] Assim, tendo sido concluídas as negociações no âmbito da OMC acerca do TRIPS, surgiu uma segunda rodada de negociações a respeito do conteúdo específico da legislação nacional dos países em desenvolvimento. A grande questão era saber se cada país adotaria apenas os parâmetros mínimos do TRIPS ou se incorporaria plenamente as flexibilidades permitidas.

Desse modo, as negociações sobre as legislações nacionais envolveram não apenas decisões sobre a interpretação correta do TRIPS, mas principalmente o *lobby* relativo à extensão da recepção do acordo nas leis de propriedade intelectual de cada país. Essa repercussão do TRIPS ganhou contornos dramáticos especialmente devido à demanda crescente dos países em desenvolvimento, como o Brasil, por diversos medicamentos protegidos por patentes, principal-

---

[423] Como parte do GATT, a violação do Acordo TRIPS dá ensejo ao uso legítimo de sanções comerciais contra a parte contratante. Enquanto o Acordo TRIPS prevê a possibilidade de prevenção de disputas e a possibilidade de formação de um acordo, sob o arcabouço geral do GATT, uma parte contratante, após não conseguir resolver uma disputa, pode dar início a sanções comerciais contra outra parte contratante que tenha agido de maneira inconsistente com suas obrigações em relação ao GATT. Ver, de modo geral, Final Act Embodying the Results of the Uruguay Round of the Multilateral Trade Negotiations, 15 abr. 1994. Legal Instruments – Results of the Uruguay Round vol. 1, art. 23, 1994, 33 ILM 1125, 1994.

[424] Ver, de modo geral, Deere (2009).

mente medicamentos antirretrovirais utilizados para minimizar os efeitos da epidemia do HIV/Aids.

A negociação sobre as flexibilidades e salvaguardas que cada país adotou tornou-se um fator crítico na determinação da posterior capacidade de barganha dos países em desenvolvimento por reduções de preço nas compras de antirretrovirais patenteados por laboratórios de países desenvolvidos. Os aspectos mais controvertidos dessas negociações tiveram por objeto as condições nas quais os países em desenvolvimento estariam autorizados a conceder licenças compulsórias e importar ou revender medicamentos patenteados sem o consentimento do titular da patente.

No começo da década de 2000, alguns estudos[425] analisaram a incorporação dos dispositivos do Acordo TRIPS à legislação nacional de propriedade intelectual de países-membros da OMC na África, Ásia, América Latina e Caribe. Os levantamentos demonstraram que, de um modo geral, os países não tinham incorporado todo o conjunto de mecanismos protetivos permitidos pelo TRIPS a seus sistemas jurídicos domésticos. Sendo assim, a maioria dos países em desenvolvimento acabou por possuir um sistema jurídico TRIPS-Plus, isto é um sistema jurídico que protege patentes para além dos padrões mínimos exigidos pelo TRIPS.[426]

O Brasil não deixa de ser, também, um país TRIPS-Plus. De fato, a pressão externa influenciou a decisão brasileira de não incorporar algumas flexibilidades permitidas pelo TRIPS em sua legislação nacional. Em particular, e opostamente à postura de países como a Índia, o Brasil não fez uso do período de transição de 10 anos para aderir ao TRIPS, e apressou-se a estender a proteção patentária a fármacos na sua legislação de propriedade industrial já no início de maio de 1996.[427] Ainda assim, e apesar da pressão externa, o Brasil incorporou à sua legislação diversas das proteções permitidas pelo TRIPS.[428]

---

[425] Ver Thorpe (2002); Keyla (2004); Oliveira e colaboradores (2004).

[426] Ver Bermudez, Oliveira e Oliveira (2004:46).

[427] Ver Oliveira, Chaves e Espsztejn (2004:154): no período anterior a 1945, a legislação de propriedade industrial do Brasil garantia a proteção patentária para produtos e processos farmacêuticos. Em 1945, a legislação foi modificada para excluir a proteção a invenções relacionadas a produtos alimentícios, medicamentos e materiais ou substâncias obtidos por meios ou processos químicos (Oliveira e colaboradores, 2004). Em 1969, uma alteração no Código de Propriedade Intelectual brasileiro eliminou completamente o patenteamento no setor farmacêutico, até que a atual Lei de Propriedade Industrial fosse aprovada em 14 de maio de 1996.

[428] Ver Tachinardi (1993). Ver, ainda, Balasubramaniam e Goldman (2000), mostrando que tanto as nações desenvolvidas quanto as em desenvolvimento têm leis regulamentando o licencia-

No Brasil, o licenciamento compulsório pode ser requerido em situações excepcionais nas quais a exclusividade concedida aos titulares de patentes é exercida de forma abusiva, não atende ao interesse público ou em casos de emergência nacional ou dependência entre patentes. De acordo com as disposições do art. 68, § 2º, da Lei nº 9.279/1996 (Lei de Propriedade Industrial – LPI), a licença compulsória pode ser requerida por qualquer pessoa interessada que tenha capacidade econômica e técnica para realizar a exploração do objeto da patente no mercado brasileiro. A decisão sobre a concessão de licenças compulsórias cabe ao Instituto Nacional da Propriedade Industrial (Inpi), que deve analisar o pedido do requerente e arbitrar a remuneração (abaixo do valor do mercado) a ser paga ao titular da patente. Diante da excepcionalidade dessa licença, fica vedado o sublicenciamento, e o prazo de vigência da licença, assim como sua eventual prorrogação, serão estabelecidos no ato de concessão.[429]

Mais especificamente, a LPI brasileira prevê cinco hipóteses em que o governo brasileiro pode licenciar compulsoriamente uma patente, a saber: (i) quando o titular da patente exerce seus direitos de maneira abusiva, ou se, nos termos da lei, ou através de decisão judicial ou administrativa, se reconhece que o titular esteja abusando de seu poder econômico;[430] (ii) quando o titular da patente não começou a produzir o produto patenteado (ou não foi bem-sucedido na utilização plena do processo objeto de patente); (iii) quando, nos anos seguintes à concessão da patente, a comercialização do produto ou processo patenteado [431] não satisfaz a necessidade do mercado brasileiro;[432] (iv) quando haja uma dependência entre patentes, desde que o objeto da patente dependente constitua substancial progresso técnico em relação à patente anterior e o titular não celebre acordo com o titular da patente dependente para exploração da primeira;[433] e, finalmente, (v) permite-se o licenciamento compulsório em casos de emergência nacional ou interesse público.[434]

---

mento compulsório, inclusive a Alemanha e os Estados Unidos; Khan (2002): o licenciamento compulsório tem sido amplamente utilizado por países em desenvolvimento.

[429] Ver Barbosa (2010:1633); Rosenberg (2004); Amaral Júnior (2005); Basso e colaboradores (2007).

[430] LPI, art. 68, *caput*.

[431] À exceção da impossibilidade de se trabalhar devido à inviabilidade econômica, quando a importação é admitida (LPI, art. 68, § 1º, I).

[432] Ibid., art. 68, § 1º, II.

[433] Ibid., art. 70, apontando que a dependência de uma patente em relação a outra justifica o licenciamento compulsório apenas se o objeto da patente dependente constituir um avanço técnico substancial em relação a uma patente anterior e seu detentor não conseguir chegar a um acordo com o detentor da patente independente quanto à exploração dessa patente anterior.

[434] Ibid., art. 71. Ver, também, Guise (2007).

A lei também reconhece o princípio da exaustão internacional de direitos,[435] permitindo, portanto, as importações paralelas.[436] Assim, o Brasil pode importar invenções protegidas por patentes de qualquer país, após a concessão de uma licença compulsória, mesmo se tal invenção estiver protegida por uma patente.

"Opções de dentro"

As negociações acerca da legislação nacional são apenas uma parte do esquema permitido pelo TRIPS no que tange a flexibilidades e salvaguardas. Há também toda uma construção política e jurídica em torno das ações de Estado, inclusive procedimentos administrativos e regulatórios que darão corpo às regras previstas em lei. Algumas dessas ações, como veremos, podem ser tratadas como "opções de dentro", porque permitem aos países obter *payoffs* positivos sem que seja necessário abandonar as mesas de negociação nos foros internacionais em que se discute a formatação do sistema internacional de propriedade intelectual.[437]

O uso de uma "opção de dentro" pelo Brasil pode ser demonstrado com as alterações na LPI, em 1999,[438] que introduziram um modelo preventivo de

---

[435] O princípio da exaustão internacional de direitos garante a um país a possibilidade de importar legalmente um produto protegido por direitos de propriedade intelectual após o produto ter sido legitimamente lançado no mercado em algum outro lugar. Essas importações – feitas sem a autorização do titular, mas reconhecidas como legais pelo art. 6 do Acordo TRIPS – são normalmente chamadas de "importações paralelas". Quando da sua aprovação, o texto original da Lei de Propriedade Industrial brasileira não reconhecia o princípio da exaustão internacional de direitos e permitia apenas as importações paralelas de medicamentos protegidos por patentes de qualquer país no qual a invenção já tivesse sido colocada no mercado pelo detentor da patente ou com o consentimento de seu detentor.

[436] LPI, art. 68, § 4º; Decreto nº 3.201, de 6 de outubro de 1999, art. 10, *Diário Oficial da União (DOU)* de 7 out. 1999, alterado pelo Decreto nº 4.830, de 4 de setembro de 2003, *Diário Oficial da União (DOU)* de 5 set. 2003, permitindo a importação de uma invenção de um país que não esteja sob proteção patentária. A intenção principal do dispositivo era permitir a importação de produtos de países que ainda estavam usando o período de transição para garantir patentes a processos e produtos farmacêuticos, como a Índia e a China. Sobre o tema, ver Forgioni (2008) argumentando que as importações paralelas derivam da interpretação publicista que se deve conferir à Lei de Propriedade Industrial em conjunção com os princípios constitucionais que a nova ordem jurídica brasileira instaurou em 1988. Em sentido contrário, ver Timm e Paranaguá (2009) criticando o viés constitucionalista para exame da matéria. Ver, também, Basso (2009).

[437] Ver Muthoo (2000:157-160).

[438] A emenda foi introduzida pela Medida Provisória nº 2.006, de 14 de dezembro de 1999. Tal medida provisória foi posteriormente convertida na Lei nº 10.196, de 14 de fevereiro de 2001. Ver art. 229.

análise a ser realizado por um órgão da administração federal.[439] O novo mecanismo consistiu no estabelecimento de um nível burocrático adicional para a concessão de uma patente, a saber, uma "anuência prévia" para o exame de patentes farmacêuticas.[440] Assim, a análise dos pedidos de patentes para produtos e processos farmacêuticos foi dividida entre dois órgãos da administração federal: o Instituto Nacional de Propriedade Industrial (Inpi) e a Agência Nacional de Vigilância Sanitária (Anvisa).[441]

Ao Inpi cabe examinar os requisitos de patenteabilidade (novidade, atividade inventiva e aplicação industrial) e outras exigências procedimentais.[442] À Anvisa cabe examinar os riscos do medicamento para a saúde pública. A Anvisa, especificamente, considera, em sua decisão, se a patente requerida está de acordo com o interesse público, o que lhe dá poder de veto na concessão.[443]

Como esperado, a emenda à LPI fez com que o processo de obtenção de uma patente no Brasil se tornasse mais caro e lento, além de seus resultados serem menos previsíveis. A aprovação pela Anvisa adiciona, pelo menos, um período de seis a 12 meses para a concessão final de uma patente.[444] A prorrogação do prazo de exame de um processo de patente provoca atraso na concessão e insegurança do depositante em relação à proteção patentária, caso a patente não venha a ser concedida.[445] Além disso, o órgão de patentes e o órgão de supervisão sanitária muitas vezes apresentam interpretações diferentes no que diz respeito ao Acordo TRIPS: enquanto o Inpi está preocupado com a proteção da propriedade intelectual em si, a Anvisa frequentemente concentra sua análise na exploração das flexibilidades jurídicas oferecidas pelo TRIPS e pela Declaração de Doha.[446]

---

[439] Ver Drahos (2008).

[440] Para um exame detalhado do "mecanismo de anuência prévia", ver Rodrigues Junior e Murphy (2006). Ver, também, César (2008).

[441] O órgão brasileiro oficial de patentes é o Instituto Nacional de Propriedade Intelectual (Inpi), subordinado ao Ministério do Desenvolvimento, Indústria e Comércio (MDIC). O órgão de supervisão sanitária é a Agência Nacional de Vigilância Sanitária (Anvisa).

[442] Lei nº 9.279, de 14 de maio de 1996, art. 8º.

[443] Ver, de modo geral, Barbosa (2004).

[444] Ver, de modo geral, Basso (2005). Ver também Anvisa (2014:35), com dados sobre a concessão ou negativa de anuência prévia pela Anvisa. E, ainda, Inpi (2016:35).

[445] Ver Eur. Fed'n of Pharm. Indus. & Ass'ns, Position Paper: Brazil 2 (2004). Ver também Portaria nº 736, de 2 de maio de 2014, do Ministério da Saúde, definindo os grupos de remédio que a Anvisa tem competência para anuir relativamente à concessão de patentes.

[446] Ver Rodrigues Junior e Murphy (2006:428).

A intricada relação entre a Anvisa e o Inpi passou por vários percalços nos últimos anos. A discussão sobre a anuência prévia da Anvisa em processos de pedidos de patentes farmacêuticas levou a Advocacia-Geral da União (AGU), por intermédio da Procuradoria-Geral Federal, a emitir dois pareceres sobre o tema.[447] A delimitação das atribuições entre o Inpi, responsável pela análise dos requisitos de patenteabilidade conforme a LPI, e a Anvisa, competente para analisar os riscos sanitários do medicamento na forma prevista nos pareceres, não solucionou o impasse. A Anvisa continuou a emitir pareceres técnicos questionando a patenteabilidade, e a discussão se estendeu a grupos de trabalho interministeriais.

Além disso, a interpretação da AGU foi questionada em ação civil pública ajuizada pelo Ministério Público Federal, que embasou seu pedido de nulidade dos pareceres emitidos pela AGU em 2009 sob o fundamento de que a Anvisa teria competência para analisar os critérios de patenteabilidade dos pedidos protocolados.[448] Entretanto, em decisão recente, a ação ajuizada pelo Ministério Público Federal foi extinta sem resolução do mérito.[449]

---

[447] Advocacia-Geral da União (AGU). Atribuições Inpi & Anvisa. Diponível em: <www.agu.gov. br/page/content/detail/id_conteudo/102324>. Acesso em: 18 mar. 2015. Por meio do Parecer nº 210/PGF/AE/2009, emitido em 16 de outubro de 2009, a Procuradoria-Geral Federal delimitou as atribuições da Anvisa e do Inpi no processo de patenteamento. Segundo o parecer da procuradoria, caberia somente ao Inpi a análise fundada nos critérios de patenteabilidade (novidade, atividade inventiva e aplicação industrial), e a Anvisa, por sua vez, deveria atuar nos "limites de sua competência para impedir a produção e comercialização de produtos e serviços potencialmente nocivos à saúde humana". AGU. Comentários ao Parecer nº 337/2010. Disponível em: <www.agu.gov.br/page/content/detail/id_conteudo/206554>. Acesso em: 18 mar. 2015. A procuradoria reiterou seu posicionamento sobre a divisão de competências entre o Inpi e Anvisa, sendo o primeiro responsável pela análise dos requisitos de patenteabilidade e a segunda responsável por "avaliar a segurança e eficácia do medicamento".

[448] Distrito Federal. Ministério Público Federal. Ação Civil Pública ajuizada, em 2011, face à 7ª Vara da Seção Judiciária do Distrito Federal sob o processo nº 46656-49.2011.4.01.3400 (em sua ação, o Ministério Público defendeu a participação da Anvisa nos processos de patentes farmacêuticas e pediu a nulidade do Parecer nº 210/PGF/AE/2009, emitido pela Procuradoria-Geral Federal).

[449] Distrito Federal. Justiça Federal. Seção Judiciária do Distrito Federal – 7ª Vara. Processo nº 46656-49.2011.4.01.3400. Sentença em 12 de setembro de 2013, pelo julgamento improcedente dos pedidos e extinção do processo sem resolução de mérito. Disponível em: <http://processual.trf1.jus.br/consultaProcessual/processo.php?proc=466564920114013400&secao=-JFDF>. Acesso em: 18 mar. 2015. Ver também Rio de Janeiro. Justiça Federal. Seção Judicial do Rio de Janeiro – 13ª Vara. Processo nº 0050402-91.2015.4.02.5101 (2015.51.01.050402-4). Sentença, em 16 de junho de 2015, decidindo que a Anvisa pode e deve examinar os critérios de patenteabilidade, que a sua manifestação em sede de anuência prévia não pode ser discricionária e que, negada a anuência prévia pela Anvisa, o Inpi deverá indeferir qualquer patente para produtos ou processos farmacêuticos. Disponível em: <www.pidcc.com.br/br/2012-10-

Do ponto de vista regulatório, a Anvisa, recentemente, revisou sua resolução relativa ao procedimento de anuência prévia para concessão de patentes farmacêuticas.[450] Por outro lado, o Inpi, no intuito de dar celeridade ao exame dos pedidos de patentes relacionados aos produtos, processos, equipamentos e materiais de uso em saúde, publicou, em 2013, nova resolução para disciplinar a prioridade na análise desses pedidos.[451] O imbróglio sobre a delimitação de atribuições entre os órgãos perdura, e não é surpreendente que tais circunstâncias tenham levado a decisões conflitantes. As tentativas de patentear tratamentos médicos pela segunda vez são o melhor exemplo desses conflitos.[452] Nesses casos, o Inpi tende a admitir a patenteabilidade, mas a Anvisa nega.[453] Outras áreas de conflito entre as duas instâncias incluem o polimorfismo, as patentes *pipeline*, por exemplo.[454]

O quadro jurídico aplicável à proteção patentária no Brasil permanece objeto de disputa parlamentar. Tramita junto à Câmara de Deputados do Congresso Nacional o Projeto de Lei nº 5.402, de 18 de abril de 2013, que visa alterar a LPI.[455] O projeto tem por objeto "a revisão da lei de patentes para limitar a duração do prazo de patentes", uma vez que, segundo os autores do projeto, devido ao lento processamento dos pedidos de patente pelo Inpi, o prazo de vigência da patente é estendido para assegurar ao titular a exclusividade tem-

---

29-17-31-36/condicoes-para-submissao/2-uncategorised/200-anvisa-competencia-para-anuir-em-pedidos-de-patentes>. Acesso em: 17 jul. 2016. E ainda TRF2. Embargos Infringentes 200451015170540. 1ª Seção Especializada. Relator desembargador federal Abel Gomes. Publicação em 25 abr. 2013, decidindo que a Anvisa remeta os autos do processo ao Inpi para que este faça a análise dos critérios de patenteabilidade, podendo o Inpi levar em consideração as razões da Anvisa.

[450] Brasil. Anvisa. Resolução-RDC nº 21, de 10 de abril de 2013. Disponível em: <http://portal.anvisa.gov.br/wps/wcm/connect/800267004fb78790ac99fd9a71dcc661/RDC+21.13+Altera+a+RDC+45.pdf?MOD=AJPERES>. Acesso em: 18 mar. 2015.

[451] Brasil. Anvisa. Resolução nº 80, de 19 de março de 2013. Disponível em: <www.inpi.gov.br/images/docs/resolucao_80-2013_-_exame_prioritario_saude.pdf>. Acesso em: 18 mar. 2015 (Inpi posicionando-se a favor da otimização dos procedimentos de processamento de pedidos de patente emite a referida resolução).

[452] Patentes de uso secundário e subsequente oferecem proteção a descobertas de novos usos de substâncias, moléculas, princípios ativos e compostos que tenham sido anteriormente patenteados ou já estejam em domínio público. Ver Mitnovetski e Nicol (2004).

[453] Anvisa. Esclarecimentos sobre pedidos de patentes dos produtos e processos farmacêuticos. Disponível em: <http://portal.anvisa.gov.br/wps/content/Anvisa+Portal/Anvisa/Inicio/Medicamentos/Assunto+de+Interesse/Propriedade+Intelectual/Esclarecimento+sobre+pedidos+e+patente+de+produtos+e+processos+farmaceuticos>. Acesso em: 18 mar. 2015.

[454] Ver Basso (2005).

[455] Brasil. Câmara dos Deputados. Informações de tramitação. Disponível em: <www.camara.gov.br/proposicoesWeb/fichadetramitacao?idProposicao=572965>. Acesso em: 18 mar. 2015.

porária do produto ou processo patenteado.[456] Esse ajuste, no entanto, pode caracterizar a extensão do período de proteção patentária para além dos 20 anos previstos no TRIPS.

Além disso, o Projeto de Lei nº 5.402/2013 busca "acrescentar objetos que não são considerados invenções, bem como estabelecer critérios mais rígidos para concessão de patentes de polimorfos e de segundo uso".[457] O referido projeto ainda visa criar "mecanismo de oposição contra pedidos de patentes" e "modificar o dispositivo sobre a anuência prévia da Anvisa". De acordo com o texto do dispositivo, a concessão de patentes para produtos e processos farmacêuticos deve continuar a depender da prévia anuência da Anvisa, que deverá examinar o pedido de patente à luz da saúde pública.

O projeto trata ainda da proteção de dados de testes farmacêuticos na forma da concorrência desleal e busca instituir o mecanismo de uso público não comercial. E, por fim, prevê que o poder público poderá fazer uso público, não comercial, do objeto das patentes ou dos pedidos de patentes, sem o consentimento ou a autorização do titular. Essa condição abrangente do "uso público não comercial" será vinculada a uma portaria ministerial, será exclusiva e não impedirá o pleno exercício dos demais direitos do titular.[458] Como se vê, há um largo espaço entre o texto do TRIPS e as regras de fato vigentes em cada país--membro da OMC.

O déficit legal entre os âmbitos nacional e internacional

Há ainda outro espaço de barganha envolvendo o regime de proteção patentária a fármacos, e este se dá no momento de defesa internacional da legalidade da legislação nacional. O caso do Brasil é emblemático. A LPI brasileira foi alegadamente motivada por um projeto político de alcançar um meio-termo entre dois interesses divergentes: a necessidade de se permitir que companhias farmacêuticas pudessem gozar do benefício da exclusividade conferido pela propriedade intelectual e a necessidade de se criar ambiente propício à produção de medicamentos genéricos antirretrovirais no país. Para alcançar

---

[456] Brasil. Projeto de Lei nº 5.402/2013 apresentado em 18 de abril de 2013, de autoria dos deputados Newton Lima e dra. Rosinha. Disponível em: <www.camara.gov.br/sileg/integras/1090597.pdf>. Acesso em: 18 mar. 2015.

[457] Ver Projeto de Lei nº 5.402/2013.

[458] Ibid., art. 43-A.

ambos os objetivos, a lei foi escrita em termos amplos o bastante para permitir o licenciamento compulsório de qualquer patente. Tudo ficaria a cargo de um juízo político que seria somente em parte controlável juridicamente.

Ainda na década de 1990, os Estados Unidos questionaram essa proposital imprecisão nas regras da LPI brasileira acerca de licenciamento compulsório e alegaram que com elas o Brasil desrespeitava o Acordo TRIPS. Em janeiro de 2001, o Departamento de Comércio Americano (USTR) fez uma reclamação formal sobre a LPI perante o Órgão de Solução de Controvérsias da OMC.[459] A alegação foi de que a permissão para a concessão de licenças compulsórias em situações em que o detentor da patente *não* produzisse localmente o produto patenteado infringia o art. 27, 1, do Acordo TRIPS,[460] que proíbe que leis nacionais de proteção patentária façam discriminação quanto ao local da invenção.

Para defender-se, o governo brasileiro alegou que sua legislação de propriedade industrial foi estruturada com base no art. 5, 2, da Convenção de Paris, de 1967, que dispõe que "cada país da União pode adotar medidas legislativas, como o licenciamento compulsório, para prevenir abusos que resultem do exercício de direitos exclusivos conferidos pela patente, abusos esses que incluem a falta de exploração".[461] Além disso, o Brasil procurou amarrar a dis-

---

[459] Request for Consultations by the United States, *Brazil – Measure Affecting Patent Protection*, WT/DS199/1 (8 jun. 2000). Ver U.S. Special 301 Report, 2001, sobre a disputa comercial contra o Brasil na sede da OMC (em que o representante comercial dos Estados Unidos alega que "o Brasil assegurou que o caso norte-americano ameaçará o programa contra a Aids brasileiro amplamente reconhecido e aplaudido, e impedirá que o Brasil resolva a sua crise de saúde nacional. Nada poderia estar além da verdade. Por exemplo, se o Brasil escolher licenciar compulsoriamente drogas para a Aids, remédios antirretrovirais, ele poderia fazê-lo com base no Artigo 71 da sua Lei de Patentes, que autoriza o licenciamento compulsório em situações de emergências nacionais de saúde, previsão em conformidade com o TRIPS, e a qual os Estados Unidos não estão colocando em questão. Por outro lado, o Artigo 68, objeto da presente disputa, permite o licenciamento compulsório de qualquer produto patenteado, desde bicicletas até componentes de carrinhos para clubes de golfe. O Artigo 68 não tem relação alguma com o acesso a medicamentos, e acaba protegendo todos os produtos nacionais em detrimento dos estrangeiros. Em suma, o Artigo 68 é uma medida protecionista que tem o objetivo de criar empregos para cidadãos brasileiros". Ver, também, Bird e Cahoy (2006).

[460] Ver TRIPS, art. 27, 1, estabelecendo que "as patentes estarão disponíveis, e os direitos de patente serão respeitados sem discriminação quanto ao lugar da invenção, o campo de tecnologia e se os produtos são importados ou produzidos localmente".

[461] Paris Convention for the Protection of Industrial Property art. 5, A, 2, de 20 de março de 1883, revisada em Estocolmo em 14 de julho de 1967, 828 UNTS. 11851. Sobre o ponto, ver também, Correa (2000a) apontando a existência da contradição no Acordo TRIPS, principalmente quanto ao art. 27.1, que proíbe qualquer tipo de discriminação quanto ao lugar da invenção, ao campo da tecnologia e quanto ao fato de o produto ser importado ou localmente produzido, ao mesmo tempo que o art. 2.1 permite que Estados-membros fiquem sob o regime

cussão sobre a legalidade da LPI ao debate sobre a necessidade de acesso a drogas indispensáveis para lutar contra a epidemia de Aids.[462]

Em particular, o governo brasileiro argumentou que qualquer tentativa de prejudicar sua legislação de licenciamento compulsório terminaria por prejudicar seu programa contra a Aids.[463] Assim, buscou converter o questionamento americano à sua legislação nacional em uma peça no grande quebra-cabeça da discussão sobre o acesso a medicamentos patenteados nos países em desenvolvimento. Aproveitando a oportunidade, o Brasil logo fez um *lobby* bem-sucedido junto à Comissão das Nações Unidas para que fosse aprovada uma resolução de direitos humanos com a previsão do direito de acesso a medicamentos.[464]

O Brasil também contra-atacou e apresentou uma reclamação perante a OMC que contestava a legalidade da própria legislação patentária dos Estados Unidos. Alegou que o título 30 do United States Code, seção 202 (que estabelece que produtos provenientes de pequenos negócios ou a exploração sem intenção de lucro de patentes de invenções desenvolvidas com apoio da administração federal deveriam ser utilizados substancialmente nos Estados Unidos) não estava de acordo com o TRIPS.[465] O pleito brasileiro ganhou ainda maior relevância política quando a Índia entrou na disputa, ao lado do Brasil, alegando ter um "interesse sistêmico" no processo.[466]

Ao fim e ao cabo, por conta principalmente de problemas de "imagem",[467] os Estados Unidos retiraram a reclamação contra o Brasil em junho de 2001.[468]

---

das cláusulas previstas nos arts. 1º ao 12 e 19 da Declaração de Paris. Ver, ainda, Amaral Júnior (2006).

[462] Ver, de modo geral, Bird e Cahoy (2006), apontando que o Brasil usou a África do Sul como uma comparação para exibir o sucesso do seu programa contra a Aids, e que esse programa estaria em risco se os Estados Unidos ganhassem a demanda perante a OMC. Durante esse período, 39 empresas farmacêuticas estavam processando judicialmente a África do Sul devido ao seu Ato de Emenda ao Controle de Medicamentos e Substâncias Relacionadas, de 1997, que adotou um regime de exaustão internacional de patentes, permitindo, portanto, a importação paralela de antirretrovirais patenteados. Naquele momento, aproximadamente 4,2 milhões de indivíduos, ou 20% da população adulta da África do Sul, estavam infectados pelo vírus do HIV.

[463] Ver Bermudez, Oliveira e Oliveira (2004:46).

[464] Ver Sanders (2005), apontando que os Estados Unidos foram a única abstenção entre o corpo de 53 membros, no qual cada membro votou no sentido de aprovar a resolução.

[465] Ver Mota (2005).

[466] Request to Join Consultations by India, U.S. – U.S. Patents Code, WT/DS2124/2 (19 fev. 2005).

[467] Ver Raghavan (2001), referindo-se a essa situação como um "desastre das relações públicas" para os Estados Unidos.

[468] Com isso não se quer dizer, no entanto, que doutrinas jurídicas tradicionais sejam irrelevantes para a decisão dos casos. Nesse sentido, ver Steinberg (2004).

O Brasil, por sua vez, concordou em notificar previamente o governo norte-americano caso futuramente decidisse conceder licenças compulsórias.[469] Os dois países também acordaram resolver quaisquer disputas por intermédio de um "mecanismo consultivo" bilateral,[470] e assim a OMC jamais chegou a formalmente se posicionar sobre a legalidade ou não da LPI. Foi, no fim das contas, um sucesso diplomático do Brasil.

Outro sucesso diplomático brasileiro ocorreu durante a própria Rodada de Doha. Em junho de 2001, sob a liderança do Brasil, um grupo de países submeteu ao Conselho Geral do TRIPS uma petição requerendo uma discussão pontual – isto é, em separado dos demais assuntos objeto da Rodada de Doha – sobre os problemas ligados ao acesso a medicamentos patenteados. Essa petição redundou na Declaração de Doha sobre o Acordo TRIPS e a Saúde Pública.[471] A declaração foi elaborada com o propósito de responder às preocupações sobre as possíveis implicações que o TRIPS poderia ter no tocante ao acesso a medicamentos.[472] Em particular, a declaração desejou contrabalançar a pressão da OMC contra legislação nacional que estabelecesse bases mais amplas para a concessão de licenças compulsórias para medicamentos essenciais patenteados.[473]

Como se sabe, a declaração de que a incorporação e interpretação do TRIPS deveria ser feita "de modo a apoiar a saúde pública, por meio da pro-

---

[469] No resultado da onda mundial do movimento para o livre acesso a medicamentos, cujo início se deu com as disputas entre os Estados Unidos e países em desenvolvimento – como o Brasil e a África do Sul –, em junho de 2001, Nova York recepcionou a Sessão Especial das Nações Unidas para o HIV/Aids, que produziu a Declaração de Compromisso sobre o HIV/Aids, pela qual os governos de 189 países se comprometeram a implantar programas integrais compostos por ações nacionais e internacionais para combater a epidemia, demonstrando que a precaução, incluindo o acesso a remédios, suporte e prevenção, é componente indivisível para uma resposta efetiva e eficaz. Ver Bermudez, Oliveira e Oliveira (2004:47).

[470] Ver Bird e Cahoy (2006:47, nota 127), também apontando que esse acordo não foi levado a público.

[471] Ver Sanders (2005:17) apontando que um *breakthrough* foi possível devido à contínua exposição da mídia sobre a falta de disponibilidade de medicamentos antirretrovirais de Aids para os pobres; ao fato de que as margens de lucro das grandes empresas farmacêuticas eram as maiores entre todos os setores; e com base na crise de Anthrax dos Estados Unidos, em cujo contexto aquele país e o Canadá ameaçaram emitir licenças compulsórias contra a companhia alemã Bayer, a produtora da ciprofloxacina, durante o pânico do Anthrax e o uso da substância no terrorismo biológico. Ver também: Hoen (2002:27-48); Mullin (2002); Godwin (2002).

[472] Ver Organização Mundial do Comércio. Declaração Ministerial de 14 de novembro de 2001, WT/MIN(01)/DEC/1 (2002).

[473] Ver Sanders (2005:18), apontando que os Estados Unidos e as grandes empresas farmacêuticas tentaram, sem sucesso, limitar o escopo da declaração a medicamentos para o tratamento do HIV/Aids, tuberculose e malária.

moção tanto do acesso a remédios existentes quanto pela pesquisa e desenvolvimento de novos medicamentos e, dessa forma, adotando-se uma declaração separada" é bastante eloquente nesse sentido.[474] Em agosto de 2003, após um longo período de discussões, o Conselho Geral da OMC aprovou a decisão,[475] que regulou o direito dos países-membros de conceder licenças compulsórias.[476]

O benefício da "opção de fora"

A primordial razão pela qual um determinado país pode optar por evitar conceder uma licença compulsória tem a ver com a perspectiva dos custos de punições econômicas a serem enfrentados. Esses custos podem vir basicamente de três fontes: das grandes companhias farmacêuticas internacionais, da indústria farmacêutica local ou dos governos e nações nos quais as grandes empresas farmacêuticas estão sediadas (que, em muitos casos, acabam tendo seus interesses representados pelo Departamento de Comércio Americano, o já mencionado USTR).[477] Ocorre que, como explicado a seguir, nenhum desses custos tende a tocar o Brasil de forma particularmente grave.

Iniciemos pela discussão do papel da grande indústria farmacêutica. De modo geral, e a depender das circunstâncias, grandes companhias farmacêuticas internacionais podem impor custos sancionatórios a um país que concede licenciamentos compulsórios, principalmente por meio da redução dos níveis de investimentos produtivos, pela redução de transferência tecnológica ou de investimentos em P&D local e, ainda, pela redução no comércio.[478] Em um país como o Brasil, no entanto, riscos como esses são minimizados. A razão principal

---

[474] Ibid., p. 17.

[475] Ver Oliveira, Chaves e Espsztejn (2004:55).

[476] Ver Fleck (2003): os representantes das organizações não governamentais internacionais responderam à decisão com duras críticas, a saber: (i) a implantação dos procedimentos para o licenciamento compulsório é lenta, burocrática e aumenta os custos administrativos, o que, consequentemente, encarece o preço dos medicamentos; (ii) países pobres da África, Ásia e América Latina precisam atravessar dificuldades desnecessárias para provar que não possuem capacidade industrial suficiente; (iii) os procedimentos burocráticos terminam por dissuadir os produtores de medicamentos genéricos, já que eles geram riscos para o investimento; e (iv) o requisito de utilização de embalagens diferentes tenderia a aumentar os custos de produção dos remédios.

[477] Ver Ramamurti (2001). Ver, de modo geral, Putnam (1988).

[478] Ver Helpman (1993) defendendo que a análise da proteção à propriedade intelectual deveria ser desenvolvida com base em, pelo menos, quatro dimensões, quais sejam: os termos da

132 | Líderes improváveis

disso é que as companhias farmacêuticas internacionais não podem se dar ao luxo de perder grandes mercados que contenham classes médias lucrativas e em crescimento acelerado, como é o caso da classe média brasileira.[479]

Para ilustrar, um relatório recente elaborado pela PricewaterhouseCoopers prevê que, em 2020, Brasil, China, Índia, Indonésia, México, Rússia e Turquia representarão um quinto de todas as vendas farmacêuticas do mundo. Isso representa um aumento de 60% desde 2004.[480] Conforme as economias desses países progridem, espera-se que suas populações enfrentem os mesmos problemas de saúde crônicos típicos dos países mais ricos. Uma expectativa de vida maior nesses países tende a impactar positivamente as vendas de medicamentos. Além disso, mudanças nas condições ambientais também podem causar a difusão de doenças que são mais comuns no mundo em desenvolvimento, como a cólera e a malária. Daí, em síntese, a importância estratégica de mercados como o brasileiro.

Consideremos, por exemplo, as negociações para a redução dos preços de remédios ocorridas em 2005 entre o governo brasileiro e laboratórios norte-americanos. Quando o Brasil ameaçou conceder uma licença compulsória sobre um medicamento antirretroviral, a indústria farmacêutica retrucou que tal ação faria com que as empresas farmacêuticas cujas patentes seriam quebradas não comercializassem a próxima geração de remédios contra a Aids ou qualquer outro medicamento contra a doença no Brasil.[481]

De fato, quando o Brasil concedeu uma licença compulsória para o Stocrin (da Merck), cujo princípio ativo é o Efavirenz, em 2007, o laboratório emitiu uma declaração oficial alegando que "esta decisão do governo brasileiro terá um impacto negativo na reputação do país como um país industrializado em busca de atração de investimentos, e afetará, portanto, sua habilidade de desenvolver pesquisa e desenvolvimento de primeira linha".[482]

Nada disso, no entanto, se refletiu em efetivas retaliações. De fato, não houve sanção econômica oficial, e isso também porque o argumento jurídico em favor da licitude de tal licenciamento compulsório era bastante forte. Tampouco houve redução de investimento externo produtivo no Brasil. Aliás,

---

negociação, a alocação inter-regional da indústria, a disponibilidade do produto e os padrões de investimento em P&D.

[479] Ver Benvenisti e Downs (2004:44).

[480] Ver PriceWaterhouseCoopers (2007).

[481] Ver Bird e Cahoy (2006:406).

[482] Ver Merck & Co. (2007).

a parcela brasileira total de investimento externo direto em 2007 totalizou US$ 33,7 bilhões, quase o dobro do ano anterior e uma das maiores do mundo entre os países em desenvolvimento.[483] Um novo aumento em 2008 trouxe a cifra para os extraordinários US$ 43,8 bilhões.[484] No setor farmacêutico, esse nível de investimentos externos em 2007 alcançou US$ 164,4 milhões,[485] o que (longe de ser exuberante) é consistente com o nível histórico de investimentos observado em anos anteriores.[486]

Por outro lado, um setor farmacêutico dinâmico em nível local também poderia impor custos sancionatórios, especialmente na forma de redução dos esforços de inovação.[487] A indústria farmacêutica brasileira, no entanto, permanece sendo basicamente não inovadora, e isso ocorre a despeito (e não por causa) da legislação de propriedade intelectual vigente no Brasil.

De fato, os dados sugerem que a ampliação da proteção patentária aos produtos e processos farmacêuticos não teve impacto relevante na promoção da inovação ou na quantidade de investimentos de origem privada em P&D neste setor no Brasil.[488] Em 1998, de acordo com o Instituto Brasileiro de Geografia e Estatística (IBGE), os gastos em P&D por empresas farmacêuticas brasileiras privadas (controladas por capital nacional ou estrangeiro) correspondiam a apenas 0,53% do volume total de vendas.[489]

No ano de 2000, a porcentagem de gastos com P&D aumentou, chegando a 0,83% do volume de vendas. Mas o que foi inicialmente percebido como uma (tímida) tendência positiva, rapidamente tornou-se um nítido declínio. No ano de 2003, os gastos caíram novamente para apenas 0,5%, justamente o nível de investimentos percebido antes da aprovação da LPI.[490] Em 2011, os gastos estabilizaram na cifra dos 4,44%, tendência desde 2008.[491] Por outro lado, os atuais padrões da OCDE quanto aos investimentos em P&D em fár-

---

[483] Ver Banco Central do Brasil. Foreign Direct Investment Stock (doravante Banco Central do Brasil). Ver, também, *Brazil Magazine* [s.d.].

[484] Ibid.

[485] Ver Banco Central do Brasil (2007).

[486] Ver Barbosa e colaboradores (2007).

[487] Ver Braga e Fink (1998).

[488] Como informado pelo Ministério da Saúde, pelo Ministério da Ciência e Tecnologia e por diversos outros órgãos governamentais, os dados mais recentes disponíveis sobre P&D – tendo por base a proporção do total de vendas – datam de 2003. A indústria farmacêutica publicou informações relacionadas apenas quanto aos valores investidos em pesquisa clínica.

[489] Ver Bastos (2005).

[490] O Ministério da Saúde informou que não controla os investimentos em P&D no setor farmacêutico; portanto, não foi possível obter dados mais recentes em relação a esse tópico.

[491] Dados retirados da Pintec (Pesquisa de Inovação Tecnológica), de 2011.

macos correspondem a mais de 14% do volume total de vendas dos próprios laboratórios,[492] e dados indicam que as empresas farmacêuticas norte-americanas investem cerca de 21% do total de vendas em P&D.[493]

Não precisaria ser necessariamente assim. A existência de excelência acadêmica em algumas áreas específicas como fotônica, ciência de materiais, biotecnologia e agricultura tropical, em conjunto com uma legislação obediente ao TRIPS, destaca determinadas áreas em que o Brasil poderia, em tese, desenvolver vantagens competitivas no setor farmacêutico.[494] O país também possui um considerável mercado consumidor em constante crescimento,[495] um sistema político relativamente estável (embora problemático)[496] e a maior biodiversidade do mundo.[497]

A LPI – como qualquer outra lei – não funciona, no entanto, no vácuo. Ao contrário, a atividade brasileira no setor farmacêutico ocorre dentro de um ambiente institucional bastante inconstante e, nesse sentido, as políticas governamentais direcionadas para o setor têm sido marcadas por inconsistências.[498] Desse modo, a introdução de proteção patentária no âmbito do setor farmacêutico brasileiro na década de 1990 comprovou que as leis de propriedade intelectual não produzirão os resultados esperados (por exemplo, desen-

---

[492] International Federation of Pharmaceutical Manufacturers & Associations (IFPMA). The Pharmaceutical Innovation Platform: Sustaining Better Health for Patients Worldwide 12 (2004): o IBGE descobriu que no período entre 2000 e 2003, o investimento geral em atividades inovadoras, que incluem atividades internas de P&D e a compra de P&D estrangeiro, investimentos em equipamento e maquinário, investimentos em marketing de produtos novos, projetos industriais e treinamento de pessoal, caiu de 5,7% do total de vendas para 3,4%.

[493] Ver Febrafarma (2006). Ver, também, Banco Mundial (2005): a reforma de meados dos anos 1990 não deu ao Brasil o esperado em termos de competitividade internacional, absorção tecnológica e desenvolvimento da indústria brasileira, como um todo.

[494] Ver Barbosa e colaboradores (2007:35).

[495] Em 2005, o Brasil foi o 10º maior mercado farmacêutico do mundo, com vendas no valor de R$ 22,2 bilhões (aproximadamente US$ 12 bilhões).

[496] Ver Ames (2001).

[497] Segundo nota explicativa do Ministério do Meio Ambiente, "o Brasil abriga a maior biodiversidade do planeta. Esta abundante variedade de vida – que se traduz em mais de 20% do número total de espécies da Terra – eleva o Brasil ao posto de principal nação entre os 17 países megadiversos (ou de maior biodiversidade)". Para mais informações, ver <www.mma.gov.br/biodiversidade/biodiversidade-brasileira>, acesso em: 17 mar. 2015. Ver Decreto nº 5.459, de 7 de junho de 2005, que regulamenta a Medida Provisória nº 2.186, de 23 de agosto de 2001, disciplinando as sanções aplicáveis às condutas e atividades lesivas ao patrimônio genético ou ao conhecimento tradicional. Disponível em: <www.planalto.gov.br/ccivil_03/_Ato2004-2006/2005/Decreto/D5459.htm>. Acesso em: 18 mar. 2015. São fixadas multas bastante altas, de R$ 200 a R$ 100 mil para pessoa física e de R$ 10 mil a R$ 50 milhões em caso de ilícito cometido por pessoa jurídica.

[498] Ver Macedo e Pinheiro (2005).

volvimento da indústria nacional, inovação tecnológica etc.), a não ser que outras condições sejam atendidas.

Finalmente, é preciso levar em conta que tentativas de concessão de licenças compulsórias geralmente acarretam pressões comerciais por parte do país no qual estão situados os titulares das patentes "quebradas". Os grandes laboratórios multinacionais tendem a combinar esforços com os departamentos de comércio de seus países-sede para fortalecer suas negociações com países em desenvolvimento e dar credibilidade às ameaças de sanções comerciais.[499] Assim, as licenças compulsórias podem resultar em uma reclamação perante a OMC.

O resultado de reclamações desse tipo são bastante incertos. A ausência de uma jurisprudência consistente quanto à matéria no âmbito do Órgão de Solução de Controvérsias da OMC dá poucos sinais sobre os parâmetros exatos que determinam a legalidade, ou não, dos licenciamentos compulsórios. E, além disso, a Declaração de Doha fortaleceu a posição dos países em desenvolvimento no uso das flexibilidades do TRIPS, inclusive quanto aos licenciamentos compulsórios, dada a interpretação de que o Acordo TRIPS deveria atuar de "maneira a fortalecer a saúde pública".[500]

Ainda assim, é certo que nos países desenvolvidos, especialmente naqueles poucos em que se encontram as sedes das maiores empresas, os governos atuam de maneira bastante próxima de sua indústria farmacêutica. E o fazem não apenas sob o guarda-chuva das regras da OMC, mas às vezes também com base em legislações particulares que lhes permitem tomar ações unilaterais a fim de proteger os interesses de suas empresas nacionais.[501] O caso emblemático é o do já mencionado Departamento de Comércio dos Estados Unidos (USTR), ao qual a legislação doméstica atribui poderes para agir unilateralmente, mesmo após a criação da OMC.[502]

Na prática, contudo, como vimos, o risco de aplicação de sanções comerciais por governos de países desenvolvidos não afeta da mesma maneira todos os países em desenvolvimento.[503] Os países em desenvolvimento com economias mais diversificadas, como o Brasil, tendem a ser menos vulneráveis a

---

[499] Ver, de modo geral, Gervais (2003). Ver, também, Sherman e Oakley (2004).
[500] Ver Sherman e Oakley (2004:367).
[501] Ver Cheek (2001).
[502] Ver Omnibus Trade and Competitiveness Act of 1988, 19 USC, § 2.242 (1999).
[503] Ver, de modo geral, Bird (2006).

sanções comerciais contra produtos específicos.[504] Além disso, algumas economias emergentes são grandes o suficiente para opor uma ameaça genuína de retaliação contra sanções comerciais impostas pelos países desenvolvidos.

Esse é o caso da disputa entre Brasil e Estados Unidos, durante a qual o Brasil anunciou que iria começar a boicotar determinados produtos americanos no valor de US$ 900 milhões, em resposta aos subsídios ilegais impostos à sua agricultura por parte dos EUA.[505] Após uma batalha travada ao longo de sete anos, a OMC autorizou, em agosto de 2009, que o Brasil emitisse sanções comerciais retaliatórias contra os produtos americanos. A razão para a decisão foi o entendimento de que os produtores rurais americanos e a indústria de algodão não obedeciam às regras da OMC e eram prejudiciais às exportações brasileiras de algodão.[506] Até o momento, o Brasil não fez uso da autorização da OMC para retaliar comercialmente os EUA, e, de fato, no passado o Brasil recebeu seis oportunidades de retaliação, mas nunca chegou a efetivamente aplicá-las.[507; 508]

De qualquer forma, vale a pena ressaltar que o Brasil vem frequentemente desafiando os Estados Unidos no âmbito da OMC, o que, por si só, já é uma demonstração de relativa força, uma vez que países em desenvolvimento menores raramente o fazem.[509] Por outro lado, de maior relevância para a presente discussão é o fato de que metade das medidas retaliatórias anunciadas pelo Brasil diz respeito a pagamentos baseados em propriedade intelectual, principalmente *royalties* relacionados a fármacos. Isso reforça o argumento de que a existência de um sistema internacional para a proteção de patentes não é considerada, no Brasil, um catalisador para o desenvolvimento (como é geralmente sugerido pelos entusiastas da proteção patentária), mas sim um espaço de luta em um "jogo" entendido como de "soma zero".[510]

O benefício nacional do licenciamento compulsório

O baixo custo de sanção corresponde, no entanto, a uma metade da justificativa para a política de ameaça de licenciamentos compulsórios. A outra metade

---

[504]   Ver Benvenisti e Downs (2004:27).

[505]   Ver Jurberg (2010).

[506]   Ver Saez (2009).

[507]   Ver Jurberg (2010).

[508]   Ver Badin, Shaffer e Rosenberg (2012).

[509]   Ver Harrelson (2001:178).

[510]   Ver, por exemplo, Alikhan (2000); Kitch (1994).

se liga aos benefícios concretos dessa estratégia. O benefício mais evidente são os descontos nos preços de medicamentos adquiridos. Entre 2000 e 2004, o preço dos três remédios antirretrovirais mais importantes dos coquetéis contra a Aids oferecidos pelo governo brasileiro gratuitamente foram drasticamente reduzidos.[511] O preço do Efavirenz, da Merck (Stocrin), sofreu uma redução de 73%; o Lopinavir/Ritonavir, da Abbot, foi reduzido em 56,2%, e o Nelfinavir, da Roche, ficou 73,8% mais barato.[512] Além disso, o Tenofovir, da Gilead, foi vendido no Brasil por 43,6% a menos que o preço dos Estados Unidos, e o Atazanvir, da Bristol-Myers, teve uma diferença de 76,4%, também em comparação com os Estados Unidos.[513]

Alguns autores investigaram as tendências recentes nos custos de antirretrovirais no Brasil, a partir da análise de preços específicos e gastos realizados entre 2001 e 2005.[514] Estimaram-se as economias brasileiras relacionadas aos preços reduzidos de medicamentos patenteados e concluiu-se que, "na ausência de quedas nos preços de fármacos patenteados, o Brasil teria gasto um total cumulativo de USD 2 bilhões em medicamentos para a terapia antirretroviral entre 2001 e 2005, o que resulta na economia de USD 1,2 bilhão devido à redução nos preços".[515]

O mesmo estudo também apontou que "os preços de medicamentos negociados no Brasil são mais baixos para os antirretrovirais patenteados, para os quais a competição de genéricos é cada vez maior" e que "nos últimos anos, os preços para o Efavirenz e para o Lopinavir/Ritonavir (Lopinavir-R) têm sido menores no Brasil que em outros países de média renda", muito embora "o preço do Tenofovir seja USD 200 mais alto por paciente – por ano – em comparação a outros países também de média renda".[516]

---

[511] O caso brasileiro não é único. Ver Velásquez, Correa e Balasubramaniam (2004:94), discutindo a experiência da África do Sul e apontando que "a combinação da competição por genéricos, pela previsão legislativa e pela defesa das salvaguardas do TRIPS tiveram um efeito significativo pró-competitivo no preço de medicamentos, como pôde ser percebido na redução dramática de mais de 95% no preço de uma terapia tripla antirretroviral – de U$ 10.000 em 1996 para $ 140 na África do Sul em 2003, de acordo com o regime de custo indicativo anual".
[512] Ver Grangeiro e colaboradores (2006:64): desde 2005, o Brasil tem obtido bem menos sucesso nas negociações por reduções de preço e, além disso, sua capacidade local de produção eficiente de genéricos sofreu, recentemente, um substancial enfraquecimento.
[513] Ibid.
[514] Ver Nunn e colaboradores (2007).
[515] Ibid., p. 1804.
[516] Ibid.

A efetiva decretação do licenciamento compulsório do Efavirenz, da Merck, também trouxe vantagens. A importação dos genéricos indianos permitiu ao governo brasileiro reduzir de US$ 1,56 para US$ 0,45 o preço unitário dos medicamentos.[517] Além disso, a efetiva concessão de uma licença compulsória – que até então consistia em apenas uma ameaça, sem nunca ter se concretizado – criou um efeito reputacional que aumentou a credibilidade do Brasil no curso das negociações subsequentes com os laboratórios.

Como consequência desses processos de negociação, o Brasil tornou-se conhecido mundialmente como um dos países em desenvolvimento mais bem-sucedido na luta contra a epidemia da Aids.[518] No começo dos anos 1990, o Banco Mundial havia previsto que, em 2000, 1,2 milhão de brasileiros seriam portadores do HIV, o vírus causador da Aids.[519] Os programas de prevenção, no entanto, fizeram com que o número de infectados não chegasse à metade disso.[520] Um sucesso do país, portanto.

A chave do sucesso brasileiro foi o Programa Nacional DST/Aids (PNDA), criado nos anos 1990 pelo governo federal brasileiro. Ao lado das iniciativas de prevenção, o programa garantiu livre acesso à terapia antirretroviral para todos os indivíduos que conviviam com o HIV/Aids e precisavam de tratamento. Em 2006, o PNDA tinha um orçamento anual de aproximadamente US$ 770 milhões, representando quase 3% do orçamento do Ministério da Saúde.[521] Em 2007, o PNDA forneceu[522] diferentes remédios antirretrovirais para aproximadamente 200 mil[523] dos estimados 600 mil pacientes brasileiros que sofriam, na época, com o vírus.[524] Os gastos com a compra dos antirretrovirais (incluindo os genéricos produzidos localmente e os genéricos importados) totalizaram aproximadamente US$ 570 milhões.[525]

---

[517] Ver Brazilian Ministry of Health (2007).

[518] Ver *The Economist* (2007).

[519] Ibid.

[520] United Nations General Assembly Special Sesson on Aids/HIV (UNGASS) – Brazilian Response 2005-2007, Country Progress Report 11 (2008) (doravante UNGASS).

[521] Ibid., p. 24.

[522] Ver Grangeiro e colaboradores (2006:62).

[523] A Organização Mundial da Saúde estima que menos de 5% daqueles que necessitam de tratamento para o HIV/Aids estão efetivamente recebendo os antirretrovirais. Apenas algo em torno de 230 mil dos 6 milhões que, estima-se, teriam a necessidade desse tratamento no mundo em desenvolvimento efetivamente o recebem, e aproximadamente metade dessas pessoas vive no Brasil. Ver Organização Mundial da Saúde (2002).

[524] Ministério da Saúde (2007a).

[525] Ver UNGASS (2008:25).

Assim, os investimentos com o tratamento da Aids no Brasil foram compensados pela economia de custos com o sistema de saúde. Muito embora a terapia contra o HIV ainda seja cara, os custos evitados – devido à redução de doenças, hospitalizações e outros impactos do HIV/Aids – terminaram por equilibrar o orçamento. Segundo as estatísticas disponibilizadas pelo Ministério da Saúde, as admissões hospitalares diminuíram em 80% no período entre 1996 e 2001 e, em 2001, o custo final da terapia antirretroviral, levando em conta a diminuição da mortalidade, foi negativo, resultando em uma economia líquida de US$ 50 milhões.[526] Esses números são uma parte importante da explicação de por que, em anos recentes, a luta contra o HIV/Aids tenha se transformado em uma prioridade na agenda da política de saúde no Brasil.[527]

Um elemento adicional que incrementa e justifica a estratégia de negociação agressiva do Brasil é o desenvolvimento de uma indústria local de genéricos, o que, de certa forma, alimenta ou preserva a esperança do país de desenvolver uma indústria farmacêutica nacional (ainda que por ora baseada apenas em cópias e não no investimento em pesquisas). Isso não será, de maneira alguma, uma tarefa fácil no futuro. A indústria farmacêutica internacional pode ser caracterizada como um oligopólio competitivo, que obtém seus altos lucros com lançamento constante de novos fármacos. Em 2007, o mercado mundial foi estimado em aproximadamente US$ 500 bilhões, e as 12 companhias principais, todas provenientes de países desenvolvidos, eram então responsáveis por aproximadamente 45% do total de vendas.[528]

Em tempos recentes, os países em desenvolvimento têm utilizado sistemas de propriedade intelectual para incentivar o desenvolvimento de indústrias locais. Entretanto, devido ao *tradeoff* clássico entre inovação e disseminação, há uma discussão generalizada quanto ao papel das leis patentárias. O Brasil

---

[526] Grangeiro e colaboradores (2006:62): investimentos em antirretrovirais permitiram que o governo economizasse US$ 2 bilhões no período entre 1997 e 2003. Ver, também, Marins Jr. e colaboradores (2003:17): "Dentre os resultados positivos, evidenciam-se a redução da mortalidade em 40% a 70% entre 1997 e 2003; a diminuição da morbidade em mais de 60%; a economia de 360 mil hospitalizações – indicando redução em 85% – e a estimativa de que 58 mil casos de Aids foram evitados. Esses resultados estão associados a um aumento de dez vezes na sobrevida após o diagnóstico de Aids (de seis para 58 meses)". Ver ainda: Levi e Vitória (2002); Teixeira e colaboradores (2004).

[527] O acentuado aumento do preço dos medicamentos antirretrovirais deu ensejo a uma "competição predatória" por recursos no Ministério da Saúde, deixando outros projetos cruciais fora do orçamento. Ver Grangeiro e colaboradores (2006:65).

[528] Ver Ministério da Saúde; Ministério do Desenvolvimento, Indústria e Comércio Exterior (2007:13).

ilustra o caso de um país que, tendo feito a opção por originalmente adotar um sistema mais estrito de proteção de patentes, posteriormente passou a utilizar a ameaça de licenciamento compulsório como uma ferramenta complementar para acesso a medicamentos patenteados.

Para ilustrar, o laboratório Far-Manguinhos,[529] o principal produtor de fármacos do governo brasileiro, fez diversos procedimentos de engenharia reversa para produzir insumos farmacêuticos, em suporte estratégico às políticas do Ministério da Saúde. Assim, a Far-Manguinhos muitas vezes desempenhou um papel-chave nas negociações do governo brasileiro com as grandes empresas farmacêuticas, pois forneceu preços de referência para os antirretrovirais e, portanto, contribuiu para a manutenção financeira dos programas do Ministério da Saúde.[530] Em 2014, o laboratório produzia sete dos 23 medicamentos do coquetel antirretroviral distribuído gratuitamente no Brasil, sendo que nenhum deles é patenteado junto ao Inpi.[531; 532] Em 2001, 56% dos antirretrovirais distribuídos no Brasil foram produzidos localmente, o que possibilitou a redução de 82% no preço desses remédios de 1996 a 2001.[533]

Finalmente, cabe apontar que a emissão de licenças compulsórias para produtos farmacêuticos é politicamente atraente. Ela dá a uma nação em desenvolvimento a promessa de um acesso mais barato a fármacos e, ao mesmo tempo, responde ao apelo de uma indústria nacional de genéricos em expansão. Não é por acaso que o ex-presidente brasileiro Luiz Inácio Lula da Silva assinou o decreto para o licenciamento compulsório do Efavirenz em uma cerimônia transmitida ao vivo em rede nacional de televisão.[534]

Por outro lado, também é verdade que a adoção de políticas agressivas de medicamentos se tornou hoje consenso apartidário no cenário político brasileiro, tendo sido posta em movimento já por José Serra, um dos principais adversários políticos de Lula, durante sua exitosa passagem pelo Ministério da Saúde.[535] A continuidade dessas políticas pode também ser evidenciada quando a presidente

---

[529] Far-Manguinhos faz parte da Fundação Oswaldo Cruz (Fiocruz), uma fundação sem fins lucrativos ligada ao Ministério da Saúde brasileiro. Ver Oliveira, Chaves e Espsztejn (2004:129-150).

[530] Ibid., p. 142.

[531] Comm'n on IPR. Integrating Intellectual Property Rights and Development Policy 43 (set. 2002).

[532] Ibid.

[533] Ver Grangeiro e colaboradores (2006:64): os gastos em 1998 foram de R$ 346 milhões, saltando para R$ 557 milhões apenas dois anos depois, em 2000.

[534] Ver Cohen (2007).

[535] Ver Nunn (2009).

Dilma Rousseff, em pronunciamento em 2011, durante reunião sobre doenças não transmissíveis na ONU, afirmou que as flexibilidades previstas no TRIPS são "indispensáveis para políticas que garantam o direito à saúde".[536]

Esse quadro ajuda a entender por que, ao longo da última década, o Brasil alinhou um sistema aparentemente rígido de leis de propriedade intelectual com o desenvolvimento da indústria local de genéricos. O desenvolvimento dessa indústria não serve apenas para prover remédios mais baratos para a população do país, mas também contribui para permitir que o país se sente à mesa com as grandes empresas farmacêuticas e tenha força na negociação sobre condições de acesso.

Em suma, seria bastante improvável que o Brasil estivesse em uma posição melhor sem a concessão (ou a ameaça de concessão) de licenças compulsórias para medicamentos antirretrovirais. Essa conclusão é verdadeira, principalmente se considerarmos os efeitos devastadores que um aumento da epidemia da Aids poderia ter causado nacionalmente.

Considerações quanto à governança no âmbito nacional

O debate em torno dos efeitos do fortalecimento de sistemas de propriedade intelectual sobre o nível de investimentos, comércio internacional, transferência de tecnologia e investimentos em P&D pode ser realizado sob pelo menos duas visões complementares.[537] Do ponto de vista da assim chamada "governança global", o TRIPS atua na direção da harmonização da legislação doméstica de cada país acerca dos direitos de propriedade intelectual.[538; 539] Essa tendência global rumo a uma proteção cada vez mais forte aos direitos de propriedade intelectual não surpreende quando vista no contexto da globalização econômica, que é, como já foi dito, a força política e econômica "transcendental" do nosso tempo.[540] Os canais pelos quais a globalização afeta

---

[536] Ver pronunciamento de Dilma Rousseff na ONU (Nova York), em 19 de setembro de 2011, relatando as políticas públicas brasileiras no combate a doenças crônicas não transmissíveis, entre elas o diabetes e a hipertensão. Disponível em: <www.youtube.com/watch?v=MTP52a-JKBbs>. Acesso em: 18 mar. 2015.

[537] Ver, de modo geral, Maskus (1998a, 1998b).

[538] Ver Maskus (1998a:136).

[539] Ibid.

[540] Ibid., p. 110, definindo a globalização como "o processo pelo qual mercados nacionais e regionais se tornam mais integrados através da redução de barreiras governamentais e naturais ao comércio, investimento e fluxos de tecnologia". Ver Courchene (1996).

a economia incluem o comércio de mercadorias e serviços, o licenciamento de produtos e tecnologias e a ampliação dos fluxos financeiros internacionais.[541]

Por outro lado, é preciso abordar também a governança do regime de propriedade intelectual em nível nacional. Mesmo com supostas vantagens dadas por uma legislação mais rígida de propriedade intelectual, investidores em geral, tanto de capital nacional quanto multinacional, ainda precisam decidir sobre a destinação de seus investimentos. Tais decisões dependem, então, de vantagens locais, isto é, características particulares de cada país.[542]

Na literatura sobre economia do desenvolvimento, uma grande variedade dessas características nacionais é analisada. Um fator central é a estabilidade política, sem a qual não há como realizar investimentos com retornos de médio e longo prazos.[543] Outro fator importante é a potencialidade de crescimento da demanda do mercado interno. Por exemplo, um estudo recente encontrou uma relação positiva entre a expansão das vendas e os investimentos em P&D no Brasil.[544] No processo de decisão sobre onde investir, fatores potencialmente relevantes incluem, ainda, a estabilidade macroeconômica,[545] a disponibilidade de uma infraestrutura física adequada para a construção de laboratórios tecnológicos (localizados, geralmente, nas proximidades das universidades de alto nível e institutos de pesquisa)[546] e a disponibilidade de capital humano, principalmente de cientistas e engenheiros qualificados.[547]

Outros fatores possivelmente relevantes são o tamanho do mercado, o nível de competição local, os preços dos insumos, a proximidade do mercado consumidor, a existência de tratados bilaterais de investimentos ou de tarifas externas, o risco de expropriação pelos governos locais, o ambiente regulatório, a carga tributária, os custos de transporte, o desenvolvimento de mercado de capitais, o grau de conversibilidade da moeda, a existência de laços históricos e culturais, os níveis de corrupção, a previsibilidade, o prazo e aplicação da lei e, quem sabe, até os níveis de criminalidade.

---

[541] Ver Caves (1996); Buckley e Casson (1985).

[542] Ver Dunning (1981); Markusen (1995:169); Grossman e Helpman (1991); Amirahmadi e Wu (1994).

[543] Ver Oddi (1987).

[544] Ver Instituto Brasileiro de Geografia e Estatística (IBGE). Pesquisa de Inovação Tecnológica (2005), doravante Pintec (2005).

[545] Ver Pintec (2005), ressaltando a influência das expectativas macroeconômicas positivas na inovação tecnológica no Brasil durante o período de 2003 a 2005.

[546] Ver Zanatta e colaboradores (2008).

[547] Ibid.

Até mesmo os níveis de contaminação da população de um país pelo HIV podem afetar a decisão do investidor. Por um lado, uma epidemia do vírus pode, por si só, ser uma séria restrição ao investimento externo, pois pode sinalizar existência de problemas socioeconômicos profundos. Mas essa contaminação também pode indicar a possível existência de um grande mercado consumidor para certos medicamentos.

Aqui não temos a pretensão de formular uma teorização mais ampla que combine ou faça um sopesamento de todos esses fatores. Interessa-nos apenas examinar um aspecto importante de uma teorização desse tipo, a saber, a discussão do impacto da estrutura política nacional sobre os níveis de inovação da indústria local. Ao abordar o caso brasileiro, sugeriremos que o baixo nível de inovação tecnológica no Brasil de hoje possa ser traçado ao que nos parece ser uma institucionalidade fraca no Brasil, fraqueza essa que se faz perceber, de forma particularmente aguda, no fato de o Estado brasileiro ainda viver à mercê de coalizões distributivas e, portanto, encontrar-se exposto a políticas de curto prazo em detrimento de interesses republicanos ligados à prosperidade no longo prazo, dos quais o fomento à inovação seria um bom exemplo.[548]

Um país institucionalmente forte seria capaz de desenvolver uma relativa autonomia ante jogos de interesses de curto prazo, de modo que prevaleceriam interesses de modernização e restringir-se-ia o acesso de determinados grupos ao processo político, com o que o Estado se tornaria capaz de planejar políticas alinhadas com os interesses republicanos de longo prazo.[549] Já o país institucionalmente fraco, arquetípico, é infestado por grupos de interesse que prejudicam significativamente a qualidade das políticas e atividades legislativas. Há muito disso no Brasil.

Um ponto talvez pouco enfatizado é o de que, para países de renda média, como o Brasil, instituições fortes parecem ser necessárias para o desenvolvimento, tanto do ponto de vista de uma economia política dita neoclássica quanto do ponto de vista de uma economia política dita heterodoxa.[550] Que a forte institucionalização seja necessária para a implantação de uma agenda mais heterodoxa de crescimento e desenvolvimento deveria ser absolutamente evidente porque, como se sabe, a industrialização dirigida pelo Estado é naturalmente porosa ao patrimonialismo e à troca de favores.[551]

---

[548] Ver, de modo geral, Chowdhury e Islam (1993).
[549] Ver Stephan Haggard (1988, 1990).
[550] Sobre as noções de "ortodoxia" e "heterodoxia" na economia, ver Lee (2008).
[551] Ver Chubb (1981).

Uma justificativa comum para a intervenção estatal é a existência de falhas de mercado, e, em um país institucionalmente fraco, as tentativas de correção de falhas de mercado redundarão em captura e fracasso. É bem verdade que, teoricamente, a governança dentro do partido – e aqui o caso da China é ilustrativo – pode substituir a governança por meio de mecanismos republicanos formais – com que sucesso no longo prazo, o desenrolar do até aqui vigoroso processo de crescimento econômico chinês nos dirá. Mas nada disso faz sentido em um país que se pretende democrático e pautado pela noção ocidental de estado de direito.

Ao mesmo tempo, uma institucionalidade forte também é imprescindível do ponto de vista de uma agenda liberal, às vezes chamada de economia política "neoclássica". Essa agenda introduz um conhecido conjunto de medidas destinadas a minimizar o fracasso governamental: desregulação dos setores, abertura da economia para o comércio internacional, diminuição da intervenção estatal, contenção de gastos para equilíbrio das contas públicas e a organização de um estado de direito pautado por direitos de propriedade seguros.

Contudo, essas são medidas que somente um Estado em certo sentido autônomo e, portanto, institucionalmente forte, pode promover. Primeiro, porque a liberalização desarticula os grupos de interesse, e a proteção eficaz dos direitos contratuais e de propriedade requer uma burocracia relativamente bem aparelhada. Segundo, porque o reduzido poder econômico do Estado pode abrir espaço para o aparecimento de focos de poder local com agendas nada republicanas – esse, aliás, o traço típico dos chamados *failed States* ("Estados falidos") da Ásia e África.

Um enfraquecimento institucional, dois paradigmas rivais

Dois paradigmas rivais explicam os insucessos das reformas liberalizantes na promoção de mais inovação na economia brasileira.[552] O primeiro está associado a uma visão dita "ortodoxa" e é articulado através do discurso da "economia política neoclássica".[553] O segundo parte de uma visão dita "heterodoxa" e pode ser articulado através da assim chamada "nova economia política".[554] De modo geral, a principal distinção entre cada uma dessas narrativas reside no papel

---

[552] Ver Katz (2005).
[553] Ver Srinivasan (2001), cunhando a expressão "economia política neoclássica".
[554] Ver Chowdhury e Islam (1993:46).

econômico desempenhado pelo Estado. Enquanto o primeiro modelo enfatiza o mercado como o engenho básico do desenvolvimento econômico, o segundo aloca a responsabilidade pelo desenvolvimento às políticas conduzidas pelos governos nacionais.[555]

Há um debate bastante antigo entre essas duas vertentes econômicas rivais da economia política. Teóricos mais antigos da economia do desenvolvimento consideravam o subdesenvolvimento um caso endêmico de falha de mercado, o que justificaria intervenções variadas do Estado na economia.[556] Tais intervenções incluiriam o controle das taxas de juros, a elevação de tarifas para importações de insumos, subsídios para o investimento e para equipamentos, controle de taxas de câmbio, substituição de importações e dirigismo econômico baseado em grandes empresas estatais ou campeões nacionais.

Atualmente, existe um amplo conjunto de teorias e evidências sugerindo que os custos de tais estratégias centradas na ação estatal podem ter superado seus benefícios.[557] As reformas liberalizantes, implementadas tanto em países desenvolvidos (especialmente a partir de fins dos anos 1970) quanto em países em desenvolvimento (especialmente a partir de fins dos anos 1980), emergiram na esteira dessa crítica.

O pressuposto era o de que crises econômicas, tanto nas nações ocidentais desenvolvidas quanto nos países subdesenvolvidos, teriam sido causadas pela difusão de práticas nocivas por bem articulados grupos de interesses.[558] Nesse diagnóstico, a excessiva intervenção estatal teria dado origem a uma dinâmica perversa em que grupos de interesse invadiam o ambiente político para garantir monopólios e privilégios em detrimento da competitividade e eficiência da economia como um todo. Como se vê, aqui estamos diante de proposições caras à teoria da escolha pública (*public choice*),[559] da captura regulatória,[560] do *rent-seeking*[561] e do problema do risco moral (*moral hazard*) nas contratações.[562]

O resultado desse quadro teria sido o sufocamento da inovação tecnológica, o endêmico (e inútil) combate burocrático dentro do Estado, a corrupção

---

[555] Ibid.

[556] Ver, por exemplo: Rosenstein-Rodan (1943); Prebisch (1959).

[557] Ver Little e colaboradores (1970); Donges (1976); Krueger (1978); Chowdhury e Islam (1993).

[558] Ver, de modo geral, Campbell e Pedersen (2001).

[559] Ver Buchanan e Tullock (1962).

[560] Ver Stigler (1971).

[561] Ver Krueger (1974).

[562] Ver Stiglitz (1983).

generalizada e os constantes fracassos na identificação de oportunidades que gerariam riqueza para os países e suas populações.[563] Nos países em desenvolvimento, o crescente endividamento internacional, a instabilidade política e as instituições com funcionamento bastante fraco teriam, ademais, agravado essa situação. Em vez de promover a riqueza e reduzir as diferenças, as políticas intervencionistas teriam, então, se esmerado em disseminar a pobreza.

Mais recentemente, no entanto, diversos teóricos vêm buscando recuperar a credibilidade dos processos de desenvolvimento liderados pelo Estado.[564] O ponto de partida desses teóricos é o de que a literatura neoliberal teria sido mais bem-sucedida na explicação dos casos de fracasso do que dos casos de sucesso no mundo em desenvolvimento.[565] Assim, a ortodoxia liberal estaria ignorando o fato de que os casos mais notórios de "alcance" (*catching up*), principalmente aqueles dos "Tigres" do Leste asiático, tenham se dado com elevado grau de ativismo político e econômico "iluminado",[566] característica dos governos nacionais fortemente intervencionistas.[567]

Um ponto sempre lembrado é o de que os governos dos Tigres Asiáticos teriam sido tão intervencionistas quanto os governos dos países latino-americanos, tendo os primeiros, no entanto, sido mais competentes que os segundos. Tanto que a parcela do produto interno bruto despendida em empreendimentos estatais teria sido maior em Taiwan e na Coreia do Sul do que em muitos países latino-americanos.[568] O problema do desenvolvimento estaria, então, menos na quantidade da intervenção estatal e mais na sua qualidade.[569]

Da economia política neoclássica

Do ponto de vista da economia política neoclássica, a ausência de uma indústria inovadora brasileira mais vibrante estaria menos relacionada às deficiências das políticas verticais aplicadas a setores específicos e mais relacionada

---

[563] Ver, de modo geral, Banco Mundial (1997).

[564] Ver Wade (1990:111-112); Krugman (1986:19-20); Amsden (1989).

[565] Ver Bardhan (1990).

[566] Ver Chowdhury e Islam (1993:47).

[567] Ver Krugman (1986:15): "O modelo teórico idealizado no qual se baseia o caso clássico do livre-comércio não é mais útil para nós. O mundo é mais complexo que isso, e não restam dúvidas de que essas complexidades abrem, em princípio, a possibilidade de um comércio ativo bem-sucedido e de uma política industrial eficiente". No mesmo sentido, ver Unger (2010).

[568] Ver Chowdhury e Islam (1993:47).

[569] Ver Sen (1983); Sachs e Williamson (1985); Chang (2002:126-148).

a deficiências que permeiam a economia brasileira horizontalmente como um todo.[570] Essas deficiências incluem a provisão insuficiente de bens públicos (principalmente infraestrutura física e educação), as ineficiências microeconômicas decorrentes de intervenções estatais mal planejadas (principalmente no que diz respeito a determinados grupos de interesse, cujo objetivo era reter monopólios e privilégios), o fracasso em controlar o gasto público, os poucos esforços para formação de poupança nacional e o insucesso em tomar atitudes mais arriscadas rumo a uma maior liberalização do comércio e à desregulamentação de mercados.

Por essa ótica, os princípios cruciais das políticas dos Tigres Asiáticos não estiveram presentes no Brasil. Por exemplo, a comparação de dados macroeconômicos do Brasil, Coreia do Sul, Taiwan, Japão, Chile e Estados Unidos demonstrou que o Brasil tem continuamente falhado em estabilizar sua situação macroeconômica.[571] O Brasil teria sido malsucedido, ano após ano, no controle do seu gasto público, tendo, por mais de quatro décadas, incorrido em taxas de inflação excessivas.[572] Na visão de alguns, essa situação perversa ensejaria dificuldades no financiamento da economia como um todo, pois redundaria na criação de "riscos jurisdicionais" ensejadores de uma aversão generalizada por parte dos agentes privados brasileiros em aplicar poupança em instrumentos financeiros de longo prazo sujeitos à jurisdição brasileira.[573]

O Brasil também teria sido malsucedido no controle de sua burocracia crescente, ineficiente e cara.[574] Tanto que a redução do déficit público, que aconteceu no começo de 2000, foi implantada por meio de uma cobrança maior de impostos e à custa de uma queda nos investimentos em infraestru-

---

[570] Ver Canêdo-Pinheiro e colaboradores (2007).

[571] Ibid.

[572] Ver Gustavo Franco (2004:259-283). Para uma discussão das origens do inflacionismo no Brasil, ver Calomiris (2014, cap. 12); Franco (2007). Para uma perspectiva comparada sobre esses temas, ver Noland e Pack (2002); Noland e Pack (1959): Japão, Coreia do Sul e Taiwan mantiveram a austeridade fiscal durante o período pós-II Guerra Mundial; Mansoorian e Michelis (2005): alta inflação tende a diminuir o crescimento econômico.

[573] Ver Arida e colaboradores (2005).

[574] Ver Lisboa e Latif (2013), propondo a hipótese do *institutionalized rent seeking*, que revisita e atualiza interpretações de Raymundo Faoro sobre a relação entre história do período colonial, arcabouço institucional e desenvolvimento econômico e político do Brasil. Ver, também, Herrera e Pang (2005), sugerindo que o setor público tende a ser menos eficiente em países nos quais a proporção dos gastos públicos com o PIB é mais alta. Ainda: Habib e Zurawicki (2002): a corrupção tem um efeito negativo sobre os níveis de investimento externo direto; Rajkumar e Swaroop (2008): a qualidade da burocracia estatal e o nível de corrupção do país têm um impacto negativo na eficácia das políticas públicas.

tura.[575] O resultado disso foi que a carga tributária do Brasil se tornou uma das mais altas do mundo em desenvolvimento,[576] enquanto a infraestrutura necessária para um efetivo crescimento ainda não existe.[577] Essas circunstâncias perversas explicariam o baixo dinamismo do setor inovador brasileiro.

Da economia política heterodoxa

A crítica heterodoxa desafia a ortodoxia em pelo menos três pontos. Em primeiro lugar, questiona a fundamentação empírica da visão ortodoxa ao revelar que todos os países do Leste asiático que estão alcançando o mundo em desenvolvimento confiaram significativamente em políticas industriais altamente interventivas.[578] Como dito acima, a sugestão, nesse sentido, é de que o que realmente importa para o processo de desenvolvimento econômico não é a extensão, mas sim a qualidade da intervenção estatal.[579] A inovação tecnológica é assim vista não como um produto da estabilidade macroeconômica, mas como um resultado dos específicos esforços conjuntos entre os atores privados e estatais.[580]

Em segundo lugar, a visão heterodoxa postula que o risco de falha governamental em qualquer política industrial ativista – ou seja, os conhecidos problemas de captura, *rent-seeking*, corrupção etc. – pode ser minimizado por meio de arranjos institucionais apropriados. Um exemplo sempre lembrado é o de que as proteções governamentais oferecidas às empresas do Leste asiático estavam condicionadas ao desempenho e ao cumprimento de metas pelos empreendimentos, o que nunca foi seriamente estabelecido no Brasil.[581] Mais recentemente, também se tem chamado a atenção para a ausência de foros

---

[575] Ver Gupta e colaboradores (2005): em países de baixa renda, a redução do gasto público tende a ser mais eficiente que a redução dos investimentos em infraestrutura ou o aumento da carga tributária.

[576] Ver Barbosa e colaboradores (2007): entre 2000 e 2004, a porcentagem tributária sobre o preço de medicamentos chegou a 35,07% do preço final, uma margem considerável, principalmente se levarmos em conta que o Brasil não tem uma política de reembolso desse custo. Ver, também, "Carga tributária comparada" em Tribunal de Contas da União (2009).

[577] Ver Canêdo-Pinheiro e colaboradores (2007).

[578] Ver Wade (1988, 1990).

[579] Ver Bardhan (1990:4); Sen (1983:4); Sachs e Williamson (1985); Chang (2002).

[580] Ver Mazzucato (2013); Guillén (2003).

[581] Ver Amsden (1989:VI); Pistor e Xu (2005).

técnicos adequados para definição e controle de políticas verticais.[582] E não faltam os que atribuem dificuldades de financiamento da economia brasileira à ordem monetária internacional capitaneada pelos Estados Unidos.[583]

Por fim, a visão heterodoxa hoje postula que o objetivo da política industrial de um país deveria ter como alvo ganhar mercados de exportação por meio de intervenção estratégica em setores-chave, em vez de escolher um vencedor e proteger mercados nacionais, como era comum nos tempos da política brasileira de industrialização por substituição de importações nos anos 1950 e 60, e como voltou a ser de alguns anos para cá.[584] Ao contrário do modelo asiático de industrialização orientada para exportação, o protecionismo excessivo da política de substituição de importações do Brasil teve por objetivo principal o suprimento do mercado nacional, o que tornou a inovação desnecessária para as companhias nacionais.[585]

É bem verdade que a heterodoxia não possui uma agenda própria e coerente, mas um ponto de consenso parece ser a defesa da maior participação do Estado nos assuntos econômicos.[586] Essa participação alegadamente seria relevante para o aumento da capacidade nacional de absorção de tecnologia, implantação de políticas verticais, adoção de posições mais protetivas em negociações de comércio internacional e, em alguns casos, promoção de mercados consumidores para a indústria nacional.[587] De qualquer forma, é certo que, nos processos políticos e econômicos, o setor privado não responde mecanicamente à iniciativa burocrática. Há sempre um largo espaço para negociação e compromisso, e há sempre o risco de que elites políticas – públicas ou privadas – dominem as agendas em detrimento de interesses republicanos de longo prazo.[588]

O problema das estruturas políticas

Dada a existência de interpretações rivais, a explicação das causas da ausência de inovação no Brasil, dentro e fora do setor farmacêutico, permanece em

---

[582] Ver Schapiro (2013).

[583] Ver Belluzzo (2009).

[584] Ver Hay (1998).

[585] Ver Westphal (1990); Rodrik e colaboradores (1995).

[586] Ver, de modo geral, Chang (2002).

[587] Ver Kupfer (2003).

[588] Ver Samuels (1987), descrevendo a complexa dinâmica da política no Leste asiático como a "política do consenso recíproco".

aberto. Seria fácil enxergar a visão ortodoxa/neoclássica como baseada em uma solução via mercado, e sua rival heterodoxa como baseada em uma solução burocrática que pudesse ser simplesmente imposta. Na verdade, as distinções entre as duas visões podem ser tênues, já que para as duas é consenso que o mercado precisa do Estado, assim como o Estado precisa do mercado.[589] Ademais, seria tentador sugerir que a questão do papel econômico do Estado pudesse ser simplesmente resolvida recorrendo-se a indícios e evidências constantes de estudos já existentes. Mas exceto no que toca a experiências radicais de centralização dos meios de produção – inequívocos fracassos –, as disputas entre as visões rivais aqui descritas terminam em debates inconclusivos.

O principal problema é que os indícios e evidências disponíveis são relativamente incertos e amparam elementos das duas visões. De fato, tanto a falha de governo quanto a falha de mercado são comuns, de modo que o desafio fundamental do desenvolvimento é diferenciar arranjos institucionais que minimizem a falha de governo, ao mesmo tempo que preservem os benefícios originados com a retificação da falha de mercado.[590]

Nossa análise específica do caso brasileiro enfatiza, por outro lado, o papel dos fatores políticos e de estruturas internas, sugerindo que a ausência de inovação em fármacos no país possa estar intimamente relacionada a um sistema político ainda disfuncional, que incorporou à atual democracia algumas das piores características do antigo regime militar, por sua vez herdadas já de antes.

Sem minimizar o problema da dependência da trajetória – porque uma cultura de inovação se faz com elevação de capital humano e disposição para correr riscos – postularemos que a falta de instituições políticas adequadas, e não a ausência de leis de propriedade intelectual eficazes, seria o fator mais importante da agenda de política industrial brasileira. Esse seria o fator-chave para explicar por que, no Brasil, as reformas conduzidas na década de 1990 nas leis de propriedade intelectual não foram bem-sucedidas no incentivo à inovação e aos investimentos em P&D.

Essencialmente, o argumento é que o arcabouço político brasileiro enfraquece o país ao favorecer uma estrutura na qual estão profundamente consolidados interesses oportunistas de certas frações da sociedade. É bastante improvável que os políticos dediquem muitos esforços para que a burocracia

---

[589] Ver Chowdhury e Islam (1993:53). Ver, também, Pargendler (2012); Musacchio e Lazzarini (2015).

[590] Ver Stiglitz e colaboradores (1990).

fique menos opressiva e complexa, já que eles obtêm vantagens com a mediação entre seus eleitores e os burocratas.[591] Não é de se surpreender que as reformas tributária e previdenciária, que poderiam consolidar uma estabilidade macroeconômica no Brasil, nunca tenham chegado a ser aprovadas. Aliás, esses fatos corroboram a evidência de que o Estado brasileiro tem feito muito pouco para aumentar a produtividade de sua economia, mesmo em um ambiente democrático com eleições legítimas e (ao que tudo indica) limpas. Além disso, essa postura política pode explicar as razões pelas quais os governantes não têm efetuado mudanças significativas para a redução dos gastos correntes dos governos.

A fraqueza institucional do Estado brasileiro pode ser encontrada já na sua Constituição. A Constituição Federal de 1988 fragmentou o poder político sem criar, em contrapartida, um sistema partidário forte o suficiente para dar coerência programática às ações governamentais no longo prazo.[592] Partidos fracos e políticos fortes atuam em um Congresso igualmente forte, aumentando o número de atores com poder de veto no processo político.[593]

Embora o Poder Executivo controle a agenda legislativa do país, a execução dessa agenda é bastante complicada.[594] A negociação política sobre a atividade legislativa é fortemente desestruturada, e o Poder Executivo precisa constantemente negociar com indivíduos, e não com partidos. Em um sistema no qual os membros do Congresso dificilmente são responsabilizados por seus atos, as negociações entre o Poder Executivo e os parlamentares são largamente enraizadas em um sistema de favores.[595] Essas circunstâncias acabam desencorajando compromissos quanto a programas governamentais de longo prazo, em benefício de combates burocráticos dentro da coalizão de governo.

O Congresso Nacional acaba, assim, sendo muito atuante na negociação de apoio político em troca de distribuições de favores e satisfação de interesses, mas é relativamente inerte quanto a assuntos relevantes do ponto de

---

[591] Ibid.

[592] Ver Scott Mainwaring (1999); Ames (2001:53). Ames sustenta que o arcabouço político do Brasil enfraquece ainda mais o Estado brasileiro por distorcer a representação dos eleitores no Congresso. Na Câmara dos Deputados, os assentos são alocados com base no tamanho da população, mas como cada estado não pode ter menos que oito e mais do que 70 assentos, o número de eleitores por deputado varia assustadoramente. Diversos cientistas políticos estudaram os efeitos dessa partilha desproporcional dos votos e concluíram que ela termina por reforçar o patrimonialismo.

[593] Ver Tsebelis (1995).

[594] Ver Ames (2001:17).

[595] Ibid.

vista nacional. Compromissos governamentais embasados apenas em contatos políticos são rotineiramente utilizados como moeda em troca de políticas. Esse fenômeno é tão difundido, que não é raro que políticos indiquem colegas de partido (independentemente de sua competência) para cargos importantes que exigem grande capacitação técnica, desde os mais baixos até os mais altos escalões do poder. É nesse sentido que dizemos que os problemas econômicos do Brasil, incluindo os níveis incipientes de inovação na indústria, podem ser traçados às estruturas políticas e institucionais do país.

Um aspecto curioso do sistema brasileiro é a estabilidade de sua disfuncionalidade. A estabilidade democrática brasileira é, em certo sentido, surpreendente. Afinal, do ponto de vista histórico, é sempre bom lembrar que a República Federativa do Brasil existe há não muito mais do que um século, tendo atravessado nada menos do que três períodos sob ditadura militar. Muitos se esquecem de que a transição de poder do ex-presidente Fernando Henrique Cardoso para o ex-presidente Lula foi a primeira entre dois presidentes democraticamente eleitos, em mais de 40 anos.

A estabilidade institucional também surpreende por conta das inúmeras turbulências políticas pelas quais o país vem passando desde a democratização. O primeiro presidente democraticamente eleito desde a aprovação da Constituição, Fernando Collor, assumiu o poder por menos de três anos, até sofrer um processo de *impeachment* pelo Congresso sob a acusação de corrupção. Na eleição seguinte, Fernando Henrique Cardoso foi eleito para um único mandato de quatro anos, não sujeito a reeleição. Entretanto, após apenas alguns anos no poder, Fernando Henrique conseguiu a aprovação de uma emenda constitucional que garantia uma única reeleição para si próprio e para governadores e prefeitos. Tudo indica que a aprovação parlamentar para tal reforma foi possível por meio de diversas negociações e acordos não oficiais com uma quantidade significativa dos congressistas[596] – um quadro, ao que tudo indica, nada diferente das práticas efetivadas pelo governo Lula que culminaram com o julgamento do *Mensalão*. No momento em que este livro está sendo concluído, as repercussões dos escândalos de corrupção dos governos Lula e Dilma ainda não são claras, mas a agitação política é grande.

A evolução do debate constitucional brasileiro também poderia sugerir instabilidade política. Durante seus menos de 30 anos de vigência, a Consti-

---

[596] Ver Ames (2001:2). Ver, também, Kramer (1997), listando notícias de que alguns governantes já eleitos haviam subornado parlamentares para que estes apoiassem a emenda de reeleição então em debate no Congresso.

tuição Federal do Brasil já sofreu mais de 80 emendas,[597] e a lista não para de crescer (a bicentenária constituição norte-americana foi emendada menos de 30 vezes). Por outro lado, também é preciso reconhecer que a Constituição de 1988 reforçou a estabilidade democrática do país de diversas maneiras. De um ponto de vista estritamente jurídico, o arcabouço democrático básico é garantido pela existência de um conjunto de previsões constitucionais que não podem ser eliminadas, as chamadas "cláusulas pétreas". A Constituição Federal também contribuiu para a estabilidade ao dividir o poder político e criar um sistema de freios e contrapesos que limita a possibilidade de o governo implantar reformas políticas radicais. Esse é o resultado do seu "presidencialismo de coalizão", no qual o presidente tem amplos poderes para montar a agenda das reformas políticas e jurídicas, mas depende do Poder Legislativo para governar.[598]

A Constituição Federal também reforçou a estabilidade política ao aumentar os repasses tributários a governos estaduais e municipais. Ao fazê-lo, o sistema federativo brasileiro foi fortalecido, despertando nos políticos locais o interesse de manter uma ordem institucional como meio de assegurar *status* e poder. O poder do Congresso também foi reforçado, já que o Poder Executivo precisa do suporte do Legislativo para governar. Finalmente, a Constituição aumentou radicalmente o nível de independência jurisdicional. De fato, o Poder Judiciário, independente e relativamente bem financiado pôde assumir o papel de "guardião" da Constituição.[599; 600] A Constituição também criou as condições necessárias para o posterior e emergencial surgimento de um sistema eleitoral aparentemente livre de fraudes, embora não livre de cinismo e corrupção política muito profundos.[601]

Mas a estabilidade, esse é o ponto a ser marcado, teve um preço alto. A mesma Constituição que lançou as bases para a estabilidade política pode também ser responsabilizada por gerar um modelo político centrado em par-

---

[597] Ver Constituição do Brasil de 1988, emendas constitucionais.

[598] Ver Abranches (1988). Ver, em sentido contrário, Limongi (2006) afirmando que os parlamentares brasileiros enfrentam o dilema de aderir a um bloco político do governo ou aguardar a próxima eleição, esperando que seu bloco seja eleito.

[599] Ver Ministério da Justiça (2004:10): relatório intitulado "Judiciário e economia", produzido e editado pela Secretaria de Reforma do Judiciário, mostrando que, em 1997, o Brasil gastou 3,66% do orçamento nacional com o Poder Judiciário, a taxa mais alta em uma amostra de 35 países, cuja média foi de 0,97%.

[600] Ver Rosenn (2000, 2005); Sato (2003); Barbosa (2007); Oliveira (2006).

[601] A contagem dos votos é feita eletronicamente, os votos são secretos e a participação da população é muito alta.

tidos políticos fracos. Se, de um lado, a fraqueza dos partidos pode reforçar a estabilidade por fragmentar a oposição ao Executivo, por outro, isto requer grandes coalizões políticas como condição para que qualquer presidente consiga governar. O Congresso é poderoso, mas o controle dos congressistas não é adequado, tampouco é transparente.

O sistema eleitoral brasileiro é amplamente permissivo no que diz respeito à possibilidade de que os membros do Congresso possam, a qualquer momento e sem restrição alguma, trocar de partido. O acesso à Câmara dos Deputados, à Assembleia Legislativa e à Câmara de Vereadores, nos níveis federal, estadual e municipal, respectivamente, tem como premissa a representação proporcional[602] e listas abertas de candidatos.[603] Quando combinado com diversas outras regras técnicas, esse sistema personaliza políticos, inibe a construção dos próprios partidos e, sobretudo, facilita que deputados se esquivem de um monitoramento constante.[604; 605] Nesse sentido, o arcabouço institucional brasileiro tende a produzir legisladores oportunistas, que têm pouco interesse nas questões nacionais.[606]

Conclusão

Costuma-se atribuir a falta de inovação no Brasil às más "políticas públicas", mas, na verdade, o estágio embrionário do sistema de inovação brasileiro está intimamente ligado a pactos políticos estruturais. A fraqueza institucional do país é parte importante da explicação de por que até o presente as reformas liberalizantes das últimas décadas tiveram um efeito questionável na mudança

---

[602] A representação proporcional significa que os assentos do Congresso são alocados para os partidos na proporção do número total de votos recebidos pelo partido – ao contrário dos sistemas anglo-americanos, que são baseados no sistema majoritário (*first past the post*). Ver Ames (2001:41).

[603] No sistema de lista aberta, os eleitores podem escolher votar em candidatos (o que configura a escolha de 90% do eleitorado) ou no partido. Nesse sistema, cada partido obtém uma quantidade de vagas de representação na Câmara dos Deputados, Assembleia Legislativa e Câmara de Vereadores, de acordo com o somatório de votos de todos os candidatos do partido. As listas partidárias são elaboradas com os candidatos mais votados em cada eleição e as vagas são distribuídas aos candidatos mais votados de cada partido.

[604] Ver Ames (2001:65).

[605] Ibid., p. 41.

[606] Na história da recente democracia do país, nenhum partido foi forte o bastante para governar com menos de outros seis partidos em coalizão, a qual pode reunir diversas facções diferentes, sem que haja qualquer coerência programática.

do quadro. A despeito do atual *status* de potência econômica emergente, o potencial de inovação brasileiro continua sendo subexplorado, tanto no âmbito do setor farmacêutico quanto em outras áreas.

A estrutura política brasileira enfraquece ações a longo prazo de investimentos em P&D em favor de políticas de curto prazo. Trata-se de uma circunstância estrutural cujo impacto independe da rigidez do sistema patentário brasileiro. Déficits no orçamento não apenas restringem a habilidade do governo para implantar políticas verticais baseadas em subsídios, mas também afetam a habilidade governamental para adotar políticas horizontais, como a redução da carga tributária, provisão de bens públicos e a redução do peso do Estado nos negócios de um modo geral.[607] A corrupção e a busca endêmica por grupos de interesse obstruem a capacidade do governo de realizar escolhas técnicas na condução de políticas industriais para os respectivos setores. O alto número de indicações políticas desqualificadas para posições-chave na administração é parte significativa do problema, mas é também sintoma da estrutura política subjacente.

A existência de uma burocracia complexa dificulta igualmente os esforços do governo na criação de um ambiente mais estável e atraente para o investimento. O Poder Executivo tem pouco incentivo para criar agências reguladoras autônomas e independentes, uma vez que, ao fazê-lo, os instrumentos disponíveis para comprar apoio político são reduzidos. O apoio político é negociado em troca de empregos no governo e outros cargos públicos, promessas e conchavos que não podem ser revelados. Essas práticas não são exclusividade do Brasil, mas sua extensão, hoje, é óbice para que o país possa seguir seu rumo de desenvolvimento. E não é fácil desatar o nó.[608] Esse quadro compromete a qualidade e a motivação dos homens públicos, seu comportamento e o conteúdo da própria política.

Tendo-se examinado as particularidades do caso brasileiro, pode-se então voltar ao nosso ponto de partida. A empreitada dessa obra foi o de tentar compreender a dinâmica das negociações focando em particular o poder de barganha de determinados países. E para fazê-lo, foi necessário examinar a economia política da regulação de patentes, no nível tanto nacional quanto

---

[607] Em 2014 a carga tributária do Brasil alcançou aproximadamente 36% do seu produto interno bruto, que configura a carga mais alta do mundo se comparada a países com produto *per capita* similar. Ver "Carga tributária comparada" em Tribunal de Contas da União (2009).

[608] Ver Ames (2001:24).

internacional. Assim, a análise aqui empreendida deslocou o foco das consequências da regulação para sua explicação.[609]

A experiência brasileira de negociação com os laboratórios farmacêuticos protegidos por patentes mostra que determinados países podem se beneficiar de uma negociação agressiva em propriedade intelectual sem afetar de forma significativa nem os níveis de investimentos externos nem suas relações comerciais.[610] Nesse sentido, o uso discricionário do licenciamento compulsório para patentes farmacêuticas, como foi permitido pela exceção de saúde pública do TRIPS, pode, de fato, representar um saldo positivo de barganha social para países como o Brasil. Nesses arranjos, negociações quanto a licenças compulsórias em períodos de crise de saúde pública, combinadas a uma interpretação moderada do Acordo TRIPS, podem ser atraentes não apenas do ponto de vista moral como também do ponto de vista econômico, pelo menos em curto e médio prazos. A chave para o desenvolvimento sustentável de longo prazo, no entanto, remanesce um enigma.

---

[609] Ver Kornhauser (2010).
[610] Essa experiência, no entanto, é viável em um contexto de um sistema de proteção patentária relativamente ineficiente. Ver, por exemplo, Blair e Cotter (1998).

Glossário

Acordo sobre Aspectos dos Direitos de Propriedade Intelectual relacionados ao Comércio (TRIPS). Integra o Anexo 1C do Acordo de Marrakesh e foi negociado, especialmente, durante a Rodada do Uruguai como condição para os países interessados em participar da OMC. Em vista da importância do conhecimento e de informações para as relações comerciais, a propriedade intelectual passou a ser tratada no âmbito das relações comerciais da OMC, conforme os padrões mínimos (*standards*) estabelecidos no TRIPS. Os princípios básicos do TRIPS são o do tratamento nacional[611] e o da nação mais favorecida.[612] Com relação aos institutos da propriedade intelectual, o TRIPS estabelece *standards* mínimos de proteção – relativos a direitos autorais e conexos, marcas, patentes, indicações geográficas, desenhos industriais, patentes, topografias e circuitos integrados, informações confidenciais, além de formas de licenciamento, transferência de tecnologia e controle de práticas de concorrência desleal – a serem incorporados, ou apenas confirmados, nas leis nacionais de cada país-membro. Dentro do sistema OMC, os países que descumprirem as disposições do TRIPS estarão sujeitos a sanções comerciais.

---

[611] De acordo com art. 3 do TRIPS, o princípio do tratamento nacional significa que "cada Membro concederá aos nacionais dos demais Membros tratamento não menos favorável que o outorgado a seus próprios nacionais com relação à proteção da propriedade intelectual".

[612] Conforme esse tratamento, nos termos do art. 4 do TRIPS "toda vantagem, favorecimento, privilégio ou imunidade que um Membro conceda aos nacionais de qualquer outro país será outorgada imediata e incondicionalmente aos nacionais de todos os demais Membros".

Declaração de Doha. Resultou das negociações da 4ª Conferência Ministerial Anual da OMC, realizada em novembro de 2001, em Doha, no Qatar. Naquela ocasião, os países-membros reconheceram a existência de desequilíbrio entre os *standards* do TRIPS e as necessidades de acesso a medicamentos e saúde pública. Essa declaração foi um marco na confirmação do uso de flexibilidades do TRIPS, tais como licenciamento compulsório e importação paralela. Outro aspecto relevante da declaração foi a extensão do prazo (de 2006 para 2016) para países menos desenvolvidos assimilarem em suas legislações os padrões do TRIPS para proteção patentária dos fármacos. Além disso, o acordo em Doha foi precursor no debate sobre a inclusão do desenvolvimento na agenda da Organização Mundial da Propriedade Intelectual (OMPI).

Genérico. Definido como produto similar ao fármaco original ou com ele intercambiável, que normalmente é produzido após expiração ou renúncia da exclusividade do titular do fármaco original, conforme previsto na Lei nº 9.787/1999 (Lei dos Genéricos). A concessão do licenciamento compulsório pressupõe a produção local ou a importação de genéricos para atender à demanda. No Brasil, a produção de genéricos atingiu 25,6% das vendas em unidades no conjunto do mercado farmacêutico, o que é ainda pouco significativo se comparada a outros países onde o mercado de genéricos já está consolidado, como Estados Unidos, França, Alemanha e Reino Unido, nos quais a participação desses medicamentos corresponde a 60%, 42%, 66% e 60% do total das vendas, respectivamente.[613]

Importação paralela. Direito conferido aos terceiros interessados em importar produto ou processo patenteado, desde que os objetos da patente tenham sido lançados no mercado (brasileiro ou estrangeiro) pelo titular, diretamente ou por terceiros, com o consentimento do primeiro. Essas importações feitas por uma parte sem a autorização do titular, previstas no art. 68, §4º, da LPI, são denominadas "importações paralelas". De forma geral, esse procedimento serve para os casos em que o titular, diretamente ou por intermédio de licenciados, não fabrica o produto e/ou processo no Brasil. Nesse sentido, se há inviabilidade na fabricação local, os produtos e/ou processos podem ser importados por

---

[613] Ver dados de mercado publicados por Associação Brasileira das Indústrias de Medicamentos Genéricos (Pró Genéricos). Disponível em: <www.progenericos.org.br/index.php/mercado>. Acesso em: 18 mar. 2015.

terceiros interessados que tenham acesso aos canais de vendas do titular ou de seus representantes autorizados, sem que seja devida remuneração ao titular.

Licenciamento compulsório. Trata-se de uma flexibilidade viabilizada pelo TRIPS para licenciar patentes mediante pagamento de menor remuneração ao titular. Conforme disposto na LPI, em situações excepcionais, nas quais a exclusividade concedida aos titulares de patentes é exercida de forma abusiva, não atende ao interesse público ou mesmo nos casos de emergência nacional e dependência entre patentes, o licenciamento compulsório pode ser requerido por qualquer interessado. O requerente, contudo, deve ter capacidade econômica e técnica para realizar a exploração do objeto da patente no mercado brasileiro. Até hoje, os pedidos de licenciamento compulsório foram apresentados por países interessados e alegadamente preparados para assumir a exploração da tecnologia. No Brasil, a decisão sobre a concessão de licenças compulsórias cabe ao Instituto Nacional da Propriedade Industrial (Inpi), que deve analisar o pedido do requerente e arbitrar a remuneração (abaixo do valor do mercado) a ser paga ao titular da patente. O Brasil pôs em prática sua habilidade negocial e concedeu, em 2007, o licenciamento compulsório do Efavirenz (medicamento antirretroviral).

Organização Mundial do Comércio (OMC). Foi criada em 1995, como sucessora do Acordo Geral de Tarifas e Comércio (GATT). Desde sua criação, após o término da II Guerra Mundial, as disposições do GATT foram provisoriamente destinadas a regular as relações comerciais entre os países-membros. Durante a Rodada do Uruguai de negociações, ocorrida entre 1986 e 1994, os membros do GATT decidiram criar a OMC, que atualmente possui 153 membros, os quais respondem por 95% do comércio mundial.[614] As decisões na OMC são tomadas pelo consenso da maioria de seus países-membros, sendo que a decisão por maioria de votos dos membros é permitida, embora nunca tenha sido utilizada. Ao contrário do GATT, que regulava somente as relações de comércio sobre produtos, a OMC dispôs também sobre a comercialização de serviços e bens intelectuais. Assim, o Acordo sobre Aspectos dos Direitos de Propriedade Intelectual relacionados ao Comércio (TRIPS) surgiu como Anexo 1C do Acordo da OMC. Além da administração de acordos, solução de

---

[614] Ver World Trade Organization in brief. Disponível em: <www.wto.org/english/thewto_e/whatis_e/inbrief_e/inbr00_e.htm>. Acesso em: 18 mar. 2015.

disputas e da assistência aos países em desenvolvimento, a OMC tem competência para monitorar a legislação nacional de seus membros relativa ao comércio.

Patente. É um direito conferido pelo Estado ao titular da propriedade intelectual para assegurar a exclusividade na exploração do invento. O monopólio do titular da tecnologia patenteada é limitado no tempo[615] e, para ser protegida por patente, a invenção deve atender aos requisitos da lei. O TRIPS, em seu art. 27, estabelece que para ser patenteável a invenção deve ser nova, envolver um passo inventivo e ser passível de aplicação industrial. A Lei nº 9.279/1996, conhecida como Lei de Propriedade Industrial (LPI) brasileira, segue os padrões mínimos de proteção do TRIPS e exclui da proteção patentária os diagnósticos, métodos terapêuticos e cirúrgicos para aplicação em humanos ou animais, assim como o todo ou parte de seres vivos e materiais biológicos encontrados na natureza, ou ainda dela isolados, inclusive o genoma ou germoplasma de qualquer ser vivo e os processos biológicos naturais, entre outros processos e produtos nela indicados. O titular pode licenciar ou ceder voluntariamente seu direito patentário ou até mesmo aceitar o licenciamento compulsório de sua patente, conforme previsto na legislação aplicável.

Princípio da exaustão de direitos. Previsto no art. 6º do TRIPS, também conhecido como esgotamento de direitos, aplica-se à situação em que o titular da patente foi remunerado na ocasião de colocação do produto e/ou processo patenteado no mercado (por exemplo, comercialização do produto patenteado). Nessas circunstâncias, os direitos do titular sobre o produto patenteado se esgotam com a venda, restando tão somente a exclusividade de reprodução do produto ou processo patenteado. Uma explicação desse princípio baseia-se no preceito de que a exclusividade do titular da propriedade intelectual deve vigorar até a recuperação dos investimentos despendidos com o desenvolvimento e fabricação da invenção, modelo, desenho, obra, software e/ou marca e não além, o que configuraria um monopólio indesejável ao interesse público.

---

[615] No Brasil, patentes de invenção e modelo de utilidade vigoram por 20 e 15 anos, respectivamente, contados da data de depósito.

Bibliografia

ABBOTT, Frederick M. Protecting First World assets in the Third World: intellectual property negotiations in the GATT multilateral framework. *Vanderbilt Journal of Transnational Law*, v. 22, n. 4, p. 689, 1989.

_____. The WTO TRIPS Agreement and global economic development. *Chicago-Kent Law Review*, v. 72, n. 2, p. 385-406, 1996.

_____. The WTO TRIPs Agreement and global economic development. *Public Policy and Global Technological Integration*, p. 39-65, 1997.

_____ et al. The concept of legalization. *International organization*, v. 54, n. 3, p. 401-419, 2000.

ABRANCHES, Sérgio. Presidencialismo de coalizão: o dilema institucional brasileiro. *Dados*, v. 31, n. 1, p. 5-38, 1988.

ACEMOGLU, Daron; LINN, Joshua. *Market size in innovation*: theory and evidence from the pharmaceutical industry. Cambridge, MA: National Bureau of Economic Research, 2003.

ACHILLADELIS, Basil; ANTONAKIS, Nicholas. The dynamics of technological innovation: the case of the pharmaceutical industry. *Research Policy*, v. 30, n. 4, p. 535-588, 2001.

ADI, Bongo. Intellectual property rights in biotechnology and the fate of poor farmers' agriculture. *The Journal of World Intellectual Property*, v. 9, n. 1, p. 91-112, 2006.

AGRICULTURE, RURAL DEVELOPMENT, FOOD AND DRUG ADMINISTRATION AND RELATED AGENCIES. *Appropriations Act*, Pub. L. nº 105-277, 112 Stat. 2681, 1999.

ALFORD, William P. How theory does-and does not-matter: American approaches to intellectual property law in East Asia. *UCLA Pac. Basin L J*, v. 13, p. 8, 1994.

ALIKHAN, Shahid. *Socio-economic benefits of intellectual property protection in developing countries.* Genebra: WIPO, 2000.

ALVES, Fabio; CAMINADA, Carlos. *Brazilian debt raised to investment grade by S&P.* Online. Disponível em: <www. bloomberg.com/apps/News>. Acesso em: 2008.

AMARAL JÚNIOR, Alberto do. Licença compulsória e acesso a medicamentos nos países em desenvolvimento. *Revista do Instituto dos Advogados de São Paulo*, São Paulo, v. 8, n. 16, p. 11-23, jul./dez. 2005.

_____. O Acordo TRIPS, a licença compulsória e os países em desenvolvimento, *Revista TRF 3ª Região*, n. 79, 2006.

_____. *A solução de controvérsias na OMC.* Rio de Janeiro: Atlas, 2008.

AMES, Barry. *The deadlock of democracy in Brazil:* interests, identities, and institutions in comparative politics. Ann Arbor: University of Michigan Press, 2001.

AMIRAHMADI, Hooshang; WU, Weiping. Foreign direct investment in developing countries. *The Journal of Developing Areas*, v. 28, n. 2, p. 167-190, 1994.

AMSDEN, Alice Hoffenberg. *Asia's next giant:* South Korea and late industrialization. Oxford: Oxford University Press on Demand, 1989.

ANDREWS, Jeffrey A. Pfizer's Viagra patent and the promise of patent protection in China. *Loy. LA Int'l & Comp. L. Rev.*, v. 28, p. 1, 2006.

ANSSON JR., Richard J. International intellectual property rights, the United States, and the People's Republic of China. *Temp. Int'l & Comp. L. J*, v. 13, p. 1, 1999.

ANTONS, Christoph. Sui generis protection for plant varieties and traditional agricultural knowledge: the example of India. *European Intellectual Property Review*, v. 29, n. 12, p. 480-485, 2007.

ANVISA. *Relatório Superintendência de Medicamentos e Produtos Biológicos Sumed/Anvisa*, p. 38-42, 2014.

ARIDA, Persio; BACHA, Edmar; LARA-RESENDE, André. Credit, interest, and jurisdictional uncertainty: conjectures on the case of Brazil. In: GERVAZZI, Francesco; GOLDFAJN, Ilan; HERRERA, Santiago (Ed.). *Inflation targeting, debt, and the Brazilian experience, 1999 to 2003.* Cambridge, MA: The MIT Press, 2005. p. 265-293.

AVERT.ORG. *HIV and Aids in Brazil*, 2010a.

_____. *HIV and Aids in China*, 2010b.

_____. *HIV and Aids in India*, 2010c.

_____. *HIV and Aids in Thailand*, 2010d.

_____. *Overview of HIV and Aids in India*, 2010e.

AXELROD, Robert. *The evolution of cooperation.* Nova York: Basic Books, 1984.

BADIN, Michelle Ratton Sanchez; SHAFFER, Gregory; ROSENBERG, Barbara. *Os desafios de vencer na OMC:* o que está por trás do sucesso do Brasil. São Paulo: Saraiva, 2012.

BALASUBRAMANIAM, Thiru; GOLDMAN, Andrew. *Selected compulsory licensing, government use, and patent exceptions provisions in various countries.* Genebra: WIPO-Intellectual Property Laws and Treaties, 2000.

BANCO CENTRAL DO BRASIL. *Relatório da Diretoria de Fiscalização (Difis). Foreign direct investment*, 2007. Documento com o autor.

BANCO MUNDIAL. *World Development Report*. Nova York: World Bank 1991.

____. *World Development Report 1997*: the State in a changing world. Nova York: World Bank, 1997.

____. *Intellectual property*: balancing incentives with competitive access. Nova York: World Bank, 2001.

____. *Brazil*: investment climate assessment. Nova York: World Bank, 2005.

BARBOSA, Alexandre de Freitas et al. *Avaliação da política industrial, tecnológica e de comércio exterior para o setor farmacêutico*. [S.l.]: Federação Brasileira de Indústria Farmacêutica (Febrafarma), 2007.

BARBOSA, Denis Borges. *A inconstitucionalidade da anuência da Anvisa no procedimento de concessão de patentes como manifestação discricionária da administração federal*, 2004. Manuscrito ainda não publicado.

____. *Tratado da propriedade intelectual*. Rio de Janeiro: Lumen Juris, 2010.

____; GRAU-KUNTZ, Karin. *Biotechnology in study of exclusions from patentability and exceptions and limitations to patentees' rights.*Genebra: WIPO: Standing Committee on the Law of Patents. Anexo III, 1 jan. 2010.

BARBOSA, Joaquim. Reflections on Brazilian constitutionalism. *UCLA J. Int'l L. & Foreign Aff.*, v. 12, p. 181, 2007.

BARDHAN, Pranab. Symposium on the state and economic development. *The Journal of Economic Perspectives*, v. 4, n. 3, p. 3-7, 1990.

BAR-GILL, Oren; PARCHOMOVSKY, Gideon. The value of giving away secrets. *Virginia Law Review*, p. 1857-1895, 2003.

BARNETT, Michael; DUVALL, Raymond (Ed.). *Power in global governance*. Cambridge, MA: Cambridge University Press, 2004.

BARRO, Robert J. *Economic growth in a cross section of countries*. Cambridge, MA: National Bureau of Economic Research, 1991.

BARROS, Henrique M. et al. The impact of the distribution of R&D expenses on firms' motivations to patent. *Insper Working Paper*, 2008.

BASHEER, Shamnad; PRIMI, Annalisa. The WIPO development agenda: factoring in the "technologically proficient" developing countries. In: BEER, Jeremy de (Org.) *Implementing the world intellectual property organization's development agenda*. Waterloo: Wilfrid Laurier University Press, 2009.

BASSO, Maristela. *Preliminary background paper on prior consent for pharmaceutical products by Anvisa in Brazil*, 2005. Manuscrito ainda não publicado.

____. Análise dos direitos de propriedade intelectual sob as perspectivas do direito antitruste: especial referência às marcas. *Revista do Ibrac*, v. 16, p. 75-100, 2009.

____ et al. *Direitos de propriedade intelectual & saúde pública*: o acesso universal aos medicamentos retrovirais no Brasil. São Paulo: Instituto de Direito do Comércio Internacional e Desenvolvimento (IDCID), 2007.

BASTOS, Valéria Delgado. Inovação farmacêutica: padrão setorial e perspectivas para o caso brasileiro. *BNDES Setorial*, Rio de Janeiro, n. 22, p. 271-296, set. 2005.

BBC NEWS. *Intel plans $1bn India investment*, 2005. Press release.

BEER, Jeremy de. Defining WIPO's Development Agenda. In: BEER, Jeremy de (Org.). *Implementing the World Intellectual Property Organization's Development Agenda*. Waterloo: Wilfrid Laurier University Press, 2009.

BELLO, Judith H.; HOLMER, Alan F. Special 301: its requirements, implementation, and significance. *Fordam Int'l L. J*, v. 13, p. 259, 1989.

BELLUZZO, Luiz Gonzaga. *Os antecedentes da tormenta*: origem da crise global. São Paulo: Ed. Unesp, 2009.

BEN-AMI, P. *Manual de propriedade industrial*. Secretaria da Indústria, Comércio, Ciência e Tecnologia. São Paulo: PromoCet, 1983.

BENKLER, Yochai. Coase's Penguin, or, Linux and "The Nature of the Firm". *Yale Law Journal*, p. 369-446, 2002.

____. Through the looking glass: Alice and the constitutional foundations of the public domain. *Law and Contemporary Problems*, v. 66, n. 1-2, p. 173-224, 2003.

BENSON, Todd. Brazil: free software's biggest and best friend. *The New York Times*, v. 29, n. 3, p. C3, 2005.

BENVENISTI, Eyal. Exit and voice in the age of globalization. *Michigan Law Review*, v. 98, n. 1, p. 167-213, 1999.

____; DOWNS, George W. Distributive politics and international institutions: the case of drugs. *Case W. Res. J. Int'l L.*, v. 36, p. 21, 2004.

BERDEGUÉ, Julio A. *Pro-poor innovation systems*. Roma: International Fund for Agricultural Development (IFAD), 2005.

BERMUDEZ, Jorge A. Z.; OLIVEIRA, Maria Auxiliadora; OLIVEIRA, Egleubia Andrade de. Expanding access to essential medicines in Brazil: recent regulation and public policies. In: BERMUDEZ, Jorge A. Z.; OLIVEIRA, Maria Auxiliadora (Ed.). *Intellectual property in the context of the WTO TRIPS Agreement*: challenges for public health. Rio de Janeiro: Fiocruz, 2004. p. 129-152.

BHAGWATI, Jagdish N. *The wind of the hundred days*: how Washington mismanaged globalization. Cambridge, MA: The MIT Press, 2000.

____. *In defense of globalization*. Oxford: Oxford University Press, 2004.

BIRD, Robert C. Defending intellectual property rights in the BRIC economies. *American Business Law Journal*, v. 43, n. 2, p. 317-363, 2006.

____; CAHOY, Daniel R. Emerging BRIC economies: lessons from intellectual property negotiation and enforcement. *The Nw. J. Tech. & Intell. Prop.*, v. 5, p. 400, 2006.

BLAIR, Roger D.; COTTER, Thomas F. Economic analysis of damages rules in intellectual property law. *Wm. & Mary L. Rev.*, v. 39, p. 1585, 1998.

BLAKENEY, Michael. *The international protection of industrial property*: from the Paris Convention to the TRIPS Agreement. Discurso apresentado em WIPO National Seminar on Intellectual Property for faculty members and students of Ajman University, abr. 2004.

BOLDRIN, Michele; LEVINE, David K. *Against intellectual monopoly*. Cambridge: Cambridge University Press, 2008.

BOYLE, James et al. A manifesto on WIPO and the future of intellectual property. *Duke L. & Tech. Rev.*, v. 2004, p. 9-15, 2004.

BOZYK, Pawel. *Globalization and the transformation of foreign economic policy*. Aldershot: Ashgate Pub. Co., 2006.

BRADFORD JR., Colin I. The rise of the NICs as exporters on a global scale. In: TURNER, Louis; MCMULLEN, Neil (Ed.). *The new industrializing countries*: trade and adjustment. Londres: George Allen & Unwin, 1982.

BRAGA, Carlos A. Primo; FINK, Carsten. The relationship between intellectual property rights and foreign direct investment. *Duke J. Comp. & Int'l L.*, v. 9, p. 163, 1998.

_____; _____. International transactions in intellectual property and developing countries. *International Journal of Technology Management*, v. 19, n. 1-2, p. 35-56, 2000.

BRASIL. Conselho de Estado. *Linhas gerais do Plano Nacional de Médio e Longo Prazo para o Desenvolvimento Científico e Tecnológico*, 2005.

_____. *Brasil renova licenciamento compulsório de antirretroviral usado no tratamento da Aids*, 8 maio 2012. Disponível em: <www.Aids.gov.br/noticia/2012/brasil_renova_licenciamento_compulsorio_do_efavirenz>. Acesso em: 6 set. 2014.

BRAZIL MAGAZINE. Foreign direct investment in Brazil doubles in 2007 to USD 35 billion. [S.l.]:[s.d.].

BRAZILIAN MINISTRY OF HEALTH. Brasil decreta licenciamento compulsório do Efavirenz, 4 maio 2007.

BROUDE, Tomer; BADIN, Michelle Ratton Sanchez. *Institutional aspects of international trade law*. Londres: Ashgate, 2013.

BUCHANAN, James M.; TULLOCK, Gordon. *The calculus of consent*: logical foundations of constitutional democracy. Indianápolis, IN: Liberty Fund, 1962.

BUCKLEY, Peter J.; CASSON, Mark. *The economic theory of the multinational enterprise*. Londres: Palgrave Macmillan, 1985.

BUSINESS SOFTWARE ALLIANCE & INTERNATIONAL DATA CORP. *Second Annual BSA and IDC Global Software Piracy Study*. Washington, DC, 2005a. Press release.

_____. *New BSA study shows that India's dynamic IT sector could nearly triple by 2009*. Washington, DC, 2005b. Press release.

CAHOY, Daniel R. Confronting myths and myopia on the road from Doha. *Georgia Law Review*, v. 42, p. 8, 2007.

CALOMIRIS, Charles W. *Fragile by design*: the political origins of banking crises and scarce credit. Princeton, NJ: Princeton University Press, 2014.

CAMPBELL, John; PEDERSEN, Ove. *The rise of neoliberalism and institutional analysis*. Princeton, NJ: Princeton University Press, 2001.

CANÊDO-PINHEIRO, Mauricio et al. Does Brazil need an industrial policy. Trade & Indus. Prop. Strategies. *Working Paper*, n. 1090, 2007.

CAO, Cong; SUTTMEIER, Richard P.; SIMON, Denis Fred. China's 15-year science and technology plan. *Physics Today*, v. 59, n. 12, p. 38, 2006.

CAPANEMA, Luciana Xavier de Lemos; PALEMIRA FILHO, Pedro Lins. Indústria farmacêutica brasileira: reflexões sobre sua estrutura e potencial de investimentos. In: TORRES FILHO, Ernani T.; PUGA, Fernando P. (Ed.). *Perspectivas do investimento*. Rio de Janeiro: BNDES, 2007.

CAPLING, Ann; RAVENHILL, John. The TPP: multilateralizing regionalism or the securitization of trade policy. In: LIM, C. L. et al. (Ed.). *The Trans-Pacific partnership*: a quest for a twenty-first century trade agreement. Cambridge, MA: Cambridge University Press, 2012.

CARDOSO, Fernando Henrique; FALETTO, Enzo. *Dependency and development in Latin America*. Berkeley: University of California Press, 1979.

CAROLE, Jacques. *China investing billions in bid to catch up with Western pharma*. Lux Research Inc., 2013. Disponível em: <www.luxresearchinc.com/news-and--events/pressreleases/read/china-investing-billions-bid-catch-western-pharma>. Acesso em: 4 fev. 2015.

CARTER, Barry E. International economic sanctions: improving the haphazard US legal regime. *Cal. L. Rev.*, v. 75, p. 1159, 1987.

CARVALHO, Nuno Pires de. Requiring disclosure of the origin of genetic resources and prior informed consent in patent applications without infringing the TRIPS agreement: the problem and the solution. *Wash. UJL & Pol'y*, v. 2, p. 371, 2000.

CASS, Ronald A. Thai patent turmoil, *Wall St. J. (Asia)*, 13 mar. 2007.

CAVES, Richard E. *Multinational enterprise and economic analysis*. Cambridge: Cambridge Surveys of Economic Literature, 1996.

CÉSAR, Priscilla Maria D. G. Flexibilidade do direito internacional da propriedade intelectual: reflexões para amenizar a crise do acesso a medicamentos essenciais. In: CARVALHO, Patricia L. de. *Propriedade intelectual*: estudos em homenagem à professora Maristela Basso. Curitiba: Juruá, 2008.

CHANDRASEKHAR, C. P.; GHOSH, Jayati. WTO drugs deal: does it really benefit developing countries? *Hindu Bus. Line*, 2003. Internet edition.

CHANG, Ha-Joon. *Globalisation, economic development and the role of the State*. Londres: Zed Books, 2002.

____. Institutional development in historical perspective. In: CHANG, Ha-Joon (Ed.). *Rethinking development economics*. Londres: Anthem Press, 2003.

CHASOMBAT, Sanchai et al. The national access to antiretroviral program for Pha (Napha) in Thailand. *Se. Asian J. Tropical Med. Pub. Health*, v. 37, p. 704, 2006.

CHATTERJEE, Patralekha. Novartis loses patent bid: lessons from India's 3(d) experience. *Intell. Prop. Watch*, 1 abr. 2013.

CHAUDHURI, Shubham; RAVALLION, Martin. Partially awakened giants: uneven growth in China and India. In: WINTERS, Alan L.; YUSUF, Shahid (Ed.). *Dancing with giants*: China, India, and the global economy. Washington, DC: World Bank, 2007.

CHEEK, Marney L. The limits of informal regulatory cooperation in international affairs: a review of the global intellectual property regime. *Geo. Wash. Int'l L. Rev.*, v. 33, p. 277, 2001.

CHEN, Yongmin; PUTTITANUN, Thitima. Intellectual property rights and innovation in developing countries. *Journal of Development Economics*, v. 78, n. 2, p. 474-493, 2005.

CHINA. Conselho de Estado. *Outline of the National Intellectual Property Strategy*, 2008.

CHOKEVIVAT, Vichai. Letter from the Department of Disease Control to Merck Sharp and Dohme. In: CHOKEVIVAT, Vichai (Ed.). *Facts and evidences on the 10 burning issues related to government use of patents on three patented essential drugs in Thailand*. Bangkok: Sangsue Co., 2007. p. 47-48.

CHOW, Daniel C. K. Why China does not take commercial piracy seriously. *Ohio NUL Rev.*, v. 32, p. 203, 2006.

_____. The role of intellectual property in promoting international trade and foreign direct investment. In: YU, Peter K. *Intellectual property and information wealth*: issues and practices in the digital age. Westport: Praeger Publisher, 2007. v. 4, p. 187.

_____. China's indigenous innovation policies and the World Trade Organization. *Nw. J. Int'l L. & Bus.*, v. 34, p. 81, 2013.

CHOWDHURY, Anis; ISLAM, Iyanatul. *The newly industrializing economies of East Asia*. Londres: Routledge, 1993.

CHUBB, Judith. The social bases of an urban political machine: the case of Palermo. *Political Science Quarterly*, v. 96, n. 1, p. 107-125, 1981.

CLARK, John Maurice. Competition: static models and dynamic aspects. *The American Economic Review*, v. 45, n. 2, p. 450-462, 1955.

COHEN, Jon. Brazil, Thailand override big pharma patents. *Science*, v. 316, n. 5826, p. 816-816, 2007.

COMITÊ GESTOR DA INTERNET NO BRASIL (CGI). *Lei do marco civil da internet é uma grande vitória para os brasileiros, considera CGI.br*. Rio de Janeiro, 2014.

COMM'N ON INTELLECTUAL PROPERTY RIGHTS. *Integrating intellectual property rights and development policy*, 2002.

COMMITTEE ON INTERNATIONAL TRADE AND INVESTMENT. The protection of private property invested abroad. *A. B. A. Sec. Int'l and Comp. L. 18*, 1963.

COOTER, Robert. The cost of Coase. *The Journal of Legal Studies*, v. 11, n. 1, p. 1-33, 1982.

_____. *The strategic constitution*. Princeton, NJ: Princeton University Press, 2000.

_____; SCHAEFER, Hans Bernd. *Solomon's knot*: how law can end the poverty of nations. Princeton, NJ: Princeton University Press, 2011.

_____; ULEN, Thomas. *Law & economics*. 4. ed. Upper Saddle River: Prentice Hall, 2004.

CORIAT, Benjamin; ORSI, Fabienne. Pharmaceutical patents, generic drugs and public health under the TRIPS Agreement: background paper to the concluding roundtable discussion on IPR. In: DRUID'S SUMMER CONFERENCE ON CREATING, SHARING AND TRANSFERRING KNOWLEDGE, 12-14 jun. 2003. Copenhagen. *Procedings...* Copenhagen: Danish Research Unit for Industrial Dynamic, 2003.

CORREA, Carlos M. New intellectual standards for intellectual property: impact on technology flows and innovation in developing countries. *Science and Public Policy*, v. 24, n. 2, p. 79-92, 1997.

____. *Acuerdo TRIPS*. Buenos Aires: Ciudad Argentina, 2000a.

____. *Intellectual property rights, the WTO and developing countries*. Londres: Zed Books, 2000b.

COTTER, Thomas F. Market Fundamentalism and the TRIPS Agreement. *Cardozo Arts & Ent. L. J*, v. 22, p. 307, 2004.

COURCHENE, Thomas J. *Policy frameworks for a knowledge economy*. Kingston: John Deutsch Institute, 1996.

COYLE, Diane. *Paradoxes of prosperity*: why the new capitalism benefits all. Abingdon, MD: Texere, 2001.

CRUZ, Carlos H. de B.; MELLO, Luiz de. Boosting innovation performance in Brazil. OECD Econ. Dep't. *Working Paper*, n. 532, 2006.

CULLET, Philippe. The Doha Declaration of the WTO and access to medicines. International Environmental Law Research Center. *IELRC Briefing Paper*, 2002-1, 2002.

____. The International Treaty on Plant Genetic Resources for Food and Agriculture. International Environmental Law Research Center. *IELRC Briefing Paper*, 2003-2, 2003.

CYBER INDIA ONLINE LIMITED. *BMC Software to Invest $12 M in India*, 20 maio, 2005.

DAKOLIAS, Maria. The judicial sector in Latin America and the Caribbean: elements of reform. *World Bank Technical Paper*, n. 319, 1996.

DAM, Kenneth. The economic underpinnings of patent law. *The Journal of Legal Studies*, v. 23, n. 1, 1994.

DEERE, Carolyn. *The implementation game*. Oxford: Oxford University Press, 2009.

DIMASI, Joseph A.; HANSEN, Ronald W.; GRABOWSKI, Henry G. The price of innovation: new estimates of drug development costs. *Journal of Health Economics*, v. 22, n. 2, p. 151-185, 2003.

DONGES, Juergen B. A comparative survey of industrialization policies in fifteen semi-industrial countries. *Weltwirtschaftliches Archiv*, v. 112, n. 4, p. 626-659, 1976.

DRAHOS, Peter. Trust me: patent offices in developing countries. *Am. J. L & Med.*, v. 34, p. 151, 2008.

____; BRAITHWAITE, John. *Information feudalism*: who owns the knowledge economy? Nova York: New Press, 2002.

DREYFUSS, Rochelle Cooper; LOWENFELD, Andreas F. Two achievements of the Uruguay Round: putting TRIPs and dispute settlement together. *Va. J. Int'l L.*, v. 37, p. 275, 1997.

DUGGER, Celia W. Brazil overrides Merck patent on Aids drug. *N.Y. Times*, p. A6, 5 maio 2007.

DUNNING, John. *International production and the multinational enterprise*. Londres: Routledge, 1981.

ELSTER, Jon. Arguing and bargaining in two constituent assemblies. *U. Pa. J. Const. L.*, v. 2, p. 345, 2000.

ENDESHAW, Assafa. A critical assessment of the US-China conflict on intellectual property. *Alb. L. J. Sci. & Tech.*, v. 6, p. 295, 1996.

ENGARDIO, Peter. *Chindia*: how China and India are revolutionizing global business. Nova York: McGraw-Hill Education, 2007.

ESTAVILLO, Maricel. Índia concede sua primeira licença compulsória para medicamento contra o câncer da Bayer. *Intellectual Property Watch*, 12 mar. 2012.

EUROPEAN COMMISSION. *Different needs, different responsibilities*: is the EU asking from developing countries? Hong Kong, 2005.

FALVEY, Rod; FOSTER, Neil; GREENAWAY, David. Intellectual property rights and economic growth. *Review of Development Economics*, v. 10, n. 4, p. 700-719, 2006.

____; ____; ____. Trade, imitative ability and intellectual property rights. *Review of World Economics*, v. 145, n. 3, p. 373-404, 2009.

FEDERAÇÃO BRASILEIRA DE INDÚSTRIA FARMACÊUTICA (FEBRAFARMA). *A indústria farmacêutica no Brasil*: uma contribuição para as políticas públicas. São Paulo: Febrafarma, 2006.

FEDERAL TRADE COMMISSION. US submissions to OECD and other international competition fora. *Roundtable on monopsony and buyer power*, 2008. Note by the United States.

FINANCIAL TIMES UK. *Special report*: Brazil. 8 jul. 2008.

FISCHER, Roger; URY, William. *Getting to yes*: negotiating agreement without giving in. 2. ed. Nova York: Simon & Schuster Audio, 1981.

FITZGERALD, Brian; SUZOR, Nic. Legal issues for the use of free and open source software in government. *Melb. UL Rev.*, v. 29, p. 412, 2005.

FLECK, Fiona. Drugs could still be costly under World Trade Organization deal. *BMJ: British Medical Journal*, v. 327, n. 7416, p. 639, 2003.

FOOD AND AGRICULTURE ORGANIZATION (FAO). *Tracking results in agriculture and rural development in less-than-ideal conditions*: a sourcebook of indicators for monitoring and evaluation. Bonn: GDPRD, 2008.

FORD, Nathan et al. Sustaining access to antiretroviral therapy in the less-developed world: lessons from Brazil and Thailand. *Aids*, v. 21, p. S 21-S 29, 2007.

FORGIONI, Paula. Importações paralelas no Brasil: a propriedade industrial nos quadrantes dos princípios constitucionais. *Revista de Direito Mercantil, Industrial, Econômico e Financeiro*, n. 149-150, jan. 2008.

FOSTER, George K. Opposing forces in a revolution in international patent protection: the US and India in the Uruguay round and its aftermath. *UCLA J. Int'l L. & Foreign Aff.*, v. 3, p. 283, 1998.

FRANCO, Gustavo. Auge e declínio do inflacionismo no Brasil. In: GIAMBIAGI, Fábio et al. (Org.). *Economia brasileira contemporânea 1945/2004*. Rio de Janeiro, Campus, 2004.

_____. Uma longa adolescência: fases da história monetária brasileira. In: LEWIN, Sergio (Org.). *Ideias e consequências*. Porto Alegre: Sulina, 2007.

FREEMAN, Christopher. *The economics of industrial innovation*. Cambridge, MA: The MIT Press, 1974.

GALLINI, Nancy; SCOTCHMER, Suzanne. Intellectual property: when is it the best incentive system? In: JAFFE, Adam B.; LERNER, Josh; STERN, Scott (Ed.). *Innovation policy and the economy*. Cambridge, MA: MIT Press, 2001. v. 1, p. 51-78.

GALVÃO, Jane. Access to antiretroviral drugs in Brazil. *The Lancet*, v. 360, n. 9348, p. 1862-1865, 2002.

GANA, Ruth L. The myth of development, the progress of rights: human rights to intellectual property and development. *Law & Policy*, v. 18, n. 2-3, p. 315-354, 1996.

GEHL SAMPATH, Padmashree. *Economic aspects of access to medicines after 2005*: product patent protection and emerging firm strategies in the Indian pharmaceutical industry. Genebra: Commission on Intellectual Property Rights, Innovation and Public Health, 2005.

GERHARDSEN, Tove Iren S. Brazil takes steps to import cheaper Aids drug under trade law. *Intellectual Property Watch*, 7 maio 2007a.

_____. Drug company reacts to Thai license: government ready to talk. *Intellectual Property Watch*, 16 fev. 2007b.

GERHART, Peter M. The two constitutional visions of the World Trade Organization. *U. Pa. J. Int'l Econ. L.*, v. 24, p. 1, 2003.

_____; KELLA, Archana Seema. Power and preferences: developing countries and the role of the WTO Appellate Body. *NCJ Int'l L. & Com. Reg.*, v. 30, p. 515, 2005.

GERVAIS, Daniel J. *The TRIPS Agreement*: drafting history and analysis. Londres: Sweet & Maxwell, 2003.

_____. Information technology and international trade: intellectual property, trade & development: the State of play. *Fordham L. Rev*, v. 74, p. 505, 2005.

GIBSON, Christopher S. Globalization and the technology standards game: balancing concerns of protectionism and intellectual property in international standards. *Berkeley Technology Law Journal*, v. 22, n. 4, p. 1403-1484, 2007.

GLOBAL MEETING ON GOVERNMENT INTEROPERABILITY FRAMEWORKS, 2010. Report. Disponível em: <www.gif4dev.net/>. Acesso em: 20 mar. 2015.

GODWIN, Mike. Prescription panic: how the Anthrax scare challenged drug patents. *Reason Found*, 1 fev. 2002.

GOLDSTEIN, Judith et al. Introduction: legalization and world politics. *International Organization*, v. 54, n. 3, p. 385-399, 2000.

GOVERNO FEDERAL DO BRASIL. *Guia livre*: migração para software livre do governo federal, versão 1.0, Brasília, 2005.

____. Comitê Executivo de Governo Eletrônico. Gov.br. *Eping: padrões de interoperabilidade de governo eletrônico*. Documento de referência, versão 2014.

GOVINDARAJAN, Vijay. The case for reverse innovation now. *Bloomberg Business*, 26 out. 2009.

____; TRIMBLE, Chris. *Reverse innovation*: create far from home, win everywhere. Boston: Harvard Business Review Press, 2012.

GRABEL, Ilene. International private capital flows and developing countries. In: CHANG, Ha-Joon (Ed.). *Rethinking development economics*. Londres: Anthem Press, 2003.

GRACE, Cheri. *The effect of changing intellectual property on pharmaceutical industry prospects in India and China*: considerations for access to medicines. Londres: DFID-Health Systems Resource Centre, 2004.

GRANGEIRO, Alexandre et al. Sustentabilidade da política de acesso a medicamentos antirretrovirais no Brasil. *Revista de Saúde Pública*, n. 40, 2006. Suplemento.

GRANSTRAND, Ove. Innovation and intellectual property rights. In: FAGERBERG, Jan. The Oxford handbook of innovation. Oxford: Oxford University Press, 2005.

GREEN, Jerry R.; SCOTCHMER, Suzanne. On the division of profit in sequential innovation. *The RAND Journal of Economics*, v. 26. n. 1. p. 20-33, 1995.

GREER, Douglas F. Case against patent systems in less-developed countries. *The J. Int'l L. & Econ.*, v. 8, p. 223, 1973.

GRIMWADE, Nigel. *International trade*: new patterns of trade, production and investment. Londres: Routledge, 1989.

GROIZARD, Jose. Technology trade. *The Journal of Development Studies – Taylor and Francis Journals*, v. 45, n. 9, p. 1526, 2009.

GROSS, Ames. New regulatory trends in Thailand's pharmaceutical market. *Pacific Bridge Medical*, 1999. Disponível em: <https://pt.scribd.com/document/82268421/New-Regulatory-Trends-in-Thailand-s-Pharmaceutical-Market>. Acesso em: 22 ago. 2016.

GROSSMAN, Gene; HELPMAN, Elhanan. *Innovation and growth in the global economy*. Cambridge, MA: The MIT Press, 1991.

GRUNDMANN, Helge E. Foreign patent monopolies in developing countries: an empirical analysis. *The Journal of Development Studies*, v. 12, n. 2, p. 186-196, 1976.

GUILLÉN, Mauro F. *Multinationals, ideology, and organized labor*: the limits of convergence. Princeton, NJ: Princeton University Press, 2003.

GUISE, Mônica Steffen. *Comércio internacional, patentes e saúde pública*. Curitiba: Juruá, 2007.

GULATI, Chetan. The tragedy of the commons in plant genetic resources: the need for a new international regime centered around an international biotechnology patent office. *Yale Hum. Rts. & Dev. L. J*, v. 4, p. 63, 2001.

GUPTA, Sanjeev et al. Fiscal policy, expenditure composition, and growth in low--income countries. *Journal of International Money and Finance*, v. 24, n. 3, p. 441-463, 2005.

GUZMAN, Andrew T. Why LDCs sign treaties that hurt them: explaining the popularity of bilateral investment treaties. *Va. J. Int'l L.*, v. 38, p. 639, 1998.

HABIB, Mohsin; ZURAWICKI, Leon. Corruption and foreign direct investment. *J. Int'l. Bus. Stud.*, v. 33, p. 33291, 2002.

HAGGARD, Stephan. The politics of industrialization in the Republic of Korea and Taiwan. In: HUGHES, Helen (Ed.). *Achieving industrialization in East Asia*. Cambridge: Cambridge University Press, 1988.

_____. *Pathways from the periphery*: politics of growth in the newly industrialized countries. Ithaca: Cornell University Press, 1990.

HAMM, Steve. Tech's future. *Business Week*, 27 set. 2004.

HAMMES, Bruno Jorge. Origem e evolução histórica do direito de propriedade intelectual. *Estudos Jurídicos*, n. 23, 1991.

HANDELMAN, Howard. *The challenge of Third World development*. 5. ed. Upper Saddle River: Pearson Publishers, 2009.

HARRELSON, John A. TRIPS, pharmaceutical patents, and the HIV/Aids crisis: finding the proper balance between intellectual property rights and compassion. *Widener L. Symp. J.*, p. 175, 2001.

HARRIS, Donald P. Carrying a good joke too far: TRIPS and treaties of adhesion. *U. Pa. J. Int'l Econ. L.*, v. 27, p. 681, 2006.

HARVARD BUSINESS REVIEW. Frugal innovation: lessons from Carlos Ghosn, CEO Renault-Nissan, 9 jul. 2012. Entrevista.

HASSAN, Emmanuel; YAQUB, Ohid; DIEPEVEEN, Stephanie. *Intellectual property and developing countries*: a review of the literature. Santa Monica, CA: Rand Co., 2010.

HAY, Donald. Industrial policy in Brazil: a framework. Ipea, *Texto para discussão* n. 551, 1998.

HE, Huaiwen; ZHANG, Ping. *Impact of the intellectual property system on economic growth*. WIPO – JPO – UNU Joint Research Project, 2007.

HEALD, Paul J. Misreading a canonical work: an analysis of Mansfield's 1994 study. *J. Intell. Prop. L.*, v. 10, p. 309, 2003a.

_____. Mowing the playing field: addressing information distortion and asymmetry in the TRIPS game. *Minn. L. Rev.*, v. 88, p. 249, 2003b.

HELFER, Laurence R. Intellectual property rights in plant varieties: an overview with options for national governments, *FAO Legal Papers Online*, n. 31, 2002.

_____. Regime shifting: the TRIPs agreement and new dynamics of international intellectual property lawmaking. *Yale J. Int'l L.*, v. 29, p. 1, 2004.

HELPMAN, Elhanan. *Innovation, imitation, and intellectual property rights*. Cambridge, MA: National Bureau of Economic Research, 1993.

HENDERSON, Rebecca; COCKBURN, Iain. Scale, scope and spillovers: the determinants of research productivity in drug discovery. *Rand J. Econ.*, v. 27, p. 32, 1996.

HERMANN, Rachel Marusak. Novartis before India's Supreme Court: what's really at stake? *Intell. Prop. Watch*, 2 mar. 2012.

HERRERA, Santiago; PANG, Gaobo. Efficiency of public spending in developing countries: an efficiency frontier approach. *World Bank Policy Research Working Paper*, n. 3645, 2005.

HERVIEU, Sebastien. South Africa gains entry to BRIC Club. *Guardian Weekly*, 19 abr. 2011.

HOEN, Ellen F. M. TRIPS, pharmaceutical patents, and access to essential medicines: a long way from Seattle to Doha. *Chi. J. Int'l L.*, v. 3, p. 27, 2002.

HOLANDA, Sérgio Buarque de. *Raízes do Brasil*. 26. ed. São Paulo: Companhia das Letras, 1994.

HUMAN RIGHTS WATCH, HIV/Aids PROGRAM. *Comment on the draft text of the agreement on the free trade area of the Americas*, 2003. Disponível em: <www.cptech.org/ip/ftaa/hrw02272003.html>. Acesso em: 22 ago. 2016.

IDRIS, Kamil. *Intellectual property*: a power tool for economic growth. 2. ed. Genebra: WIPO, 2003

IMAM, Ali. How patent protection helps developing countries. *AIPLA QJ*, v. 33, p. 377, 2005.

INSTITUTO NACIONAL DA PROPRIEDADE INDUSTRIAL (INPI). *Relatório INPI*, 2016, p. 35.

INTERNATIONAL CENTER FOR TRADE AND SUSTAINABLE DEVELOPMENT. India grants first compulsory license to generic drug producer. *Bridges*, v. 16, n. 10, 2012.

INTERNATIONAL FEDERATION OF PHARMACEUTICAL MANUFACTURERS & ASSOCIATIONS. *The Pharmaceutical Innovation Platform: Sustaining Better Health for Patients Worldwide* 12, 2004.

INTERNATIONAL MONETARY FUND. *Country composition of WEO groups, World Economic Outlook*. Database: WEO groups and aggregates information 2-3, 2008.

_____. *World Economic Outlook*. Database: WEO groups and aggregates information, 2012.

JACKSON, John H. *The world trading system*. 2. ed. Cambridge, MA: The MIT Press, 1997.

JAVORICK, Beata S. The composition of foreign direct investment and protection of intellectual property rights: evidence from transition economies. In: FINK, Carsten; MASKUS, Keith (Ed.). *Intellectual property and development*: lessons from recent economic research. Oxford: Oxford University Press, 2005.

JEFFERSON, Gary H. R&D and innovation in China: has China begun its S&T takeoff?. *Harvard China Review*, v. 5, n. 2, p. 44-50, 2005.

JURBERG, Claudia. Brazil issues retaliation list of US products: IP-protected items in next round. *Intell. Prop. Watch*, 17 nov. 2010.

KA, Zeng; WEI, Liang (Org.) *China and global trade governance*: China's first decade in The World Trade Organization. Londres: Routledge Contemporary China Series, 2013.

KAISERNETWORK.ORG. Abbott to stop launching new drugs in Thailand in response to country's compulsory license for antiretroviral Kaletra. *Kaiser Daily HIV/Aids Report*, 14 maio 2007.

KANWAR, Sunil; EVENSON, Robert. Does intellectual property protection spur technological change? *Oxford Economic Papers*, 55(2), 2003.

KAPCZYNSKI, Amy. Engineered in India: Patent Law 2.0. *New Eng. J. Med.*, 2013.

KAPLAN, Warren A.; LAING, Richard. Local production: industrial policy and access to medicines. World Bank, *HNP Discussion Papers*, 2005.

____. Harmonization and its discontents: a case study of TRIPS implementation in India's pharmaceutical sector. *California Law Review*, v. 97, n. 6, p. 1571-1649, 2009.

KATZ, Jorge. The limits of the prevailing orthodoxy: technology and education as restrictions to productivity growth and international competitiveness in Latin America. *Cadernos Ebape.br*, 2005. Edição especial (2005): Gestão tecnológica e inovação – experiência no Brasil e na América Latina.

KAUFER, Erich. *The economics of the patent system*. Chur: Harwood Academic, 1989.

KEARNEY, A. T. *New concerns in an uncertain world*. The 2007 A. T. Kearney foreign direct investment confidence index, 2008.

KELSEY, Jane (Ed.). *No ordinary deal*: unmasking the trans-pacific partnership free trade agreement. Londres: Allen & Unwin, 2011.

KENNETH, W. Dam, the economic underpinnings of Patent Law, 23 *J. Legal Stud.*, v. 247, p. 247, 1994.

KEYLA, B. K. *Review of national patent legislations of India, Indonesia, Sri Lanka & Thailand*: measures to safeguard public health. Nova Delhi: Commission on Intellectual Property Rights, 2004.

KHAN, B. Zorina. Intellectual property and economic development: lessons from American and European history. Comm'n on Intellectual Prop. Rights. *Study Paper*, 1a, 2002.

KITCH, Edmund W. The nature and function of the patent system. *The Journal of Law & Economics*, v. 20, n. 2, p. 265-290, 1977.

____. Patent policy of developing countries. *The UCLA Pac. Basin L. J*, v. 13, p. 166, 1994.

KOGAN, Lawrence A. Commercial high technology innovations face uncertain future amid emerging BRICS compulsory licensing and IT interoperability frameworks. *San Diego International Law Journal*, v. 13, n. 1, 2011.

KONING, Martine de. Why the coercion-based GATT approach is not the only answer to international piracy in the Asia-Pacific region. *European Intellectual Property Review*, v. 19, p. 59-77, 1997.

KORNHAUSER, Lewis A. *The design of law*: legal theory and the challenge of economic analysis of law, 2010. (No prelo, em arquivo com o autor.)

KRAMER, Dora. Uma senhora cruel chamada realidade. *Jornal do Brasil*, 1 jul. 1997.

KRIMSKY, Sheldon; WRUBEL, Roger Paul. *Agricultural biotechnology and the environment*: science, policy, and social issues. Urbana: University of Illinois Press, 1996.

KRISHNA, Jai; WHALEN, Jeanne. Novartis loses Glivec patent battle in India. *Wall Street Journal*, v. 1, 2013.

KRISTOF, Nicholas D. They're rounding the first turn! And the favorite is. *New York Times*, 17 jan. 2006.

KRUEGER, Anne O. The political economy of the rent-seeking society. *The American Economic Review*, v. 64, p. 291-303, 1974.

_____. Foreign trade regimes and economic development: liberalization attempts and consequences. *J. Dev. Econ.*, v. 6, p. 447, 1978.

KRUGMAN, Paul. A model of innovation, technology transfer, and the world distribution of income. *The Journal of Political Economy*, v. 87, n. 2, p. 253-266, abr. 1979.

_____. *Strategic trade policy and the new international economics*. Cambridge, MA: The MIT Press, 1986.

KRUPKA, Robert G.; SWAIN, Philip C.; LEVINE, Russell E. Section 337 and the GATT: the problem or the solution. *Am. UL Rev.*, v. 42, p. 779, 1993.

KUPFER, David et al. Política industrial. *Econômica*, v. 5, n. 2, p. 281-298, maio 2003.

KUZNETS, Simon. Static and dynamic economics. *The American Economic Review*, v. 20, p. 426-441, set. 1930.

LAFORGIA, Francesco et al. IPRs and technological development in pharmaceuticals. In: NETANEL, Neil W. (Ed.). *The development agenda*: global intellectual property and developing countries. Oxford: Oxford University Press, 2009.

LANDES, David S. *Wealth and poverty of nations*: why some are so rich and some so poor. Londres: W. W. Norton & Company, 1998.

LAX, David A.; SEBENIUS, James K. Interests: the measure of negotiation. In: BRESLIN, William J.; RUBIN, Jeffrey Z. (Ed.). *Negotiation theory and practice*. Cambridge: The Program on Negotiation at Harvard Law School, 1991.

LEE, Frederic S. Heterodox economics. *The mew Palgrave dictionary of economics*, 2008. Disponível em: <www.dictionaryofeconomics.com/article?id=pde2008_H000175>. Acesso em: 12 fev. 2015.

LEMOS, Ronaldo. *Direito, tecnologia e cultura*. Rio de Janeiro: Ed. FGV, 2005.

LERNER, Josh. The economics of technology and innovation: 150 years of patent protection. *American Economic Review*, v. 92, p. 221-225, 2002a. Papers.

_____. The economics of technology and innovation: 150 years of patent protection. *Am. Econ. Rev. Papers & Proceedings*, v. 92, n. 2, p. 221-225, 2002b.

LESSIG, Lawrence. *Free culture*. Nova York: Penguin, 2004.

LESTER, Simon. The Asian newly industrialized countries to graduate From Europe's GSP tariffs. *Harv. Int'l L. J*, v. 36, p. 220-579, 1995.

LEVI, Guido Carlos; VITÓRIA, Marco Antonio A. Fighting against Aids: the Brazilian experience. *Aids*, v. 16, p. 2373-2383, 2002.

LEWIS, Meredith Kolsky. The Trans-Pacific partnership: new paradigm or wolf in sheep's clothing?, *B. C. Int'l & Comp. L. Rev.*, v. 34, p. 27, 2011.

LIEBERTHAL, Kenneth. *Managing the China challenge*: how to achieve corporate success in the People's Republic. Washington, DC: Brookings Institution Press, 2011.

LIM, C. L. et al. (Ed.). *The Trans-Pacific partnership*: a quest for a twenty-first century trade agreement. Cambridge, MA: Cambridge University Press, 2012.

LIMONGI, Fernando. A democracia no Brasil: presidencialismo, coalizão partidária e processo decisório. *Novos Estudos Cebrap*, n. 76, 2006.

LISBOA, Marcos de Barros; LATIF, Zeina Abdel. Democracy and growth in Brazil. *Insper Working Paper* WPE, 311, 2013.

LITTLE, Ian et al. *Industry and trade in some developing countries*: a comparative study. Oxford: Oxford University Press, 1975.

LIU, Paul C.B. US industry's influence on intellectual property negotiations and special 301 actions. *UCLA Pac. Basin L. J*, v. 13, p. 87, 1994.

LOVE, James. Five common mistakes by reporters covering US/South Africa disputes over compulsory licensing and parallel imports. *Consumer Project on Technology*, 1999.

_____. Access to medicine and compliance with the WTO TRIPS Accord: models for state practice in developing countries. In: DRAHOS, P.; MAYNE, R. (Ed.). *Global intellectual property rights*: knowledge, access and development. Houndmills: Palgrave Macmillan, 2002.

LUX RESEARCH. *Comunicado à imprensa*. 11 jul. 2013. Íntegra disponível em: <www2.luxresearchinc.com/news-and-events/press-releases/180.html>. Acesso em: 20 mar. 2015.

MACEDO, Maria Fernanda; PINHEIRO, Eloan dos Santos. Econ. comm'n for Latin America and the Carribean (CEPAL). Encontro Internacional de Atração de Investimento Direto Externo. *Documento Setorial – Fármacos*, p. 2, U.N. Doc. n. LC/BRS/R.146, 2005. International workshop on attracting foreign direct investment: pharmaceutical sector.

MACHLUP, Fritz; PENROSE, Edith. The patent controversy in the nineteenth century. *The Journal of Economic History*, v. 10, n. 1, p. 24, 1950.

MACLEOD, Jonathan Burton. Tipping point: thai compulsory licenses redefine essential medicines debate. In: POGGE, Thomas et al. (Ed.). *Incentives for global public health*: Patent Law and access to essential medicines. Nova York: Cambridge University Press, 2010.

MADDISON PROJECT. *Historical statistics for the world economy*, 2007. Disponível em: <www.ggdc.net/maddison/maddison-project/home.htm>. Acesso em: 31 jul. 2016.

178 | Líderes improváveis

MAINWARING, Scott. *Rethinking party systems in the third wave of democratization*: the case of Brazil. Stanford: Stanford University Press, 1999.

MANKIW, N. Gregory. *Principles of economics.* Mason: Cengage Learning, 2006.

MANSFIELD, Edwin. *Industrial research and technological innovation.* Nova York: W. W. Norton for the Cowles Foundation, 1968.

____. Intellectual property protection, foreign direct investment, and technology transfer. *Int'l Fin. Corp. Discussion Paper*, v. 27, n. 19, 1994.

MANSOORIAN, Arman; MICHELIS, Leo. Money, habits and growth. *Journal of Economic Dynamics and Control*, v. 29, n. 7, p. 1267-1285, 2005.

MARINS JR. et al. Dramatic improvement in survival among adult Brazilian Aids patients. *Aids*, v. 17, n. 11, 2003.

MARKUSEN, James R. The boundaries of multinational enterprises and the theory of international trade. *The Journal of Economic Perspectives*, v. 9, n. 2, 1995.

MARQUES, Ubirajara Regis Quintanilha et al. Brazil's Aids controversy: antiretroviral drugs, breaking patents, and compulsory licensing. *Food & Drug L. J*, v. 60, p. 471, 2005.

MASHELKAR, Ramesh A. Nation building through science & technology: a developing world perspective. *Innovation Strategy Today*, v. 1, 2005.

MASKUS, Keith E. The role of intellectual property rights in encouraging foreign direct investment and technology transfer. *Duke J. Comp. & Int'l L.*, v. 9, p. 109, 1998a.

____. The international regulation of intellectual property. *Weltwirtschaftliches Archi* (Rev. of World Econ.), v. 134, n. 2, p. 186, 1998b.

____. *Intellectual property rights in the global economy.* Washington, DC: Institute for International Economics, 2000.

____. Ensuring access to essential medicines: some economic considerations. *WIS. Int'l L. J.*, v. 20, p. 563, 2002.

____; PENUBARTI, Mohan. How trade-related are intellectual property rights?, *J. Int'l Econ.*, v. 39, p. 227, 1995.

MAYNE, Ruth. The global campaign on patents and access to medicines: an Oxfam perspective. In: DRAHOS, Peter; MAYBE, Ruth (Ed.). *Global intellectual property rights*: knowledge, access and development: Houndmills: Palgrave Macmillan, 2002.

MAZZOLENI, Roberto; NELSON, Richard R. The benefits and costs of strong patent protection: a contribution to the current debate. *Research Policy*, v. 27, n. 3, p. 273-284, 1998.

MAZZUCATO, Mariana. *The entrepreneurial State*: debunking public vs. private sector myths. Londres: Anthem, 2013.

MCKINSEY & Co. *India Pharma 2020*: propelling access and acceptance, realising true potential, 2010.

MEDICAL NEWS TODAY. Brazilian president Silva issues compulsory license for Merck's antiretroviral Efavirenz, 9 maio 2007.

MÉDICOS SEM FRONTEIRAS. *MSF denounces Abbott's Move to withhold medicines from people in Thailand*, 15 mar. 2007. Press release.

MERCK & CO. *Statement on Brazilian government's decision to issue compulsory license for Stocrin*, 4 maio 2007. Press release.

MERCURIO, Bryan. TRIPS-Plus provisions in FTAs: recent trends. In: BARTELS, Lorand; ORTINO, Federico (Ed.). *Regional trade agreements and the WTO legal system*. Oxford: Oxford University Press, 2006.

_____. Awakening the sleeping giant: intellectual property rights in international investment agreements. *Journal of International Economic Law*, v. 15, n. 3, p. 871-915, 2012.

MEREDITH, Robyn. *The elephant and the dragon*: the rise of India and China and what it means for all of us. Nova York: W. W. Norton & Company, 2007.

MERGES, Robert P.; NELSON, Richard R. On the complex economics of patent scope. *Columbia Law Review*, v. 90, n. 4, p. 839-916, 1990.

MINISTÉRIO DA JUSTIÇA. Judiciário e economia. *Relatório produzido e editado pela Secretaria de Reforma do Judiciário*, 2004. p. 10.

MINISTÉRIO DA SAÚDE. *Efavirenz*: questões sobre o licenciamento compulsório, 2007a.

_____. Brasil decreta licenciamento compulsório do Efavirenz. 4 maio 2007b.

_____; MINISTÉRIO DO DESENVOLVIMENTO, INDÚSTRIA E COMÉRCIO EXTERIOR. *Fórum de competitividade da cadeia produtiva farmacêutica 2003-2006*: o desafio de prosseguir. Brasília, DF, 2007.

MINISTRY OF PUBLIC HEALTH. *Regarding exploitation of drugs and medical supplies for Clopidogrel*. 2007.

MITNOVETSKI, Oksana; NICOL, Dianne. Are patents for methods of medical treatment contrary to the ordre public and morality or "generally inconvenient"?. *Journal of Medical Ethics*, v. 30, n. 5, p. 470-475, 2004.

MOON, S. *Implementation of the Doha Declaration on the TRIPS Agreement and Public Health*: technical assistance – How to get it right. Genebra: Médecins Sans Frontières, 2002.

MOREL, Carlos et al. Health innovation in developing countries to address diseases of the poor. *Innovation Strategy Today*, 2005.

MOSER, Petra. How do patent laws influence innovation? Evidence from nineteenth-century world's fairs. *The American Economic Review*, v. 95, n. 4, p. 1214-1236, 2005.

MOTA, Sue Ann. TRIPS: ten years of disputes at the WTO. *Computer L. Rev. & Tech. J.*, v. 9, p. 455, 2005.

MUELLER, Janice M. The tiger awakens: the tumultuous transformation of India's patent system and the rise of Indian pharmaceutical innovation. *University of Pittsburgh Law Review*, v. 68, n. 3, 2007.

MULLIN, Thomas F. Aids, anthrax, and compulsory licensing: has the United States learned anything – a comment on recent decisions on the international intellectual property rights of pharmaceutical patents. *ILSA J. Int'l & Comp. L.*, v. 9, p. 185, 2002.

MUSACCHIO, Aldo; LAZZARINI, Sérgio G. *Reinventando o capitalismo de Estado*: o Leviatã nos negócios. Brasil e outros países. São Paulo: Companhia das Letras, 2015.

MUTHOO, Abhinay. A non-technical introduction to bargaining theory. *World Econ.*, v. 1, n. 2 , abr./jun. 2000.

NALIKAR, Amrita. *International trade and developing countries*: bargaining coalitions in the GATT and WTO. Londres: Routledge, 2003. RIPE series in global political economy.

NATIONAL SCIENCE BOARD. *Science and engineering indicators*, 2000.

NELSON, Maria et al. Counterfeit pharmaceuticals: a worldwide problem. *The Trademark Association*, v. 96, n. 5, p. 1068-1100, set./out. 2006.

NETMUNDIAL.BR. Netmundial dá um passo à frente rumo à internet igualitária e multissetorial, 24 abr. 2014.

NOLAND, Marcus; PACK, Howard. *Industrial policy in an era of globalization*: lessons from Asia. Washington, DC: Peterson Institute, 1959.

____; ____. Industrial policies and growth: lessons from international experience. In: LOYAZA, N.; SOTO, R. (Ed.). *Economic growth*: sources, trends, and cycles. Santiago: Central Bank of Chile, 2002.

NORDHAUS, William D. *Invention, growth, and welfare*. Cambridge, MA: The MIT Press, 1969.

NORONHA, Frederick. Developing countries gain from free/open-source software. *Linux Journal*, v. 20, 2003.

NUNN, Amy S. *The politics and history of Aids treatment in Brazil*. Nova York: Springer, 2009.

____ et al. Evolution of antiretroviral drug costs in Brazil in the context of free and universal access to Aids treatment. *PLoS Med*, v. 4, n. 11, p. 305, 2007.

NUNNENKAMP, Peter; SPATZ, Julius. Intellectual property rights and foreign direct investment: a disaggregated analysis. Kiel Instit. for World Econ., *Kiel Working Paper*, n. 1167, 2003.

O'NEILL, Jim et al. How solid are the BRICs?. Global Economics Paper nº 134. *Goldman Sachs Econ. Research 1*, 2005.

ODDI, A. Samuel. The international patent system and Third World development: reality or myth?. *Duke Law Journal*, p. 831-878, nov. 1987.

OFFICE OF THE US TRADE REPRESENTATIVE. *Special 301 Report*, 2007.

OGUAMANAM, Chidi. Genetic use restriction (or terminator) technologies (GURTS) in agricultural biotechnology: the limits of technological alternatives to intellectual property. *Can. J. L. & Tech.*, v. 4, p. 59, 2005.

____. Intellectual property rights in plant genetic resources: farmers' rights and food security of indigenous and local communities. *Drake J. Agric. L.*, v. 11, p. 273, 2006.

____. Agro-biodiversity and food security: biotechnology and traditional agriculture practices in the periphery of international intellectual property regime complex. *Michigan State Law Review*, n. 215, 2007.

OLEJKO, Daniel F. Charming a snake: open source strategies for developing countries disillusioned with TRIPs. *Penn St. Int'l L. Rev.*, v. 25, p. 855, 2006.

OLIVEIRA, Maria Ângela de Santa Cruz. Reforming the Brazilian Supreme Federal Court: a comparative approach. *Wash. U. Global Stud. L. Rev.*, v. 5, p. 99, 2006.

OLIVEIRA, Maria Auxiliadora; CHAVES, G. Costa; EPSZTEJN, R. *Brazilian intellectual property legislation.* Intellectual property in the context of the WTO TRIPS Agreement: challenges for public health. Rio de Janeiro: ENSP/Fiocruz, 2004. p. 151-160.

OLIVEIRA, Maria Auxiliadora et al. Has the implementation of the TRIPS Agreement in Latin America and the Caribbean produced intellectual property legislation that favours public health?. *Bulletin of the World Health Organization*, v. 82, n. 11, p. 815-821, 2004.

ORGANISATION FOR ECONOMIC COOPERATION AND DEVELOPMENT. *Biotechnology and the changing role of government.* Washington, DC: OECD Publications and Information Centre, 1988.

_____. *Information Technology Outlook 2000*: ICTs, e-commerce and the information economy. Washington, DC: OECD, 2000.

ORGANIZAÇÃO MUNDIAL DA SAÚDE. *3 million Aids sufferers could receive antiretroviral therapy by 2005*: new hope for those in developing world. WHO/58, 9 jul. 2002. Press release.

_____. *Manufacture of antiretrovirals in developing countries and challenges for the future.* Eb114/15, p. 1, 29 abr. 2004.

_____. *Progress on global access to HIV antiretroviral therapy*: a report on "3 by 5" and beyond. 2006.

ORGANIZAÇÃO MUNDIAL DO COMÉRCIO (OMC). *Decision of the General Council of 30 August 2003*, WT/L/540, 43 I.L.M. 509, 2004a.

_____. *Understanding the WTO*: developing countries. 2004b. Disponível em: <www.wto.org/english/thewto_e/whatis_e/tif_e/dev1_e.htm>. Acesso em: 20 mar. 2015.

_____. Comitê para o Desenvolvimento de Propriedade Intelectual (CDIP). *Information on the Development Agenda Group Guiding Principles*, U. N. Doc. CDIP/5/9 Rev., 5ª sess., 26 abr. 2010.

ORMACHEA, Pablo A. Agriculture subsidies and the free trade area of the Americas. *Law & Bus. Rev. Am.*, v. 13, p. 139, 2007.

PARDEY, Philip G.; BEINTEMA, Nienke M. *Slow magic*: agricultural R&D a century after Mendel. Washington, DC: Agriculture Science and Technology Indicators Initiative, 2001.

PARGENDLER, Mariana. State ownership and corporate governance. *Fordham Law Review*, v. 80, n. 6, p. 2917-2973, 2012.

PARK, Walter G.; GINARTE, Juan Carlos. Intellectual property rights and economic growth. *Contemporary Economic Policy*, v. 15, n. 3, p. 51-61, 1997.

_____; LIPPOLDT, Douglas. International licensing and the strengthening of intellectual property rights in developing countries during the 1990s. *OECD Economic Studies*, v. 40, n. 1, p. 7-48, 2005.

PEREIRA, Ana Cristina Paulo. *Direito internacional do comércio*: mecanismo de solução de controvérsias e casos concretos na OMC. Rio de Janeiro: Lumen Juris, 2003.

PISTOR, Katharina; XU, Chenggang. Governing emerging stock markets: legal vs administrative governance. *Corporate Governance: an International Review*, v. 13, 2005.

POGGE, Thomas; RIMMER, Matthew; RUBENSTEIN, Kim (Ed.). *Incentives for global public health*: patent law and access to essential medicines. Cambridge, MA: Cambridge University Press, 2010.

PORTER, Michael E. *Competitive strategy*: techniques for analyzing industry and competitors. Nova York: Free Press, 1980.

POSNER, Richard A. Creating a legal framework for economic development. *The World Bank Research Observer*, v. 13, 1998.

PRADHAN, Jaya Prakash. *Overcoming innovation limits through outward FDI*: the overseas acquisition strategy of Indian pharmaceutical firms. Nova Delhi: Institute for the Study of Industrial Development, 2008.

PRAHALAD, Coimbatore Krishna. *The fortune at the bottom of the pyramid*: eradicating poverty through profits. Philadelphia, PA: Wharton School Publishing, 2005.

____; MASHELKAR, Raghunath Anant. Innovation's holy grail. *Harvard Business Review*, jul./ago., 2010.

PREBISCHB, Raúl. Commercial policy in the underdeveloped countries. *The American Economic Review*, v. 49, n. 2, p. 251-273, 1959.

PRICEWATERHOUSECOOPERS, Pharma. *2020*: the vision – which path will you take?, 2007.

PRUD'HOMME, Dan. *Dulling the cutting edge*: how patent-related policies and practices hamper innovation in China. 2012. Disponível em: <http://papers.ssrn.com/sol3/papers.cfm?abstract_id=2190293>. Acesso em: 15 dez. 2015.

PUTNAM, Robert D. Diplomacy and domestic politics: the logic of two-level games. *International Organization*, v. 42, p. 427-460, 1988.

RADJOU, Navi; PRABHU, Jaideep. Mobilizing for growth in emerging markets. *MIT Sloan Management Review*, v. 53, n. 3, p. 81, 2012.

RAGHAVAN, Chakravarthi. *US beats a (tactical) retreat over Brazil's Patent Law*. Third World Network. 2001. Disponível em: <www.twn.my/title/tactical.htm>. Acesso em: 15 dez. 2015.

RAJKUMAR, Andrew Sunil; SWAROOP, Vinaya. Public spending and outcomes: does governance matter? *Journal of Development Economics*, v. 86, p. 96-111, 2008.

RAMAMURTI, Ravi. The obsolescing 'bargaining model'? MNC-host country developing country relations revisited, 32, *J. Int'l Bus. Stud.*, v. 32, n. 1, p. 23-39, 2001.

RAMESH, Jairam. *Making sense of Chindia*: reflections on China and India. Nova Delhi: India Research Press, 2005.

RAND CORPORATION. *Rand study says advanced countries will benefit most from progress in technology, with lesser benefits to other nations*, 1 jun. 2006. News release.

REICH, Arie. From diplomacy to law: the juridicization of international trade relations. *Nw. J. Int'l L. & Bus.*, v. 17, p. 775, 1997.

REICHMAN, Jerome H. Compliance with the TRIPS Agreement: introduction to a scholarly debate. *Vand. J. Transnat'l L.*, v. 29, p. 363, 1996.

____. From free riders to fair followers: global competition under the TRIPs Agreement. *NYUJ Int'l L. & Pol.*, v. 29, p. 11, 1997.

____; LANGE, David. Bargaining around the TRIPS agreement: the case for ongoing public-private initiatives to facilitate worldwide intellectual property transactions. *Duke J. Comp. & Int'l L.*, v. 9, p. 11, 1998.

REIN, Judy. International governance through trade agreements: patent protection for essential medicines. *Nw. J. Int'l L. & Bus.*, v. 21, 2001.

RESEARCH AND MARKETS. *In Thailand's pharmaceutical market generics are likely to be the fastest-growing segment, reaching USD 1.63bn in 2010 from USD 1.1bn in 2005*. Press release, 2007.

RODRIGUES JR., Edson Beas; MURPHY, Bryan. Brazil's prior consent law: a dialogue between Brazil and the United States over where the TRIPS agreement currently sets the balance between the protection of pharmaceutical patents and access to medicines. *Alb. L. J Sci. & Tech.*, v. 16, p. 423, 2006.

RODRIK, Dani; GROSSMAN, Gene; NORMAN, Victor. Getting interventions right: how South Korea and Taiwan grew rich. *Economic Policy*, v. 10, p. 55, 1995.

ROLLAND, Sonia E. Developing country coalitions at the WTO: in search of legal support. *Harv. Int'l L. J*, v. 48, p. 483, 2007.

ROMER, Paul M. Increasing returns and long-run growth. *The Journal of Political Economy*, v. 94, p. 1002-1037, 1986.

____. Endogenous technical change. *The Journal of Political Economy*, v. 98, n. 5, p. S71-S102, 1990.

____. The origins of endogenous growth. *The Journal of Economic Perspectives*, v. 8, p. 3-22, 1994.

ROSENBERG, Bárbara. *Patentes de medicamentos e o comércio internacional*: os parâmetros do TRIPS e do direito concorrencial para a outorga de licenças compulsórias. Tese (doutorado em direito) – Faculdade de Direito, Universidade de São Paulo, São Paulo, 2004.

ROSENN, Keith S. Judicial review in Brazil: developments under the 1998 Constitution. *Sw. JL & Trade Am.*, v. 7, p. 291, 2000.

____. Federalism in Brazil. *Duq. L. Rev.*, v. 43, p. 577, 2005.

ROSENSTEIN-RODAN, Paul N. Problems of industrialization of Eastern and Southeastern Europe. *The Economic Journal*, v. 53, p. 202-211, 1943.

ROTHSTEIN, Paul. Moving All-In with the World Trade Organization: ignoring adverse rulings and gambling with the future of the WTO. *Ga. J. Int'l & Comp. L.*, v. 37, p. 151, 2008.

RYERSON UNIVERSITY. *Indigenous peoples & food security*. Centre for Studies in Food Security. Disponível em: <www.ryerson.ca/foodsecurity/projects/>. Acesso em: 20 mar. 2015.

SACHS, Jeffrey D.; WILLIAMSON, John. External debt and macroeconomic performance in Latin America and East Asia. *Brookings Papers on Economic Activity*, v. 1985, p. 523-573, 1985.

SACKS, Jonathan. *The politics of hope*. Ed. rev. Londres: Vintage, 2000.

SAEZ, Catherine. WTO ruling in Brazil-US cotton opens door to cross-retaliation against IP rights. *Intell. Prop. Watch*, 7 set. 2009.

SALAMA, Bruno M.; BENOLIEL, Daniel. Towards an intellectual property bargaining theory: the post-WTO era. *University of Pennsylvania Journal of International Law*, v. 32, n. 1, p. 265-368, 2010a.

____; ____. Pharmaceutical patent bargains: the Brazilian experience. *Cardozo Journal of International and Comparative Law* (JICL), v. 18, n. 3, p. 633-689, 2010b.

SALOMÃO FILHO, Calixto. Direito industrial, direito concorrencial e interesse público. *RPDE*, v. 7, p. 29, 2004.

SAMUELS, Richard J. *The business of the Japanese State*: energy markets in comparative and historical perspective. Ithaca: Cornell University Press, 1987.

SANDERS, A. W. J. Kamperman. *The Development Agenda for Intellectual Property*: rational human policy or "modern-day communism"?. Inaugural lecture, delivered on the occasion of the acceptance of the chair of European and International Intellectual Property Law, 20 maio 2005.

SATO, Miyuki. Judicial review in Brazil: nominal and real. *Global Jurist Advances*, v. 3, n. 1, art. 4, 2003.

SAVOIE, Brent. Thailand's test: compulsory licensing in an era of epidemiologic transition. *Va. J. Int'l L.*, v. 48, p. 211, 2007.

SCHAPIRO, Mario G. Ativismo estatal e industrialismo defensivo: instrumentos e capacidades na política industrial brasileira. *Texto para discussão*, 1856. Rio de Janeiro: Ipea, 2013.

SCHERER, F. M. *Industrial market structure and economic performance*. Boston: Houghton Mifflin Company, 1971.

____. The political economy of patent policy reform in the United States. *Journal on Telecom. & High Tech. L.*, v. 7, 2009.

____; WATAL, Jayashree. Post-TRIPS options for access to patented medicines in developing countries. *Journal of International Economic Law*, v. 5, n. 4, 2002.

SCOTCHMER, Suzanne. Standing on the shoulders of giants: cumulative research and the patent law. *The Journal of Economic Perspectives*, v. 5, p. 29-41, 1991.

SEITER, Andreas. Pharmaceuticals: local manufacturing. *HNP Briefing Paper*, v. 3, 2005.

SELL, Susan K. *Private power, public law*: the globalization of intellectual property rights. Cambridge, MA: Cambridge University Press, 2003.

SEN, Amartya. Development: which way now? *The Economic Journal*, v. 93, p. 745-762, 1983.

SENOR, Dan; SINGER, Saul. *Nação empreendedora*: o milagre econômico de Israel e o que ele nos ensina. São Paulo: Évora, 2011.

SHAFFER, Gregory. Recognizing public goods in WTO dispute settlement: who participates? Who decides? The case of TRIPS and pharmaceutical patent protection. *Journal of International Economic Law*, v. 7, p. 459-482, 2004a.

____. Power, governance and the WTO: a comparative institutional approach. In: BARNETT, Michael; DUVALL, Raymond (Ed.) *Power and global governance*. Cambridge, MA: Cambridge University Press, 2004b.

SHAO, Ke. Look at my sign! Trademarks in China from Antiquity to the early modern times. *J. Pat. & Trademark Off. Soc'y*, v. 87, p. 654, 2005.

SHARMA, Ruchir. Broken BRICs. Foreign Affairs. *Council on Foreign Relations*, 14 maio 2013.

SHELL, G. Richard. Trade legalism and international relations theory: an analysis of the World Trade Organization. *Duke Law Journal*, v. 44, p. 829-927, 1995.

SHERMAN, Peggy B.; OAKLEY III, Ellwood F. Pandemics and panaceas: the World Trade Organization's efforts to balance pharmaceutical patents and access to Aids drugs. *American Business Law Journal*, v. 41, p. 353, 2004.

SHERWOOD, Robert M. Global prospects for the role of intellectual property in technology transfer. *IDEA: The Journal of Law and Technology*, v. 42, n. 1, p. 27-36, 1997a.

____. The TRIPS Agreement: implications for developing countries. *IDEA: The Journal of Law and Technology*, v. 37, p. 491, 1997b.

____. Human creativity for economic development: patents propel technology. *Akron L. Rev.*, v. 33, p. 351, 2000.

____. Some things cannot be legislated. *Cardozo J. Int'l & Comp. L.*, v. 10, 2002.

SHIKIDA, Claudio Djissey. Brazil: from import substitution to the 21st century. What is left to do. *Ibmec MG Working Paper*, n. WP30, 2005.

SIEW-KUAN, Elizabeth. Global health and development: patents and public interest. In: POGGE, Thomas et al. (Ed.). *Incentives for global public health*: patent law and access to essential medicines. Cambridge: Cambridge University Press, 2010.

SIYUAN, Na; PECK, Brian. China's Indigenous innovation policy in the context of its WTO obligations and commitments. *Geo. J. Int'l L.*, v. 42, p. 375, 2011.

SLATE, Robert. Judicial copyright enforcement in China: shaping world opinion on TRIPS compliance. *NCJ Int'l L. & Com. Reg.*, v. 31, p. 665, 2006.

SMITH, Sanya. Thai Human Rights Commission attacks FTA with US. *Third World Network*, 26 jan. 2007.

SOSNICK, Stephen H.; SCHERER, F. M. *Industrial market structure and economic performance*. Boston: Houghton Mifflin Company, 1971.

____; ____. Political economy of Patent Policy Reform in the United States. *The. J. on Telecomm. & High Tech. L.*, v. 7, p. 167, 2009.

____; ____; WATAL, Jayashree. Post-TRIPS options for access to patented medicines in developing nations. *Journal of International Economic Law*, v. 5, p. 913-939, 2002.

SRINIVASAN, Thirukodikaval. *Neoclassical political economy, the State and economic development, economic policy and State intervention.* N. S. S. Narayana, 2001.

STATE INTELLECTUAL PROPERTY OFFICE OF THE PRC (SIPO). *Numbers.* Disponível em: <http://english.sipo.gov.cn/specialtopic/number/>. Acesso em: 4 fev. 2015.

STEINBERG, Richard H. Trade-environment negotiations in the EU, NAFTA, and WTO: regional trajectories of rule development. *American Journal of International Law*, p. 231-267, 1997.

____. In the shadow of law or power? Consensus-based bargaining and outcomes in the GATT/WTO. *International Organization*, v. 56, n. 2, 2002.

____. Judicial lawmaking at the WTO: Discursive, constitutional, and political constraints. *American Journal of International Law*, p. 247-275, 2004.

STEVENS, Philip; VAN GELDER, Alec. A falácia da licença compulsória. 2010. Disponível em: <www.il-rs.org.br/site/arquivos/AFalaciadaLicencaCompulsoria. pdf>. Acesso em: 15 fev. 2015.

STIGLER, George J. The theory of economic regulation. *The Bell Journal of Economics and Management Science*, v. 2, n. 1, p. 3-21, 1971.

STIGLITZ, Joseph E. Risk, incentives and insurance: the pure theory of moral hazard. *The Geneva Papers on Risk and Insurance Issues and Practice*, v. 8, p. 4-33, 1983.

____. Comment: bargaining around the TRIPS agreement: the case for ongoing public-private initiatives to facilitate worldwide intellectual property transactions. *Duke J. Comp. & Int'l L.*, v. 9, 1998.

____. *The global politics of pharmaceutical monopoly power*: drug patents, access, innovation and the application of the WTO Doha Declaration on TRIPS and public health. Diemen: AMB, 2009.

____ et al. *Economic role of the State.* Oxford: Blackwell Publishing, 1990.

STRAUS, Joseph. Impact of the new world order on economic development: the role of the intellectual property rights system. *The J. Marshall Rev. Intell. Prop. L.*, v. 6, p. 1-10, 2006.

SYKES, Alan O. TRIPs, pharmaceuticals, developing countries, and the Doha 'Solution'. U Chicago Law & Economics, *Olin Working Paper*, n. 140, 2002.

TACHINARDI, Maria Helena. *A guerra das patentes.* Rio de Janeiro: Paz e Terra, 1993.

TAUBMAN, Antony. Rethinking TRIPS: 'adequate remuneration' for non-voluntary patent licensing. *Journal of International Economic Law*, v. 11, p. 927-970, 2008.

TEIXEIRA, Paulo R. et al. Antiretroviral treatment in resource-poor settings: the Brazilian experience. *Aids*, v. 18, p. S5, 2004.

THE ECONOMIST. *Brazil's Aids programme*: a conflict of goals, 12 maio 2007.

____. *Technology in emerging economies*, 9 fev. 2008.

THOMPSON, Leigh L. *The mind and heart of the negotiator.* 2. ed. Upper Saddle River: Prentice Hall, 2001.

THORPE, Phil. Study on the implementation of the TRIPS Agreement by developing countries. Commission on Intellectual Property Rights (UK), *Study Paper* n. 7, p. 1, 2002.

TIMM, Luciano Benetti; PARANAGUÁ, Pedro (Org.). *Propriedade intelectual, antitruste e desenvolvimento*: o caso da transferência de tecnologia e software. Rio de Janeiro: Ed. FGV, 2009.

TIWARI, R.; HERSTATT, C. The role of lead market factors in globalization of innovation: emerging evidence from India & its implications. In: IEEE INTERNATIONAL TECHNOLOGY MANAGEMENT CONFERENCE (IEEE-ITMC), 2011, San Jose, CA. *Proceedings...* Nova York: IEEE, 2011.

TRIBUNAL DE CONTAS DA UNIÃO. *Carga tributária comparada*, 2009. Disponível em: <http://portal.tcu.gov.br/tcu/paginas/contas_governo/contas_2009/Textos/Ficha%203% 20-%20Carga%20Tributaria.pdf>. Acesso em: maio 2016.

TSEBELIS, George. Decision making in political systems: veto players in presidentialism, parliamentarism, multicameralism and multipartyism. *British Journal of Political Science*, v. 25, p. 289-325, 1995.

ULKU, Hulya. Innovation, and economic growth: an empirical analysis. International Monetary Fund, *Working Paper*, n. 04/185, 2004.

UN-OHRLLS. U.N. Office of the High Representative for the Least Developed Countries. *The least developed countries*: things to know, things to do 1, 2. Nova York: UN, 2009.

UNGER, Roberto Mangabeira. *A reinvenção do livre-comércio*: a divisão do trabalho no mundo e o método da economia. Rio de Janeiro: Ed. FGV, 2010.

UNITED NATIONS. *Proposal from Brazil*, p. 23-27, U.N. Doc. Scp/14/7, 14th sess. annex 3, 2010.

UNITED NATIONS OFFICE OF THE HIGH REPRESENTATIVE FOR THE LEAST DEVELOPED COUNTRIES. *The least developed countries*: things to know, things to do, 2009.

UNITED NATIONS UNIVERSITY. *Free software in developing countries vital to future prosperity and good governance*: UNU Technology Experts, 2006.

U.S. DEPARTMENT OF COMMERCE. *The United States-China government signing ceremony fact sheet*, 2007. Press release.

VAITSOS, Constantine. Patents revisited: their function in developing countries. *The Journal of Development Studies*, v. 9, p. 71-97, 1972.

VALOR ECONÔMICO. *Análise setorial*: indústria farmacêutica, 25 maio 2006.

VAN WIJK, Jeroen. The impact of plant breeders rights in developing countries: results of a study in five Latin American countries. In: ____; JAFFÉ, Walter (Ed.). *Intellectual property rights and agriculture in developing countries*. Amsterdã: University of Amsterdam Press, 1998.

____; JAFFÉ, Walter R. (Ed.). *Intellectual property rights and agriculture in developing countries*. Amsterdã: University of Amsterdam Press, 1998.

VELÁSQUEZ, Germán; CORREA, Carlos M.; BALASUBRAMANIAM, Thirukumaran. Who in the frontlines of the access to medicines battle: the debate on intelectual property rights and public health. In: BERMUDEZ, Jorge A. Z.; OLIVEIRA, Maria Auxiliadora (Ed). *Intellectual property in the context of the WTO TRIPS Agreement*: challenges for public health. Rio de Janeiro: Ed. Fiocruz, 2004. p. 83-97.

VIVEKANANDAN V. C. *Post-TRIPS*: emerging issues for pharma industry – Pharmexcil Technical Session, 2008.

VON MEHREN, Robert B. International Arbitral Tribunal: award on the merits in dispute between Texaco Overseas Petroleum Company/California Asiatic Oil Company and the government of the Libyan Arab Republic (Compensation for Nationalized Property). *International Legal Materials*, v. 17, n. 1, p. 1-37, 1978.

WADE, Robert. The role of government in overcoming market failure: Taiwan, Republic of Korea and Japan. In: HUGHES, Helen (Ed.). *Achieving Industrialization in East Asia*. Cambridge, MA: Cambridge University Press, 1988. p. 129-163.

_____. *Governing the market*: economic theory and the role of government in East Asian industrialization. Princeton, NJ: Princeton University Press, 1990.

WALKER, Mary Beth. Assessing the barriers to universal antiretroviral treatment access for HIV/Aids in South Africa. *Duke J. Comp. & Int'l L.*, v. 15, p. 193, 2004.

WALL STREET JOURNAL. *Brazil gets Abbott discount*, 5 jul. 2007a.

_____. *Thai Flu moves South*, 7 maio 2007b.

WALL STREET JOURNAL EUROPE. *Bangkok's drug war goes global*, 7 mar. 2007.

WATAL, Jayashree. Intellectual property rights in the WTO and developing countries. *Wolters Kluwer Law & Business*, 2001. Editorial.

WAUGH, David. *Geography*: an integrated approach. Oxford: Nelson Thornes Publishing, 2002.

WEERAWARANA, Sanjiva; WEERATUNGE, Jivaka. Open source in developing countries. *SIDA*, v. 30, 2004.

WEISSMAN, Robert. Long, strange trips: the pharmaceutical industry drive to harmonize global intellectual property rules, and the remaining WTO legal alternatives available to third world countries. *U. Pa. J. Int'l Econ. L.*, v. 17, p. 1069, 1996.

WESTPHAL, Larry E. Industrial policy in an export propelled economy: lessons from South Korea's experience. *The Journal of Economic Perspectives*, v. 4, p. 41-59, 1990.

WILLIAMS, Brad; MIHALKANIN, Danielle. China's special campaign to combat IPR infringement. *China Business Review*, v. 38, 2011.

WILLIAMSON, John. Comment on 'macroeconomic policy and growth' by Corden. In: FISCHER, Stanley et al. (Ed.). *Proceedings of the World Bank Annual Conference on Development Economics*. Washington, DC: World Bank, 1990.

_____. Comment on "Macroeconomic Policy and Growth", by Corden. *The World Bank Economic Review*, v. 4, supl. 1, p. 85-88, 1991.

WILSON, Dominic; PURUSHOTHAMAN, Roopa. Dreaming with BRICs: the path to 2050. Goldman Sachs. *Global Economics Paper*, v. 99, p. 4, 2003.

WIRED. *Brazil gives nod to open source*, 16 nov. 2003.

WORLD HEALTH ORGANIZATION (WHO). Commission on Macroeconomics and Health. *Health and the international economy*. Working group 4, 2002.

____. Regional Office for South-East Asia. *Review of national patent legislations of India, Indonesia, Sri Lanka & Thailand*: measures to safeguard public health, set. 2004. Prepared by B. K. Keayla, 2004a.

____. Executive Board. *Report by the Secretariat*: antiretrovirals and developing countries, 16 dez. 2004b.

____. *Member States adopt a development agenda for WIPO*, 2007a. Press release.

____. *Member States agree to further examine proposal on development*, 2007b. Press release.

____. *Information on the Development Agenda Group Guiding Principles.* Committee on Development and Intellectual Property, U.N. Doc. CDIP/5/9 Rev., 5th sess., 2010.

WORLD TRADE ORGANIZATION (WTO). *Agreement on Trade-Related Aspects of Intellectual Property Rights (TRIPS)*. Genebra: WTO, 1994. Anexo 1c.

WRIGHT, Alan. *Innovation in Brazil*: public policies and business strategies. Washington, DC: Woodrow Wilson International Center for Scholars, 2008.

XIAOQING, Feng. Interaction between enhancing the capacity for independent innovation and patent protection: a perspective on the Third Amendment to the Patent Law of the PR China. *The. Pitt. J. Tech. L. & Pol'y*, v. 9, p. 1, 2009.

XIN, Fang. From imitation to innovation: a strategic adjustment in China's S&T development. *Bulletin of the Chinese Academy of Sciences. Beijing*, v. 19, n. 2, p. 100, 2005.

YINGLAN, Tan. *Chinnovation*: how Chinese innovators are changing the world. Hoboken: John Wiley & Sons, 2011.

YU, Peter K. From pirates to partners: Protecting intellectual property in China in the twenty-first century. *American University Law*, v. 50, 2000.

____. Intellectual property, economic development, and the China puzzle. In: GERVAIS, Daniel J. (Ed.). *Intellectual property, trade and development*: strategies to optimize economic development in a TRIPS-plus era. Oxford: Oxford University Press, 2007a. p. 173-220.

____. International enclosure, the regime complex, and intellectual property schizophrenia. *Michigan State Law Review*, p. 1-33, 1 abr. 2007b.

____. Access to medicines, BRICS alliances, and collective action. *Am. J. L & Med.*, v. 34, p. 345, 2008.

____. The global intellectual property order and its undetermined future. *The WIPO Journal*, v. 1, 2009.

____. ACTA and its complex politics. *WIPO Journal*, v. 3, p. 1-16, 2011a.

____. Six secret (and now open) fears of ACTA. *SMU Law Review*, v. 64, p. 975-1094, 2011b.

____. The TRIPS enforcement dispute. *Neb. L. Rev.*, v. 89, p. 1046, 2011c.

____. TRIPS enforcement and developing countries. *American University International Law Review*, v. 26, p. 727-782, 2011d.

____. Enforcement, enforcement, what enforcement?. *IDEA: The Journal of Law and Technology*, v. 52, p. 239-284, 2012a.

_____. Intellectual property and human rights in the nonmultilateral era?. *Fla. L. Rev.*, v. 64, p. 1045, 2012b.

_____. Building the ladder: three decades of development of the Chinese patent system. *Drake University Law School Research.* Paper, n. 12-30, 2012c.

_____. The rise and decline of the intellectual property powers. *Campbell Law Review*, v. 34, p. 525-578, 2012d.

_____. Building the ladder: three decades of development of the Chinese patent system. In: BAGLEY, Margo; OKEDIJI, Ruth (Ed.). *Global perspectives on patent law.* Oxford: Oxford University Press, 2013.

_____. TPP and Trans-Pacific perplexities. *Fordham International Law Journal*, v. 37, p. 1129-1181, 2014a.

_____. The middle intellectual property powers. In: GINSBURG, Tom et al. (Ed.). *Law and development in middle-income countries.* Cambridge: Cambridge University Press, 2014b.

YUSUF, Shahid. From creativity to innovation. Development Research Group, World Bank, *Working Paper*, n. 4262, 2007.

ZAMISKA, Nicholas. Abbott's Thai pact may augur pricing shift, *Wall St. J.*, p. A3, 23 abr. 2007.

ZANATTA, Mariana et al. National policies to attract FDI in R&D: an assessment of Brazil and selected countries. World Inst. Dev. Econ. Research, *Paper*, n. 2008/69, 2008.

ZUCOLOTO, Graziela F.; TONETO JR, Rudinei. Esforço tecnológico da indústria de transformação brasileira: uma comparação com países selecionados. *Revista de Economia Contemporânea*, v. 9, p. 337-365, 2005.

Índice

Abbott 79, 84, 85

Acordo Comercial Anticontrafação (ou ACTA) 37

Acordo de Marrakesh 24, 159

Acordo TRIPS 12, 20, 23, 24, 25, 26, 27, 28, 29, 31, 32, 33, 35, 36, 37, 38, 39, 40, 41, 42, 43, 44, 46, 47, 50, 51, 53, 58, 61, 63, 64, 65, 66, 67, 68, 70, 72, 76, 77, 79, 80, 83, 84, 87, 88, 92, 94, 95, 97, 99, 100, 101, 102, 103, 104, 105, 106, 107, 108, 109, 110, 111, 112, 113, 114, 116, 120, 121, 122, 124, 125, 128, 129, 130, 131, 135, 136, 138, 142, 157

África do Sul 16, 26, 39, 51, 61, 76, 77, 86, 87, 88, 90, 110, 112, 130, 131, 138

Alemanha 71, 93, 117, 123, 160

Anvisa 60, 117, 125, 126, 127, 128

Argentina 80, 81, 83, 118

AZT 56

Barack Obama 37, 101

Bayer 99

Biodiversidade 108, 109, 135

Biotecnologia 46, 48, 71, 93, 96, 101, 109, 135

Brasil 21, 26, 27, 29, 37, 39, 51, 56, 57, 58, 60, 62, 63, 66, 76, 77, 78, 79, 80, 81, 82, 83, 84, 85, 86, 87, 88, 90, 93, 110, 111, 112, 113, 114, 115, 116, 117, 118, 119, 120, 121, 122, 123, 124, 125, 127, 128, 129, 130, 131, 132, 133, 134, 135, 136, 137, 138, 139, 140, 141, 142, 143, 144, 148, 149, 150, 151, 152, 153, 154, 155, 156, 157, 160, 161, 162

Captura 145, 146, 149

China 16, 26, 27, 28, 37, 39, 51, 60, 61, 74, 75, 76, 77, 81, 87, 88, 89, 90, 91, 92, 93, 94, 95, 96, 97, 110, 124, 133, 145

Cingapura 31, 37, 41, 51, 93, 105

Código Brasileiro de Propriedade Industrial (Lei nº 5.772/1971) 116, 122

Comitê Gestor da Internet 83

Congresso dos Estados Unidos 87

Conselho de Estado da China 92, 93, 96

Constituição Federal de 1988 152, 154

Consultative Group on International Agricultural Research 48

Coreia do Sul 31, 41, 51, 65, 93, 101, 147, 148

Corrupção 34, 143, 146, 148, 149, 153, 154, 156

Crescimento endógeno 45

Cuba 80

Cultivares 48, 109

Declaração de Doha 20, 38, 87, 125, 131, 136, 160

Departamento de Comércio Americano (ou USTR) 27, 58, 59, 60, 79, 129, 132, 136

Dilma Rousseff 142, 153

Economia heterodoxa 144, 145, 149, 150, 151

Economia ortodoxa 144, 145, 147, 149, 151

Efavirenz 12, 21, 57, 58, 79, 80, 84, 111, 133, 138, 139, 141, 161

Eficácia alargada 99

Egito 80

Encontro Multissetorial sobre o Futuro da Governança da Internet 82

Escritório Estatal de Propriedade Intelectual na China (ou SIPO) 91, 92

Estados Unidos 27, 29, 31, 32, 35, 36, 37, 43, 49, 58, 59, 60, 61, 65, 71, 78, 79, 85, 87, 88, 89, 91, 93, 94, 95, 96, 98, 108, 116, 117, 123, 129, 130, 131, 136, 137, 138, 148, 150, 160

Estratégias de negociação 16, 26, 28, 32, 33, 35, 36, 37, 46, 52, 53, 54, 56, 57, 61, 64, 65, 70, 73, 76, 78, 79, 80, 83, 84, 88, 89, 90, 102, 103, 105, 107, 108, 112, 113, 114, 122, 124, 139, 140, 142, 150, 152, 157

opção de fora 32, 33, 34, 52, 53, 54, 55, 56, 58, 63, 64, 65, 70, 78, 102, 114

opções de dentro 33, 52, 64, 66, 67, 68, 70, 114, 124

poder de mercado 52, 54, 69, 70, 76, 77

Falhas de mercado 145, 146, 151

Far-Manguinhos 57, 141

FDA 98

Fernando Collor de Mello 153

Fernando Henrique Cardoso 42, 153

Filipinas 51, 77, 110

Food and Agriculture Organization (ou FAO) 47, 48

Foreign Trade Agreement 77

Free Trade Agreement 36, 77, 85

GATT 24, 35, 68, 80, 121, 161

Genéricos 21, 33, 38, 55, 56, 57, 78, 85, 98, 99, 100, 106, 110, 111, 112, 114, 117, 128, 132, 138, 139, 140, 141, 142, 160

Gleevec 21, 99

Global Meeting on Government Interoperability Frameworks 82

Governo democrático 86, 97

Hong Kong 31, 37, 41, 51, 93

Importação paralela 88, 124, 160

Índia 16, 26, 39, 51, 57, 60, 61, 66, 74, 75, 76, 77, 78, 80, 81, 83, 86, 87, 88, 89, 90, 93, 97, 98, 99, 100, 101, 102, 110, 122, 124, 130, 133

Indústria farmacêutica 22, 23, 26, 33, 35, 36, 46, 57, 61, 62, 63, 65, 70, 75, 76, 78, 83, 85, 88, 90, 97, 98, 99, 102, 107, 110, 112, 115, 116, 117, 118, 132, 133, 134, 136, 140

Indústria local 56, 75, 88, 98, 142, 144

Inovação 21, 22, 23, 27, 29, 31, 33, 34, 40, 43, 44, 45, 48, 50, 51, 62, 68, 70, 71, 74, 75, 76, 77, 78, 80, 82, 86, 88, 89, 91, 92, 97, 98, 100, 110, 112, 113, 114, 115, 120, 134, 136, 140, 143, 144, 145, 146, 149, 150, 151, 153, 155

Inovação tecnológica doméstica 86, 88, 89

Insegurança 75, 125

Institucionalidade 144, 145

Instituto Nacional da Propriedade Industrial (ou Inpi) 66, 123, 125, 126, 127, 141, 161

Investimento estrangeiro direto (ou IED) 31, 40, 41, 43, 45, 51

Israel 31, 45

Iugoslávia 80

Japão 31, 37, 41, 51, 91, 93, 101, 148

José Serra 141

Kaletra 79, 84, 85

Lei de Propriedade Industrial (ou LPI: Lei nº 9.279/1996) 62, 116, 123, 124, 125, 126, 127, 131, 134, 162

Lei dos Genéricos (Lei nº 9.787/1999) 117, 160

Leis de Patentes 2.0 100

Leste asiático 81, 147, 149, 150

Licenciamento compulsório 10, 16, 19, 20, 25, 26, 33, 34, 36, 38, 52, 54, 56, 57, 58, 61, 63, 64, 65, 70, 73, 75, 76, 77, 78, 79, 83, 84, 85, 86, 87, 88, 89, 91, 98, 99, 102, 111, 112, 114, 115, 120, 122, 123, 129, 130, 131, 132, 133, 136, 137, 139, 141, 142, 157, 160, 161, 162

Luiz Inácio Lula da Silva 12, 141, 153

Marco Civil da Internet (Lei nº 12.965/2014) 82, 83

Medicines Amendment Act 87

Medicines and Related Substances Control Amendment Act 90 87

Merck 79, 84, 133, 139

México 37, 51, 77, 110, 118, 133

Microsoft 82

Multinacionais 43, 46, 49, 51, 82, 85, 88, 99, 109, 113, 136

NAFTA 77

Natco 99, 100

National Science Board 49

Negociações bilaterais 94, 95

Nelfinavir 21, 111, 138

Nexavar 99

NIC 50, 51, 52, 55, 62, 70, 73, 74, 75, 76, 83, 89, 102, 106, 110, 114

Nicarágua 80

Nigéria 80, 110

North China Pharmaceutical Group Corportation 91

Novartis 99, 100

OCDE 49, 119, 134

Organização Mundial da Propriedade Intelectual 83, 108, 160

Padrões de interoperabilidade de governo eletrônico 81

País estrangeiro prioritário 59

Países emergentes 29, 39, 40, 48, 65, 74, 87, 88, 107

Parceria transpacífica (ou TPP) 17, 37

Payoff 52, 54, 55, 64, 65, 114, 124

Peru 37, 80, 81

Pesquisa e desenvolvimento (ou P&D) 21, 22, 41, 44, 45, 48, 49, 55, 61, 71, 78, 85, 91, 96, 98, 99, 109, 112, 115, 119, 132, 133, 134, 135, 142, 143, 151, 156

Peter K. Yu 36, 37, 39, 56, 61, 92, 93, 94, 111

Pfizer 71, 97

Pirataria 59, 60, 90, 93, 95, 101, 102

Poder de barganha 70, 73, 75, 76

Índice   195

alto poder de barganha (APB) 28, 74, 75, 76, 77, 78, 84, 86, 87, 88, 110
baixo poder de barganha (BPB) 74, 102, 103, 108, 109, 110
médio poder de barganha (MPB) 28, 74, 75, 89, 110
Princípio da desigualdade 46
Priority watch list 59, 60
Pró Genéricos 117
Programa Nacional DST/Aids 139
Protection of Plant Varieties and Farmers' Rights Act of 2001 101

Quinta Conferência Ministerial da OMC 83

Reformas liberalizantes 118
Rio de Janeiro 82
Roche 138
Rodada de Doha 37, 58, 65, 131
Royalties 31, 43, 55, 98, 99, 113, 120, 137
Rússia 89

Sanções comerciais 13, 25, 27, 33, 34, 36, 58, 60, 61, 63, 116, 121, 136, 137, 159

nível 1 35, 36, 58, 61, 65, 77, 78, 89
nível 2 35, 36, 61, 62, 65, 75, 78, 84, 88, 89, 101, 102
Saúde pública 23, 24, 29, 38, 66, 87, 100, 112, 113, 128, 136, 157, 160
Sistema Único de Saúde (ou SUS) 21
Software 81, 82, 102
Software livre 81
Special 301 59, 60, 79, 129

Tailândia 16, 26, 39, 51, 56, 66, 76, 77, 84, 85, 86, 88, 90, 110, 112
Taiwan 31, 41, 51, 93, 147, 148
Tanzânia 80
Tecnologias da informação e comunicação (ou TICs) 77, 81, 94, 96
Tigres 41, 42, 51, 147
TRIPS-Plus 76, 77, 122

União Europeia 31, 32, 77
União Internacional para a Proteção de Obtenções Vegetais (ou UPOV) 46, 47, 108, 109
UN-OHRLLS 103

Vladimir Putin 89

Watch list 59